U0528873

狄孟襄

歷代名將畫像

華章大歷史

放宽历史的视界

序

武士的悲哀
——崇文抑武与北宋兴亡

陈峰 著

重庆出版集团 重庆出版社

图书在版编目（CIP）数据

武士的悲哀：崇文抑武与北宋兴亡 / 陈峰著. —重庆：重庆出版社, 2021.3
ISBN 978-7-229-15427-1

Ⅰ.①武… Ⅱ.①陈… Ⅲ.①中国历史－研究－北宋 Ⅳ.①K244.07

中国版本图书馆CIP数据核字（2020）第226859号

武士的悲哀：崇文抑武与北宋兴亡
陈峰 著

出　　品：华章同人
出版监制：徐宪江　秦琥
责任编辑：徐宪江
特约编辑：李　翔
责任印制：杨　宁
营销编辑：史青苗　刘　娜
装帧设计：潘振宇 774038217@qq.com

重庆出版集团
重庆出版社　出版
（重庆市南岸区南滨路162号1幢）
北京毅峰迅捷印刷有限公司　印刷
重庆出版集团图书发行有限公司　发行
邮购电话：010-85869375
全国新华书店经销

开本：889mm×1194mm　1/32　印张：11.625　字数：232千
2021年3月第1版　2022年12月第2次印刷
定价：59.80元

如有印装质量问题，请致电023-61520678

版权所有，侵权必究

解冤業賜將

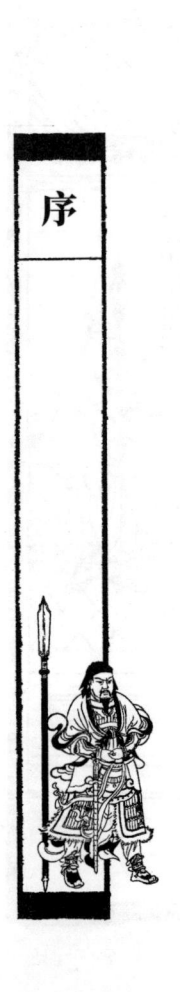

序

序

军队是国家机器的主要组成部分。古今中外，历代历朝，没有一个国家对作为武装力量的军队不加重视的。结束五代兵变、篡权局面的宋太祖赵匡胤，对军队与政权兴衰之间的关系有着深刻的认识，在建国之后，以"养兵可为百代之利"作为立国的基本国策。所以，从这一方面来看，有宋一代养兵高达一百二十六万之多，为中国历史上所少见，不能说是不重武。但另一方面，由于赵匡胤承五代藩镇割据之后，对骄兵悍将给专制统治造成的巨大危害有着直接的感受，因此在夺取政权后，即针对将、兵中的不利于专制主义的各种因素，"事为之防，曲为之制"，纤细靡遗，以致"以防弊之政，作立国之法"，从一个极端走向另一个极端，产生了不少消极因素。

宋太宗赵光义篡权起家之后，原打算通过消灭北汉，收复燕云，以改变自己不大光彩的形象。但是，太平兴国四年（979年）宋辽高梁河之战，宋军大败亏输，宋太宗乘驴车逃逸。从此，宋太宗在治国政策上做了重大的调整，防内重于防外，把预防搞政变的奸邪问题放在头等重要的位置上。在"守内虚外"的政策下，武将成为防范的重点，所谓"重文轻武""以文驭武"的局面，在宋太宗时既已形成，真宗、仁宗两朝不过是此前政局的继续，由此所造成的恶果则在这两朝彻底暴露出来。对上述宋初立国国策及其演变，先师邓广铭先生的研究给后人开创了广阔的道路，我们应当继承下来，并沿着这个途径继续探索，使此前的研究得到更进一步的发展。

陈峰同志，勤奋好学，善于思考，前几年完成了《漕运与古代社会》一书，现在又写出了《武士的悲哀——崇文抑武与北宋兴亡》一书。历史上的许多重大问题，需要从多角度进行观察和探索，对宋代"崇文抑武"这个重大问题的观察和探索，也同样是如此。《武士的悲哀——崇文抑武与北宋兴亡》一书，是从北宋开国皇帝赵匡胤戏剧性的"杯酒释兵权"史实入手的。是稿充分利用了《续资治通鉴长编》《宋史》及野史、笔记等大量宋代原始资料，详细地论述了赵匡胤以下北宋诸帝在崇文抑武方面的所作所为，中间述及王安石变法试图扭转这种局面而未果，最后以徽钦北狩、靖康亡国来说明尚武精神沦落所造成的严重恶果作为结束。实际看来，"崇文抑武"政策并未因北宋亡国而告结束，南宋高宗赵构、秦桧继续执行这个荒谬政策，不遗余力地打击抗战派，并以残害岳飞作为其向女真贵族屈服投降的重要条件，靖康耻不仅未雪，大片国土却出卖给金王朝，又造成新的耻辱。不论从哪方面说，陈峰同志的这部书稿，为深入探索"崇文抑武"这一重大历史问题做了良好的开端，兼之本书文字流畅，可读性甚强，我认为可以作为一本好书向广大读者推荐。

漆侠

著名历史学家

自序

自序

自公元960年"陈桥兵变"之后,宋太祖君臣为扫除五代乱局,防范以往武夫跋扈、悍将兵变的惨剧重演,于是强调内部秩序的建设。宋太宗两次北伐失败后,进一步眼光向内,从而放弃了对外征战。由此宋家王朝逐渐告别汉唐之路,转身确立了重内轻外的理念,将武力与军功压缩于狭小的空间之内,把"崇文"的大旗不断高扬。随着宋朝主流意识依照惯性而日趋内向,中原大地遂染上了浓厚的文治色彩。得归得矣,宋代的经济文化以及科技文明因此昌盛一时,令人叹服;可失也失矣,王朝长期陷于边患的巨大压力之下,被动挨打乃至亡国,又令人痛心。

正因为如此,后人翻检史籍时看到这样的场景:随着"杯酒释兵权"序幕的拉开,宋朝政坛随之上演的一幕幕表演,文戏日渐压倒了武戏,科举文士亮相于舞台的中心,操戈武士被挤到了舞台的边缘。从悍将张琼之死、边帅郭进和杨业悲剧的发生,到灵州的失陷、澶渊之盟以及庆历和议的签订;从良臣辛仲甫无意从军,到状元陈尧咨无奈转换武职的遭遇;从庸将傅潜、王超与王荣的怯战，到得宠大将张耆、杨崇勋之流的坐拥富贵，再到英雄末路下的名将狄青之死、稍有武略的王德用之受压；从神武皇帝变法背景下的拓疆熙河、五路征伐与永乐之役，到元祐更化后的回归旧路，最终到靖康之难的发生、二帝"北狩"悲剧的出现，一串串人物的登台与谢幕，一项项事件的发生与终结，始终贯穿着"崇文抑武"这条主轴线。

今天昆明滇池边的大观楼内，有清朝名士孙髯翁题写的对联，因文字有一百八十个之多，号称"天下第一长联"。在这副长联中，有"汉习楼船，唐标铁柱，宋挥玉斧，元跨革囊"之句，可谓绝妙的排比，既对历史上云南与中央王朝的关系做了精辟的概括，又生动地点出了汉唐宋元几代的不同特点。"玉斧"一词用得确实高明，因为它代表了高雅与富贵，玩物的意义大于武器的用途，正与汉代之楼船、唐代之铁柱和元代之革囊的纯粹冷酷装备，形成鲜明的对照，真是再形象不过了。

宋太祖玉斧一挥的典故，多少有些后世文人骚客臆想的成分，却也真实地反映了宋朝对大渡河以外西南地区的舍弃，更在某种意义上折射出宋朝走着与汉、唐和元朝不同的发展思路，即抛弃外向积极拓边的意识，转而采取内向发展的姿势。之所以如此，实在是与宋代长期推行"崇文抑武"的治国方略有关。

俱往矣！宋朝气象早已烟消云散，曾经的那些鲜活的人物和跌宕起伏的往事，日渐被尘封于故纸堆中，令人大有沧桑之感。如明朝人杨慎的词《临江仙》所感叹："滚滚长江东逝水，浪花淘尽英雄。是非成败转头空。青山依旧在，几度夕阳红。白发渔樵江渚上，惯看秋月春风。一壶浊酒喜相逢。古今多少事，都付笑谈中。"然而，北宋历史留下的经验与教训却不能被忘却，值得后世总结和反思，这便是：纵使楼台宫阙再巍峨高耸，文翰技艺再绚丽多姿，若缺失了剑戟弓矢的护卫，也难以持久长存。

作者

目录

引言 ▶12

一 开国岁月 ▶16

1. "杯酒释兵权" ▶17
2. 张琼之死 ▶24
3. 削藩镇与后苑之宴 ▶28
4. 太祖爱将 ▶33
5. 戍边与出征 ▶38
6. 辛仲甫 ▶46

二 太宗嬗变 ▶60

1. 皇位授受 ▶61
2. 赵德昭之死 ▶70
3. 崇政殿 ▶75
4. 杨业的悲剧 ▶84
5. 河北水田 ▶99
6. "飞白" ▶113

三 真庙风云 ▶126

1. 吕端大事不糊涂 ▶127
2. 傅潜与王超 ▶134
3. 灵州失陷与澶渊之盟 ▶146
4. 武士的悲哀 ▶161
5. 祥瑞与封禅 ▶178

四 仁庙岁月 ▶198

1. 仁厚天子 ▶199
2. 陈尧咨的遭遇 ▶212
3. 西线烽烟 ▶221
4. "小范老子" ▶229
5. 庆历和议 ▶240
6. 得宠大将 ▶246
7. 英雄末路 ▶251

五 振武与衰亡 ▶290

1. 英宗天子与濮议 ▶291
2. 神武皇帝与变法 ▶294
3. 王韶与熙河拓疆 ▶305
4. 五路征伐与永乐之役 ▶320
5. 元祐更化 ▶326
6. 乱政与"海上之盟" ▶336
7. 靖康之难 ▶346

结语 ▶352
参考文献 ▶358
后记 ▶362

引言

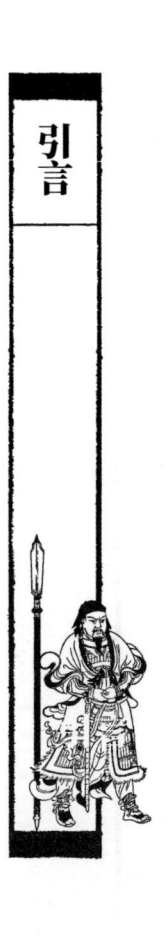

靖康二年四月一日,在中国历史上是北宋王朝结束的日子,在公历则为1127年暮春时节。此时,中原大地草木葱翠,生机盎然,气候温暖宜人。但据史籍记载,这一天宋都开封一带却骤然狂风大起,沙石翻滚,树木折枝。[1]天气的反常变化,或许是冥冥之中上苍对人世间正在发生的一场惨祸的某种感应。

在这一天,风尘中的开封城从一大早就显现出一片混乱、紧张的景象:成群的占领军——女真骑兵跨上战马,随着凄厉的号角声列队出城;大批民夫在女真军人的监督下从皇宫中赶出一辆辆大车,熟悉宋朝文物的旁观者都不难发现车上所装物品,除了金银珠宝和古董之外,还有大量标志天子权威的法驾、卤簿、冠服、八宝、九鼎、车辂、礼器及其他法物。随后,一队队被绳索捆住双手的人群,在此起彼伏的叱骂声中徒步踏上出城的大道,他们中既有穿金佩玉的皇室宗亲、娇弱无力的嫔妃,也有养尊处优惯了的公卿大臣和文武百官。最后,已做了三个月俘虏的宋徽宗赵佶、钦宗赵桓父子也被押上了囚车。[2]

望着车旁马背上剽悍的女真统帅粘罕、斡离不以及四周其他武将那兴奋的面孔,目睹着被拉走的宫廷百物和被驱押的人群那沮丧、无奈的神情,再回首渐渐远去的巍峨壮丽的宫阙,

---

1　(元)脱脱等:《宋史》卷二三《钦宗纪》,中华书局1977年版,第436页。

2　(元)脱脱等:《宋史》卷二二《徽宗纪四》记载宋徽宗先于钦宗被带到北方,第417页。但《金史》卷七四《宗翰(粘罕)传》则记载金军将宋徽宗、钦宗同时押送塞外,中华书局1995年版,第1697页。这里为了行文方便,采取了后一种说法。

宋徽宗、钦宗两代君王内心究竟做何感想，是否悔恨自己昔日的荒唐所为，痛心当初对国防的忽视，这些后人都不得而知。但可以肯定的是，父子二人都摆脱不掉内心极度的痛苦和伤感。当赵佶来到塞北后，素来以能书善写自诩的他，终于以含泪的笔端题下了"家山回首三千里，目断天南无雁飞"[1]的哀句，感叹一百六十七年皇朝基业的破碎。

以上一幕便是历史上著名的"靖康之难"。之后，许多满怀爱国感情的志士每每想到当时的情景，都不能不发自内心地感受到一种强烈的耻辱。岳飞在名传千古的绝唱《满江红》一词中，就有"靖康耻，犹未雪。臣子恨，何时灭"的悲愤呼声！

北宋王朝最终遭此结局，其直接原因固然出自末代两朝，而更深远的祸根却可以追溯到列祖列宗之时。其中源远流长而日益加深的"崇文抑武"国策产生了极其巨大的消极影响，不仅导致了国家武装力量的核心——武将群体的精神萎靡、无能以及自卑，而且造成了一个时代尚武精神的沦丧。当时，少数有识之士就注意到这一现象，曾向朝廷呼吁反映，要求予以

1　（清）厉鹗：《宋诗纪事》卷一引赵佶《在北题壁》诗，上海古籍出版社2008年版，第11页。

改变。"靖康耻"过去数十年后,南宋著名学者和爱国官员叶适在给孝宗皇帝的一份奏言中,沉痛地表达了这样的意思:本朝立国之日,吸取了唐末、五代时期武人跋扈的教训,制定出严密而又强有力的防范武将的法度,此后,其法"细者愈细,密者愈密,摇手举足,辄有法禁";与此同时,又一面推崇儒家文化,另一面辅助以正统规矩观念,从而在社会上形成了"人心日柔,士气日惰,人才日弱"的萎靡局面。仁宗天子时,虽距离五代已时间久远,但士大夫们依然固守陈规,不思变更风气。至徽、钦二代,传统法纪已经紊乱、破坏,当朝者还在抱残守缺,继续标榜防止五代积弊,以抑制武将为己任,终于落得了大祸降临的后果。[1]清朝初年,思想家王夫之也对宋朝有如是评说:宋家朝廷所最忌者,是孔武有力的武臣,而非偷生邀宠的文士。所以,一旦产生了像王德用、狄青这样小有战功的人,防范起来便俨然"若敌国"。如此积习百余年,君臣上下"惴惴然唯以屈抑英杰为苞桑之上术",于是,带兵将帅以免遭猜忌为厚福,视建功立业为取祸之途。因此,宋之亡国,"无往而不亡矣"。[2]这当然都是后话,一切还要从头说起。

---

[1] (宋)叶适:《水心别集》卷一二《法度总论二》,《叶适集》,中华书局1961年版,第789页。
[2] (清)王夫之:《宋论》卷二《太宗》、卷八《徽宗》,中华书局1964年版,第37、151页。

一 开国岁月

1. "杯酒释兵权"

北宋建隆二年(961年)七月的一天,正在京师开封统军的主要禁军将领,都接到宋太祖发出的入宫赴宴的邀请,他们包括侍卫亲军马步军都指挥使兼归德节度使石守信、殿前副都点检兼忠武节度使高怀德、殿前都指挥使兼义成节度使王审琦、侍卫亲军马步军都虞侯兼镇安节度使张令铎等人。接到天子的邀请,这些大将们并不感到意外,因为大宋朝之所以能够建立,实与他们有莫大关系。

在前一年的正月初一,当时还是后周显德七年(960年)的第一天,担任禁军统帅的殿前都点检兼归德节度使赵匡胤与驻守国都开封的禁军将领石守信、高怀德、王审琦及张令铎等人暗中联合,发动了一场旨在改朝换代的兵变。在这一天,赵匡胤以北方契丹人与北汉大军共同南犯为由,向朝廷请命率军出征。当时,在位的周恭帝尚处幼年,朝政由垂帘的太后做主。接到赵匡胤的奏言后,太后与宰相范质、王溥不明就里,当即同意了御敌的要求。于是,赵匡胤领兵北上。

当大军来到开封以北数十里的陈桥驿时,精心策划的兵变随即展开。在赵匡胤胞弟赵匡义和谋士赵普等人的积极安排下,军中诸将纷纷涌入主帅大帐,一致表示愿意拥戴赵匡胤称帝,并将早已准备好的一袭黄色龙袍加在都点检身上,遂上演了一幕"黄袍加身"的喜剧。随后,赵匡胤迅速带兵回师,守城的石守信等将领则开关相迎。于是,后周王朝在一场兵不血刃的政变中被葬送了。[1]

与以往数十年间发生的残酷、剧烈的夺权改朝活动相比，"陈桥兵变"的确要顺利、平和许多，百姓所受的骚扰也小得多，而这一切不用说都是与诸将的鼎力支持分不开的。所以，新朝开国之后，被子孙们尊为"太祖"庙号的赵匡胤理所当然地要对参与兵变的武将大加封赏。在大宋朝诞生仅仅几天后，第一批受到奖赏的功臣名单便公布了：石守信由殿前都指挥使、义成节度使升迁为侍卫亲军马步军副都指挥使、归德节度使，高怀德由侍卫亲军马军都指挥使、江宁节度使迁为殿前副都点检、义成节度使，张令铎自侍卫亲军步军都指挥使、武信节度使迁为侍卫亲军马步军都虞侯、镇安节度使，王审琦从殿前都虞侯、睦州防御使迁为殿前都指挥使、泰宁节度使，另有张光翰和赵彦徽也都分别由禁军厢都指挥使升任侍卫亲军马军、步军都指挥使，官阶也由防御使迁为节度使。[2]

大宋建立之初，国家军政制度仍然保持后周时的规矩，其中中央禁军的统率机构由殿前司和侍卫亲军马步军司构成。殿前司的正副官职为殿前都点检、副都点检，其下有殿前正副都指挥使、殿前都虞侯等职，而侍卫亲军马步军司则由马步军正副都指挥使、马步军都虞侯掌管，其下分别有马军都指挥使和步军都指挥使等属官。通过这些军职的高低次序，可以看出石

1　（宋）李焘：《续资治通鉴长编》卷一，建隆元年正月癸卯，中华书局2004年版，第1—4页。

2　（元）脱脱等：《宋史》卷二五〇《高怀德传》，第8822页；（宋）李焘：《续资治通鉴长编》卷一记载略有误，高怀德本为侍卫亲军马军都指挥使，而非侍卫亲军马步军都指挥使，其节镇亦为江宁而非宁江。

守信等将领因翊戴之功都获得了升迁。史书称：太祖超等迁任诸将，是"酬其翊戴之勋也"。[1]不久，领兵在外的慕容延钊、韩令坤等将领也都得到了安慰性的提拔，而立功最大的石守信又进一步转为马步军都指挥使的正职。

在石守信、高怀德等将领看来，拥立新朝天子改元建国，然后自己从中受惠是完全符合当时的法则的。自唐朝覆亡以来，数十年间王朝频繁更替，哪一个新登基的帝王不是如此对待部下的呢？所以享受加官晋爵，进而受到朝廷的重用，于心无愧，于理也不亏。至于与昔日的盟兄、今朝的皇帝欢聚于宫廷，饮酒取乐，固然属于非常恩典，但也大可坦然处之。

当被邀请的大将们穿戴好冠服，满心喜悦地准备赴宴之际，深居皇宫的宋太祖内心却并不感到轻松。大宋虽然已经开创一年半有余，但天下还未统一，北方时常受到契丹与北汉的联合进攻，而更为严重的是唐末五代以来形成的藩镇拥兵自重局面依旧存在，武将跋扈之风积习已久，天子的权威不仅在各地遇到挑战，而且即使在京城里发号施令，也得常常考虑带兵将帅的态度。长此以往，自己曾经主演过的"陈桥兵变"一幕，难保不会在他人身上重现。

出身军人世家的赵匡胤，本为行伍中人。[2]在武风甚烈的五代岁月里，赵匡胤像同时代许多人一样，崇尚的自然是以

---

1 （宋）李焘：《续资治通鉴长编》卷一，建隆元年正月辛亥，第6—7页。

2 （元）脱脱等：《宋史》卷一《太祖纪一》，第2页。

弓马博取前程功名。后晋时军阀安重荣就曾毫无愧色地说过：天子，兵强马壮者便可以做，哪里有什么贵种可言！[1]此话说得十分露骨，听起来也过分刺耳，有悖常伦，但却道出了当时武夫的心声。耳濡目染在这样的环境之中，逐渐从后汉时士卒升迁到后周朝藩镇的赵匡胤，戎马倥偬之余，心中也不免对皇位产生一番向往。不过，他不同于大多数骤然显贵起来的将领，眼光要长远得多，做事情考虑得周全细密，还有喜好看书的习惯，[2]而最后一点在当时武人中颇为罕见。由于有了这样威武加多谋的素质，赵匡胤在不失时机轻取帝位之后，并没有陶醉于巨大的喜悦和满足之中，而是苦心孤诣地筹划着如何巩固江山社稷。新朝初创，百废待举，需要处理的急务数不胜数，其中最令太祖赵匡胤焦虑的事莫过于怎样对待手握重兵的大将们。

建隆元年（960年）四月，也就是太祖入主开封皇宫仅四个月后，驻防河东南部的昭义军节度使李筠便起兵造反。据史籍记载，在烽烟点燃之前，李筠曾派长子去开封探察朝廷动向。太祖通过他向其父传话：我未做天子时，你们尽可以自作主张；我现在既然已经称帝，你们难道就不能稍稍让让我吗？[3]这话说得既坦率实在，又不无黑色幽默意味，正反映了太祖对悍将的某种无奈。当年六月，在天子亲征之下，李筠兵败自杀。但

1　(宋)薛居正等：《旧五代史》卷九八《安重荣传》，中华书局1987年版，第1302页。

2　(宋)李焘：《续资治通鉴长编》卷七，乾德四年五月甲戌，第171页。

3　(宋)李焘：《续资治通鉴长编》卷一，建隆元年三月丁丑，第12页。

到九月时，屯兵扬州的淮南节度使李重进再度举起与朝廷对立的旗帜，又历经了两个多月的征讨，太祖才亲自镇压了这支异己势力。

　　公开的叛乱并不可怕，经过一番调兵遣将，总能将对手消灭。然而，暗中存在的夺权阴谋却往往使人难以察觉，而这又是太祖最为忧心的事情。于是，在平定第二次藩镇反叛之后，天子经常微服私访，暗地里了解部属的态度及举动。考虑到这种行动所冒的风险，臣子们曾劝谏天子终止私访。在劝谏无效的情况下，一位忠心的亲军军校向太祖密献一柄特制的手挝。这种手挝看似普通手杖，其实内中藏有利刃，平时可以充当手杖，关键时刻又能发挥兵器作用。据说，天子最终并没有接受这份好意。[1]当时的这些记载，都说明了开国君主对臣下的戒备心是很重的。就在这一时期的某一天，太祖召见了亲信谋士、枢密副使赵普，双方谈话的中心内容是有关稳定政局的问题。太祖问道：天下自唐末以来数十年间，帝王共变换八姓，战火不息，生灵涂炭，其原因何在？我想熄灭兵火，使国家得到长治久安，如何才能做到？赵普早已深思熟虑过这一问题，故随即答道：此非其他缘故，而是因为藩镇权势太重，君弱臣强而已。现在要治理的话也无别的良策，只有逐渐剥夺节度使之权，收其精兵，制其钱粮，如此一来天下自安。赵普还没谈完自己的意见，天子便说：

1　　（宋）司马光：《涑水记闻》卷一，中华书局1989年版，第5页。

不用多言，我已明白。[1]赵普一席话，可以说与赵匡胤思考已久的想法不谋而合，君臣达成了这样的共识：以收兵权和削藩镇作为施政的核心任务。

建隆二年(961年)闰三月间，太祖先罢免了禁军中地位最高的两位将领的军职，他们是殿前都点检、镇宁军节度使慕容延钊和侍卫亲军马步军都指挥使、天平节度使韩令坤。在解除二人禁军统领之职后，将他们分别调为山南东道和成德节度使。[2]慕容延钊和韩令坤毕竟不是太祖亲信，又没有参与陈桥兵变，地位虽高，实际却没有控制多少军队，所以首先解除其军职，自然便在情理之中。真正握有重兵的将领则是拥戴太祖称帝的功臣们，其中尤以石守信、高怀德、王审琦和张令铎四人身份最为重要。要完全收回兵权，就必须对此四将也采取同样措施。于是，经过四个多月的准备之后，太祖皇帝向功臣大将发出了宴会邀请。

在约定的时间到来后，石守信等人进入宫廷。皇家宴席的排场规模自不用说，席间宾主饮乐的气氛也异常热烈，一面谈古论今，一面也不免共忆昔日兵变的一幕幕过程。当客人们酒酣饭饱之时，太祖屏退身边左右，然后对功臣们说：我如果没有你们的出力，也不会身处此地，我总在感念诸位的好处。但是，当天子也太艰难了，真不如做节度使快乐，

1　(宋)司马光：《涑水记闻》卷一，第11页。

2　(宋)李焘：《续资治通鉴长编》卷二，建隆二年闰三月甲子，第42页。

我整夜都不敢安枕而卧。听了这些话，石守信等大将还没悟出话中深意，于是都问道：何故？天子说：这不难理解，谁不想做皇帝呢？听罢此言，诸将都顿首表白：陛下何出此言？现在天命已定，谁还敢有异心！谈话到了关键时刻，太祖从容地说道：不然，你们虽无别的想法，不过你们的部下欲求富贵，一旦用龙袍加于诸位，那时你们纵然不想干，恐怕也无法避免。此话一出口，诸将才明白了今天参加的是一场"鸿门宴"。在前代历史上，开国君王为稳定帝位而杀戮功臣的事，可以说是相当普遍，"狡兔死，走狗烹；飞鸟尽，良弓藏"这样的古训，对不懂多少文墨的武夫来说也并不陌生。想到春秋时越国文种、汉初韩信及英布等人的悲惨结局，石守信等大将恐惧万分，于是立即顿首涕泣道：臣等愚昧，原没有想到这些，现在只有请陛下怜悯，指示我们一条生路。话已至此，太祖便将考虑成熟的想法对众人说了出来：人生短暂，如白驹过隙，所图的只是"富贵"二字，不过多积金钱，优游享乐，使子孙免于贫困而已。你们何不解去兵权，出守大藩，置买上好田宅，为子孙留下牢靠产业，多养歌儿舞女，天天饮酒作乐，以此而终天年。我再以皇室与各位联姻，如此君臣之间互不猜疑，上下相安，岂不是很好吗！听完天子这番话，知道无杀身之祸，而大局已不可挽回，石守信便带头拜谢，众将也都接受了太祖提出的条件。

　　第二天，参加宴会的石守信、高怀德、王审琦和张令铎等人同时上表称病，请求解去军职。接到这样的请求，太祖立即予以恩准。于是，高怀德改任归德节度使，王审琦调为忠正节度使，张令铎转为镇宁节度使，三人原任的禁军统领之职同时解除。石守信则因为功勋卓著，又善于体察上意，所以改任天平节度使，形式上依旧兼有侍卫马步军都指挥使一职，"其实兵权不在也"。[1]

当然，太祖皇帝最重信义，不会不承兑自己许下的诺言。在下达以上任免诏书之日，他便对诸将厚加赏赐。至于联姻，开国初，太祖同母妹、燕国长公主已下嫁高怀德。收兵权后，太祖为皇弟、兴元尹赵光美聘娶了张令铎之女。以后，太祖又将自己的女儿延庆公主下嫁石守信次子石保吉，将昭庆公主下嫁王审琦长子王承衍。另外，后周主管军政的魏仁浦在国初也受到礼遇，其第三子也与太祖幼女永庆公主结婚。[2]于是，在一片喜庆气氛之中，太祖皇帝通过怀柔的方式解决了对皇权威胁最大的将帅问题，这在中国历史上是相当突出、成功的范例。换句话说，就是通过"赎买"的方式完成了收兵权中关键的一步工作。

2. 张琼之死

建隆二年（961年）以后，禁军统率机构的人事与组织已发生

---

[1] （宋）李焘：《续资治通鉴长编》卷二，建隆二年七月戊辰，第49—50页；（元）脱脱等：《宋史》卷二五〇《石守信传》，第8810页。

[2] （元）脱脱等：《宋史》卷二五〇《高怀德传》《张令铎传》《石守信传》《王审琦传》，第8822、8826、8812、8817页；卷二四九《魏仁浦传》，第8805页。

不小的变化。禁军殿前司主将慕容延钊和高怀德卸任后,朝廷便将都点检、副都点检这两个职位闲置起来,不再授予大将。侍卫亲军马步军司的都指挥使一职虽然仍由石守信兼任,但石氏出守天平节度使,实际上已失去了对侍卫马步军司的控制,使得这一军职成为虚衔。另外,侍卫马步军副都指挥使、都虞侯等职,也在张令铎等将领去职后被闲置起来。当时,太祖直接起用一些资历与级别较低的将领管军,充当殿前正副都指挥使、侍卫马军正副都指挥使及步军正副都指挥使,使原来的殿前与侍卫马步军二司实际上变为三衙,即殿前司、侍卫马军司和侍卫步军司。统军权进一步分割,而统军职务同时降低,这都无疑削弱了禁军将领的权威,朝廷对军队的控制力明显增强。

在解决了最为棘手的功臣大将专兵权的问题之后,太祖又进一步采取措施加强对军队的控制,此时的太祖的确可以大大地松一口气了,不过他对武将的戒备却并没有放松。在"杯酒释兵权"一幕结束几天后,面对皇弟赵光义改任开封尹而留下的殿前都虞侯一缺,太祖亲自安排张琼替补。张琼可以说是太祖一手提拔起来的心腹猛将。早在后周时,张琼就以勇力无比和射术高超被赵匡胤收为亲随,跟随其南征北战,屡立奇功。有一次在与南唐军水战中,赵匡胤被对方战舰包围,对方一员勇士披甲持盾猛冲过来,众人莫敢抵挡。在危险时刻,多亏张琼一箭将其射倒,才打退了对方的嚣张气焰。随后,在攻打寿春(今安徽寿县)城时,城上突然弓弩齐发,张琼为了保护赵匡胤，毫不犹豫地用自己的身躯阻挡飞矢。结果，张琼大腿中箭，"死而复苏"，箭镞竟深入肌骨，坚不可拔。张琼不愧为军中豪杰，他要来一满杯酒，痛饮之后，让医者破骨出箭，"血流数升"，他却能表现出神色自若的样子，这一幕使旁观的赵匡胤大为赞叹。赵匡胤登基后，马上就任命张琼典亲军，以后又将其提拔为内外马步军都军头，并给他加上了刺史的官衔。[1]

太祖选择张琼担任殿前司要职，显然是考虑了此人的忠心，另外也看中了他的勇猛。太祖对身边人说：殿前卫士如狼似虎者不止万人，非张琼不能统制。[2]值得注意的是，张琼当时的身份还只是一员中级军官，资望俱浅，太祖在发布任命书的同时，才将他的加衔超迁为嘉州防御使，但这仍不能与原来的那些节度使级禁军将帅相比，而这正是太祖压制将帅权威的一招。

也就是这位张琼，两年之后却被赐死。事情的经过是这样的：张琼做了殿前都虞侯后，因性情粗暴常得罪他人。将领史珪、石汉卿因善于迎合上意，颇得太祖的欢心，张琼看了便不顺眼，称史、石二人为巫媪，这自然引起了对方的仇恨。张琼做事又常常缺乏考虑，不免干出几件惹人注意的事来。如他曾擅自挑选官马骑乘，还曾在几年前征李筠之乱后，将李筠的奴仆收为己用。这些看似末节小事，但若被加上联

---

[1] （元）脱脱等：《宋史》卷二五九《张琼传》，第9009页。

[2] （宋）李焘：《续资治通鉴长编》卷二，建隆二年七月壬午，第51页。

想,也能构成罪名。乾德元年(963年)八月,史珪和石汉卿在查知了以上两件事后,便向太祖密告张琼私养部曲百余人,作威作福,禁军都十分惧怕,还称张琼污蔑诋毁过其前任、皇弟赵光义。太祖听了这些报告,就将张琼抓来当面讯问。谁知张琼性格倔强,既不承认,又不服气。于是,太祖大怒,下令击打,石汉卿立即奋起铁挝,向张琼头部猛击。直到张琼几乎气绝时,才被拽出皇宫,转往御史府继续拷问。在押送途中,张琼清醒过来,知道不免一死,经过明德门时便解下腰带,托人带给母亲。此后,张琼在御史府被定为死罪,被太祖赐死,也就是被逼自杀。[1]

出乎太祖意料的是,张琼死后,派去调查的官员回来反映,张家并不富裕,"家无余财",仆人也只有三人。太祖听罢才知冤屈了张琼,因此责问石汉卿:你说张琼有家丁百人,现在何处?石汉卿倒也机敏,巧妙地答道:张琼所养的人,以一可以敌百啊。[2]太祖只得对张家予以抚恤,为死者安葬。史书上却没有提太祖是否惩罚了史、石二人,倒是有这样的记载:开宝二年(969年),石汉卿在随太祖征北汉时被一枝流矢击中,落水而死,众人闻听"无不称快"。[3]张琼狱案,在乾德初算不上一件大事,后世史家也没有多少议论,但从这件事上却折射出

---

[1] (元)脱脱等:《宋史》卷二五九《张琼传》,第9010页;(宋)李焘:《续资治通鉴长编》卷四,乾德元年八月壬午,则记载张琼自杀,但不太可信,第101页。

[2] (宋)李焘:《续资治通鉴长编》卷四,乾德元年八月壬午,第101页。

[3] (宋)李焘:《续资治通鉴长编》卷一〇,开宝二年五月戊子,第222页。

太祖对武臣豢养亲丁及擅自行动的猜疑和警惕。

还有一件事与张琼之事有些相似，只是结果没有那样悲惨。乾德四年（966年），正当举行隆重庄严的祭天郊祀活动时，有人向太祖密告承担维持秩序的礼仪都部署、殿前都指挥使韩重赟私自将天子亲兵变为自己的心腹。闻听此言，太祖大怒，也不调查，就打算诛杀韩重赟。后来因为宰相赵普的劝说，才使韩重赟幸免于难。据记载，赵普对太祖说：亲兵，陛下总不能亲自领管，还是需要有人来带，假若韩重赟因谗言被杀的话，就会人人惧怕得罪，谁还敢再替陛下管亲兵？道理就是这样简单，原本听起来极其耸人的事，冷静地排除添加的猜想成分后，又不算什么问题。虽然如此，到第二年二月，韩重赟还是被解除军职，调为外镇节度使。[1]

透过张琼和韩重赟两人的遭遇，可以看出太祖对领兵武将的戒备心是很重的。在处理完韩重赟问题后，太祖为了防微杜渐，避免再产生类似事情，专门下了一道诏书，禁止京师禁军将领和边防监护使臣选骁勇士兵作为自己的亲兵卫队。[2]

3. 削藩镇与后苑之宴

乾德以后，太祖继续采取了许多重要的措施，逐渐实施压

1　（元）脱脱等：《宋史》卷二五〇《韩重赟传》，第8823—8824页；（宋）李焘：《续资治通鉴长编》卷八，乾德五年二月癸酉，第190页。

2　（宋）李焘：《续资治通鉴长编》卷七，乾德四年闰八月，第178页。

制、削弱藩镇的计划。乾德三年（965年）八月，太祖与大臣们会商后，以朝廷的名义下令全国地方官，要求他们将本地军队中骁勇士卒的姓名、人数编订成册，送交中央，以补充中央禁军。为了使地方上能明白骁勇者的标准，朝廷最初选出了一批强壮士兵作为"兵样"，分派到各地，以便地方官操作。后来，主管者对选派工作做了改革，用与标准士兵一般高的木棍替代"兵样"，送到地方使用，也就是说只要身高能达到木棍规定的尺寸，就可以入选禁军。当然，凡是中选者，都要先经过一定的训练，然后才能调入京城。再经太祖皇帝亲自校试，就作为禁军的一部分或驻扎京师，或分屯地方。[1]通过这一措施，各地藩镇的强兵健卒就全部转入中央禁军队列。随着时间的推移，节度使手中的士卒大都成为老弱病残，以后干脆统一更名为"厢兵"，主要职责是承担各种地方杂役，很少投入战场。到太祖在位后期，地方藩镇的军事力量终于名存实亡。

在收缴各地藩镇强兵命令执行的同时，太祖又接受了宰相赵普的另一项配套建议，对地方的财政收支制度进行了改革。这项措施所要解决的也是相沿已久的一种痼疾。唐朝自安史之乱后，逐渐形成了藩镇割据的局面，当时那些大小节度使纷纷建立自己的武装，称雄地方，对抗朝廷。养兵就需要钱粮，于是，他们擅自将本地赋税据为己有，称作"留使""留州"，而给中央上供的部分则相当有限。到五代之时，藩镇势

1　（宋）李焘：《续资治通鉴长编》卷六，乾德三年八月戊戌，第156页。

力进一步膨胀，对各地赋税收入更加大力截留。他们采取的办法往往是，指派部曲掌管税收场院，"厚敛以自利"；又以亲信参加向中央上供钱粮的工作，在朝廷征调的定额之外，随意增加比例，作为自己的收入。当然，节度使们为了搞好与皇帝的关系，也时常以个人名义向朝廷献一些财物，这在当时被称为"贡奉"。这种状况代代相传，到宋朝建国时已存在了近两百年之久，成为武人跋扈的物质基础。

太祖登基之初，继承了原来的地方财税常例，藩镇入朝时，都要有所贡奉。到太祖加强对军队的控制后，开始解决这一长期存在的问题。乾德三年（965年）四月，朝廷向全国各州下文，规定今后地方收入除留下必要的公事经费外，其余部分全部运送京师，地方长吏"无得占留"。随后，中央又不断派出京朝官监临税收场院，设置转运使、通判等监督地方政事，从而收夺了藩镇的财权，增强了中央的经济实力。[1]太祖常常利用一些地方节度使犯法及病老等机会，或将他们调离长期盘踞的地方，或将他们迁入京师。早在太祖开国初期，就将一些行为可疑的节度使，如袁彦、杨承信等前朝节度使调换了地方。[2]以后，随着统治的加强，又陆续采取了更为强硬的措施，如对符彦卿、侯章及张铎等人就是这样。

符彦卿原本是历经五代后晋、后汉和后周三朝的强藩节

---

[1] （宋）李焘：《续资治通鉴长编》卷六，乾德三年三月，第52页；（元）脱脱等：《宋史》卷一七三《食货上一》序，第4156页。

[2] （宋）李焘：《续资治通鉴长编》卷一，建隆元年八月甲戌，第20页。

度使,周世宗柴荣还娶了他的女儿为皇后,因此封爵魏王,长期驻守天雄军(治所在今河北大名)。宋初,太祖对像符彦卿这样的实力派人物还得加以安抚,所以都一一加官晋爵,而且符彦卿还是皇弟赵光义的岳丈,于是更受到了礼遇。建隆四年(963年)春,符彦卿入朝,太祖予以热情款待,一度还考虑请这位宿将掌管禁军,后来在赵普的劝谏下才打消了这一念头。到乾德中削藩时,太祖对符彦卿态度发生了变化,先派官员到大名掌管赋税,后在开宝二年(969年)以不能治理地方为名,将符彦卿调到凤翔(今陕西凤翔)做节度使。史籍记载,诏命在农历六月下达,此时天气已非常炎热,时年七十余岁的符彦卿只能乘肩舆移镇关西。当行走到西京洛阳(今河南洛阳)时,符彦卿便以病重为由请求留下来就医。太祖恩准了他的请求,但御史们此后却对他进行了弹劾。如此一来,符彦卿被罢免了节钺,终老于西京城里。[1]

与符彦卿经历差不多的侯章,被罢镇的时间还要早一些。侯章历仕后汉、后周两朝藩镇,封申国公,但长期"傲上剥下",以贪鄙而闻名。宋初,太祖先授予侯章太子太师的隆高虚衔,其爵位也从形式上迁为楚国公,随后便调他入朝,罢免了节度使一职。侯章失去了藩镇后,常闷闷不乐,但只能到处发牢骚,夸耀昔日的战功。[2]另如后周护国军(治所在今山西永济西)节

---

[1] (元)脱脱等:《宋史》卷二五一《符彦卿传》,第8839—8840页;(宋)李焘:《续资治通鉴长编》卷四,乾德元年二月丙戌,卷一〇,开宝二年正月己丑,第83—84、215页。

[2] (元)脱脱等:《宋史》卷二五二《侯章传》,第8858—8859页。

度使张铎，在宋初被改任泾州（治在今甘肃泾川）节度使。他在西北任职时大肆贪污，后被朝廷查知，被召入京师。太祖对张铎所犯罪过予以宽恕，但解除了他的节钺，安排到左屯卫上将军的虚职上。[1]

开宝二年（969年）十月，太祖采取了一次规模不亚于"杯酒释兵权"的举措。当一批历仕前朝的资深节度使来朝时，太祖皇帝在宫廷后苑设宴款待。依旧是在酒酣之时，太祖从容地对诸位将帅说：卿等都是国家的宿旧老臣，久已承担繁重的方镇事务，为王事而操劳，这实在无法体现朕优待贤臣的用意。凤翔节度使王彦超一听就明白天子有罢方镇的意思，马上识趣地表态：臣下我本无功勋，久获荣宠，现已身心衰朽，乞求陛下准我归隐家园。在座的其他武臣却没有这样聪明的心智，安远节度使武行德、护国节度使郭从义、定国节度使白重赞及保大节度使杨廷璋等人，纷纷自陈昔日战功勋劳和经历的艰难。的确，这些将领都久经沙场数十年，以战功博得了军人中极高的地位。像武行德和郭从义二人，其资历都比宋太祖老得多，五代后汉时已成为横据一方的藩镇。所以按照他们多年的处世行事原则，自己一生的事业和家庭的荣衰都系于节钺之上，既然没有犯上作乱，朝廷也就没有理由夺走自己的藩镇。然则世情早已巨变，老的法则只适宜中唐、五代军阀割据年月，在厉行中央集权的大宋版图内只

---

[1] （元）脱脱等：《宋史》卷二六一《张铎传》，第9048页。

能服从新的规矩。因此，太祖打断了诸将的表白，言简意赅地说道：这都是其他朝代的事，如何值得夸耀。又一场平静的"鸿门宴"就这么结束了。

后苑之宴的第二天，朝廷公布了一项重要的人事变动：武行德迁太子傅加衔，郭从义改任左金吾卫上将军，王彦超改任右金吾卫上将军，白重赞改任左千牛卫上将军，杨廷璋改任右千牛卫上将军，诸将原来承担的各镇节度使之职同时解除。[1]按照当时体制，郭从义、王彦超、白重赞和杨廷璋所担任诸卫上将军均属环卫军职，地位也相当高，但却没有多少实际职权，其最突出的意义就是用来安排失去兵权的将领。

此后，遗留下来的旧节度使已为数不多，年龄日渐衰老，并且大都属于昏聩无能之流。如义武军节度使祁廷训，身躯虽然魁伟高大，但却没有多少头脑，遇事又多回避，结果被人们送上了"祁骆驼"的雅号。像"祁骆驼"这样的节度使，太祖并不操心，所以直到太祖驾崩时也没有解除他的节钺。[2]

4. 太祖爱将

太祖皇帝在位时，天下还没有统一，北有强敌骚扰，南有割据小朝廷们的对抗。大宋处于如此环境之中，军事的意义显

1　（宋）李焘：《续资治通鉴长编》卷一〇，开宝二年十月己亥，第233页。
2　（元）脱脱等：《宋史》卷二六一《祁廷训传》，第9047页。

然不容忽视。身经百战的太祖完全清楚国家面临的形势，因此收兵权、削藩镇的目的，并不是要压制国防力量，而是要清除军中的异己因素。从开国之初始，太祖在大力解决功臣、旧藩镇专兵问题的同时，也逐渐有条不紊地提拔重用了一批比较年轻的将领。一方面让他们统领禁军，镇守各地，另一方面派他们带兵出征作战，剪灭僭伪势力。当然，这些将领都有一个共同之处，那就是绝对效忠于朝廷。在这一前提条件之下，纵然禀赋、作风各有不同，甚或暴露出一些弱点及出格行为，太祖皇帝都能宽容对待，并给予充分信任。

从太祖开国前就追随左右的小校杨信，为人忠谨，虽无赫赫战功，但颇受信任。宋初，他在禁军中任中下级军官，不久，便迁任铁骑、控鹤都指挥使，加领贺州刺史头衔。乾德初，猛将张琼被冤杀后，留下的殿前都虞侯一职，由太祖钦点杨信接替。为了使杨信的身份与殿前大将的头衔相符合，朝廷又特意像昔日特赐张琼那样授予杨信防御使官阶。

杨信带兵到底比张琼稳重，各方都无闲言，太祖甚感满意。不曾想到乾德四年（966年）三月时，杨信忽然染上怪病，嗓音功能遭到破坏。太祖听说后，亲自幸临杨宅探望，并赐给了一笔两百万钱的巨额慰问金。看到杨信虽然不能说话，与人交流有些困难，但身体其他部分依然正常，太祖决定仍然保留杨信原职，第二年，又进一步超授他节度使官职。蒙受如此旷世恩典，口不能言的杨信愈加谨事朝廷。宋代官方史籍称：杨信"忠直无他肠，故上委任之不疑"。据说，杨信身边有一个家童具有体察主人心思的能力,每每入朝上奏,或在军中传令,杨信只需在展开的手掌上比画几下,该僮仆就能准确地表达出主人的话语,所以不仅不影响对太祖表白赤诚,而且能够戒敕部属,"众皆禀令,军政肃然"。[1]开宝二年(969年)十月,太祖在一次郊野狩猎活动后,察知亲军中有些人图谋作乱,当天夜晚,便派内侍宦官带密诏召杨信入宫,一举擒获二十名不法之徒,及时粉碎了一场阴谋。还有这样一件事,也令太祖大为感动。某日,太祖在皇宫后苑水池中督练亲军,这些赳赳武夫肺活量都极大,对练起来喊声竟远震宫墙之外。杨信的公廨正在宫门外侧,忽然间听到宫内的厮杀声,杨信不明就里,立即冲进宫廷后苑,太祖看到身穿黑袍便装的杨信,便说:我教他们水战,所以发出喊声。杨信一看没有意外才告退出去。望着杨信的背影,太祖对身边的侍臣们赞叹道:这真是一位忠臣啊![2]

杨信始终受到太祖的信赖,军职也进而升到武将终生企盼的殿前都指挥使,虽然从有关杨信的记载中看不到任何值得一提的战功。杨信最终病死于太宗朝太平兴国三年(978年)。令人不可思议的是,杨信临死前一天,多年的失音痼疾突然消失,就像当初患病时那样迅速。太宗皇帝甚为惊诧,马上幸临其家探视,杨信对太宗表达了自己感念两朝的知遇之恩,说到感

1　(元)脱脱等:《宋史》卷二六〇《杨信传》,第9016页;(宋)李焘:《续资治通鉴长编》卷七,乾德四年三月乙亥,第168页。

2　(宋)李焘:《续资治通鉴长编》卷一〇,开宝二年十月戊子,第232—233页。

慨之处不禁泪流满面。太宗对老将军一面安慰,一面厚加赏赐,[1]这当然都是后话了。时隔千年之后的今天,翻看杨信的资料,其哑疾的情况不免使人心生一丝疑问:杨信是否真的患病变哑?如果确实是哑巴的话,何以到临死前一天突然又能说话?这都难免不使人产生一种猜测:素来谨慎的杨信看到前任的悲惨结局,便以装哑来保护自己,以打消太祖对自己的戒备。太祖在杨信变"哑"后也的确更加信任他,不仅赐以巨款,越级提拔节度使,而且将殿前司最高职务也交给了他。但在人前装哑实在不舒畅,坚持十余年就更为痛苦,所以临死之前需要一吐为快。这当然又是后人的猜想,在史籍中绝无如此记载。

太祖朝另一位禁军大将党进,虽性情与杨信迥然不同,但也以独特的方式赢得了天子的长久信任。党进原为后周时偏将,以膂力超群而出名。据说他是生长于代北的胡族人,长相魁梧,每当穿戴上甲胄,浑身的毛发都会竖起,愈发显得威猛。[2]不过,这位武将虽有一身勇力,却不识文断字,而这在当时并不影响领兵,往往还会受到上司的信任。

宋初,党进屡迁至禁军龙捷左厢都虞侯,领利州观察使加衔。史书有这样一段记载很有意思:当时禁军自各厢都虞侯以上将领为了防备皇帝提问,都随身携带一种木棍,将自己掌管

---

1 (元)脱脱等:《宋史》卷二六〇《杨信传》,第9016—9017页;(宋)李焘:《续资治通鉴长编》卷一九,太平兴国三年五月壬寅,第429页。

2 (元)脱脱等:《宋史》卷二六〇《党进传》,第9019页;(宋)李焘:《续资治通鉴长编》卷七,乾德四年闰八月丁巳,第179页。

的兵员数量写在其上,宛如文臣们入朝时举的记事笏板。党进也请人将部属人数写在一根木棍上,手不离棍。一天,正碰上太祖向他询问,党进便双手举起木棍说:属下兵数都在这里。太祖目睹此景,觉得此人极为朴直,就更加优厚对待。[1]乾德后期,太祖先令党进代管侍卫步军司事,不久又提升他为步军司都指挥使,并授以彰信军节度使头衔。以后,党进先后两次参加过对北汉的战役,曾经在一次战斗中将对方的名将杨业击退。开宝后期,党进改任侍卫马军都指挥使,依旧领节钺,直到太宗太平兴国二年(977年)才出守地方藩镇,也与杨信一样多年出任禁军统帅。

党进留给太祖的印象是孔武有力而胸无点墨,自然不会有什么异心,所以能典禁军十余年。然而史籍中的一些记载却对党进的人品不利,如《宋史》记载:党进曾受太祖诏命巡视京师开封城,在街巷闾里之间只要看到谁家养有飞禽走兽,就毫不客气地亲自解绳开笼,一边将禽兽放走,一边骂主人:买肉不用来供父母,反而饲养牲畜。一次不曾想在街上碰见皇弟、晋王赵光义手下人,其中一名亲吏手臂上架着一只雏鹰,党进不了解这些人的身份,又急忙上前要放鹰,对方警告说:这是晋王的鹰。党进一听马上住手,随即给了对方一些钱让他们买肉,并以认真的口气对架鹰者说:你要精心养育啊,不要让狗

---

[1] (元)脱脱等:《宋史》卷二六〇《党进传》,第9019页;(宋)李焘:《续资治通鉴长编》卷七,乾德四年闰八月丁巳,第179页。

猫所伤。此事很快就传遍京城，成为百姓们取乐的笑柄。[1]由此看来，党进并非朴直到不懂得机变，而是颇有心智的人，这就使人对他粗鲁简单的举止不能不发出怀疑，是否真的连木棍上的几个数字也不认识？但可以肯定的是，太祖当日一定不会产生这些联想。

5. 戍边与出征

太祖驭将，可以说精于运用权柄，在国家尚处于外敌包围之中的情况下，还是能发挥出武将的角色作用。太祖一朝，有一大批武将在外带兵镇守，由于忠心耿耿而受到天子的信任，并被给予诸多恩惠殊荣，包括宽恕一些不当行为。在这些人中，尤以御北前线的李汉超、郭进等将领的经历最有代表性。

李汉超从五代后汉时已投军，直到周世宗时才逐渐受到提拔，任殿前司将官，当时他的上司便是赵匡胤。北宋开国后，李汉超作为太祖亲信将领曾参加了平定反抗势力的战斗，以战功自刺史迁至防御使。为了抗击北方辽军的南犯，李汉超又和一批新提升的将领被选派到国防前线。他的防区是关南地区，即周世宗北伐收复的瓦桥关（在今河北雄县西南）、益津关（在今河北霸州）和淤口关（在今河北霸州东）以南地区，官职为齐州（治所在今山东济南）防御使兼关南兵马都监。宋初以来，关南一直是辽骑南犯的前线，

1　（元）脱脱等：《宋史》卷二六〇《党进传》，第9019页；（宋）江少虞：《宋朝事实类苑》卷六四，上海古籍出版社1981年版，第851页。

在国防上有重要的意义。

李汉超到关南领兵后,加强了对辽的反击能力,对来犯之敌采取了"来则相抗,去则勿追"的策略,使边民获得了相对稳定的生产和生活环境。但出身行伍的李汉超最初身上染有浓厚的悍将习气,经常目无法纪,在地方上干出一些越轨的事来。终于有一天,受害的农户赴京控告李汉超,罪名包括强娶民女为妾和借钱不还,等等。太祖听说此事后,亲自将告状者召进皇宫,然后问道:你的女儿可以嫁给什么样的人?对方说:也就是农家。太祖继续问:汉超没有去关南时,契丹人如何?农户答:每年都来侵略残暴。太祖再问:现在又怎样了?对方答:没有了。太祖最后说:汉超,是朕的贵臣,你的女儿做了他的妾难道不比做农妇强吗?假若汉超不去守关南,还能保有你们家的所有吗?说完这些话后,太祖又对农户进行了一番劝责,才把他们遣送出去。送走了农民,太祖立即派密使到前方给李汉超带话:马上把抢来的民女和所借的钱还回去,这次宽恕你,不要再干此类事了。你感到钱财不够家用,为什么不来告诉朕呢?李汉超看到天子如此对待自己,羞愧感动得流下泪水,决心以死报国,从此他洗心革面,精心处理地方事务,前后任职关南十数年,颇得下属及百姓的爱戴。太宗继承皇位初,又将李汉超的官阶提升为观察使。遗憾的是,第二年,他便病死于任上。[1]

---

[1] (元)脱脱等:《宋史》卷二七三《李汉超传》,第9333—9334页。

郭进在太祖朝受到的信任也非常突出。出身贫家的郭进，年轻时就颇有英雄气，身强力壮，"倜傥任气"。他在五代后晋时投军，历经后晋、后汉及后周三朝，不仅屡获战功，而且还注意维持地方治安，官至洺州（治所在今河北永年东南）团练使。北宋开国后，郭进升为本州防御使兼西山（即今太行山）巡检。那时，太行山以西的河东地区为北汉势力范围，北汉军经常联合辽军越过山梁来犯，所以，郭进承担的职责相当重要。在开宝二年（969年）和开宝九年（976年）两次对北汉作战中，郭进都曾领兵参战，立有战功。据史籍记载，当时因为郭进驻守太行山一带，有效地阻止了北汉与辽军东攻的势头，确保了河北西部战线的稳定。郭进还严于治兵，一方面对部下"轻财好施"，另一方面则以死刑严惩违令者，士卒稍有不服举动，必遭杀戮，甚至将军令也用于家中奴婢身上。这一切都赢得了太祖皇帝的极大好感和赞赏。据说，每次派往郭进辖区的戍卒出发前，太祖都照例要告诫士兵们：你们可要谨慎守法。我还可以宽待你们，但郭进可是要杀人的。有一次，郭进的一名下属军校来到京城控告主帅，所告何事已不得而知。太祖经过询问就明白是诬告活动，便对身边人说：这个人犯了过失惧怕惩罚，所以想通过诬告郭进的办法以求避祸。随即将诬告者送还郭进，令就地正法。恰巧此时北汉来犯，郭进就对被押者说：你敢去告我，相信你有胆气。现在我免去你的罪，如能在战场上杀敌的话，我将把你举荐给朝廷。如果失败了，你自可以投往北汉。这位军官感念主帅的宽厚，于是舍身相报,果然打退对手。郭进事后为其上表请功,太祖也恩准升迁,以成全郭进美意。[1]

太祖不仅对诬告的事慎重处理,以示对郭进专任不疑,而且在其他方面予以照顾。有这样一个事例非常典型:开宝中期,太祖命令有关工程部门为郭进建造宅院,还特意嘱咐屋顶全部铺设"筒瓦",准备在完工后赏赐给他。负责营造的官员看了设计图后,发现规格与郭进身份不符,就向皇帝反映:按照原有规定,只有皇室中的亲王和公主的府第才能全用筒瓦。不料想,太祖听罢勃然大怒,对上奏的臣下斥说道:郭进控扼西山十余年,使我免去了北顾之忧,我对待他岂能不如我的子女?你们马上去督促工役,不必再胡说了。[2]这件事传出去后,不仅令郭进十分感动,而且对其他武将也是不小的鼓舞。

官阶和地位都不算很高的姚内斌,同样以忠心、称职而受到太祖的厚待。姚内斌本为契丹占领下的平州卢龙(今河北卢龙)人,因此做了辽朝的武将,驻守瓦桥关。当周世宗北伐时他率部下开关投诚,转为后周军官。宋太祖登基后,为了对付西夏党项势力,便加强了西北的防守。这样,姚内斌奉命调任庆州(治所在今甘肃庆阳)刺史,并兼管青、白两池盐。

姚内斌赴任后,忠于职守,带兵打退了党项人的骚扰,极

---

1 (元)脱脱等:《宋史》卷二七三《郭进传》,第9334—9336页。
2 (元)脱脱等:《宋史》卷二七三《郭进传》,第9336页。

大地压制了对手。因为他作战异常勇猛，西夏人都称他为"姚大虫"。而在这一段日子里，姚内斌的妻室儿女还在遥远的辽国境内，生死不明，他却能忘家报国。其精神无疑令太祖感动，因此，十分信任他。乾德四年(966年)，他的长子从辽国幽州(治所在今北京)偷渡归来。第二年，一个幽州汉人又将姚内斌的其余六个儿女带入宋境。太祖听说后，将他们召入宫中，亲自赐给衣装、鞍马和钱物，然后特派宦官将他们护送到庆州姚内斌任所。开宝中，太祖召姚内斌进京，"待之甚厚"。开宝七年(974年)，姚内斌暴病死在西北任上，太祖又派内臣前往料理后事，护送棺木回洛阳，并在赏赐田产财物外，录用其子为官。[1]

类似经历的边将还有不少，如马仁瑀、李谦溥、贺惟忠和冯继业等。史籍称，太祖对上述驻守边关的将领都极为优待，不仅照顾他们留在京城的家人，而且还将他们防区内的商利都让给他们，允许诸将随意往来贸易，免除税收。每当他们来朝时，太祖必亲自赐座交谈，设宴款待，临行时再厚加赏赐。更为突出的是，赋予这些将领相当大的决断权，特许他们召募亡命剽悍之徒做自己的爪牙。这样一来，边将们都富有资财，"能养死士，使为间谍，洞知敌情"，故可以在抗御敌军时，常获克捷。[2]太祖本人还做过这样的表白：安边带兵，必须

---

1 (元)脱脱等：《宋史》卷二七三《姚内斌传》，第9341页。

2 (元)脱脱等：《宋史》卷二七三"论曰"，第9346—9347页；(宋)苏辙：《栾城集》卷二一《上皇帝书一首》，《苏辙集》，中华书局1999年版，第374页。

得人,不惜资财,纵然减宫廷之用,亦在所不惜。[1]事实上,太祖对地位不太高的边将采取了不同于有影响的功臣宿旧以及藩镇的态度,予以极大信任和优厚的待遇,充分调动他们的戍边积极性,以收巩固边防之效。这种做法在内地广大地区却并不存在。

太祖重用亲信猛将戍守西部和北方前线,是为了能在没有后顾之忧的情况下集中精力完成南征事业。

当建隆中收兵权措施初见成效之后,满怀统一天下志向的太祖就开始着手制定用兵战略。面对国家腹背两面受敌的现状,太祖曾广泛征求臣下意见,宰相魏仁浦和宿将张永德都反对先向北方用兵,理由是北汉虽小,但军队极为强悍,又有契丹大军的支持,征讨难以迅速奏效。[2]

一个大雪纷飞的夜晚,太祖与皇弟赵光义突然造访赵普家,赵普深感意外,就问道:夜深天寒,陛下何以外出?太祖回答:我无法睡着,因为一榻之外,都是外人家,所以来见你!随后,太祖提出了对北汉用兵的打算。赵普思索很久后则表示反对,主张先南下削平各国,再北上灭汉。[3]正是在绝大多数臣僚的建议下,太祖确定了"先南后北"的统一方略。

从乾德元年(963年)初开始,太祖不断派出大军南征,到开宝九年(976年)时,先后消灭了割据荆楚、四川、岭南及江南等

---

1 (宋)李焘:《续资治通鉴长编》卷三,建隆三年十二月甲辰,第77页。

2 (元)脱脱等:《宋史》卷二四九《魏仁浦传》、卷二五五《张永德传》,第8804、8916页。

3 (宋)李焘:《续资治通鉴长编》卷九,开宝元年七月丙午,第204—205页。

地的几个政权，并实际上使仅存的割据两浙和福建的两股势力走到归顺的边缘。

在南征的过程中，太祖先后委派慕容延钊、王全斌、曹彬、潘美等将为主帅。由于诸将的性格和作风不尽相同，太祖也对他们采取了不同的态度，其中对曹彬给予了最大的信任。

曹彬为人做事，素来谨慎。在后周时，他就以出使吴越不受对方馈礼、平居不随意交结将帅及办事认真而给外人留下了很深的印象。据说，赵匡胤当初曾想与周世宗亲信曹彬拉关系，却遭到了回绝。[1]一次，赵匡胤向掌管宫廷茶酒的曹彬索酒，曹彬正色道：这是御酒，不敢相送。然后曹彬在街上买了些酒给赵匡胤喝。[2]因此，周家帝位禅让给宋太祖后，开国天子因喜欢曹彬为人，对他另眼相看。

乾德二年（964年）冬，太祖下诏征讨后蜀时，曹彬作为都监与刘光义从长江中游沿江西攻，配合攻击剑门关的王全斌大军的行动。平定四川后，其他大将都大抢子女玉帛，以致激起兵变，唯有他仅取图书而已。所以，当大军班师归朝时，太祖对王全斌以下诸将都予以降职处分，独将曹彬提升为宣徽南院使，并授以义成军节度使高位。

开宝七年（974年），对南方割据势力中实力最强的南唐用兵时，太祖就任命以谨慎稳重见长的曹彬为主帅，节制潘美、李

1　（元）脱脱等：《宋史》卷二五八《曹彬传》，第8978页。

2　（宋）司马光：《涑水记闻》卷一，第21页。

汉琼等大将。果然，曹彬作战，力求少动干戈，不许部将妄杀降人，使最强的对手在被解决之日，市面的震荡却比以往任何一次都要小。曹彬回朝后，也没有摆出大功臣的架式。接受太祖会见时，他仅在名刺上写下"奉敕江南干事回"几个字，这种姿态无疑令太祖大为赞赏。[1]

不过，太祖对曹彬还是考验了一番。当初出师的时候，太祖曾对曹许诺：等克复了李煜（南唐国主），就授给你使相。所谓"使相"，是唐、五代以来相沿已久的一种职官制度，凡是节度使加上宰相官名的称号，被称为使相。虽然使相并不真像宰相那样在朝理政，仅仅含有虚衔的意思，但毕竟官名更为隆重，并可以增加一定的收入，所以深受世人看重。不曾想，曹彬回朝后，太祖并未马上承兑诺言，而是对他说：现在天下还有未臣服者（即指北汉皇帝刘继元），你若做了使相，便位极人臣，肯再全力作战吗？还是稍等等，更为我夺取太原（北汉国都）。为了表示安慰，暗中派人给曹府送去了五十万钱。曹彬怏怏退朝，回到家中看到"布钱满室"，遂叹道：好官亦不过多得钱，何必一定要使相呢！看到曹彬能在立功之后不骄不躁，再想到他以往谨慎本分的性情，太祖不久便委任他以枢密使要职。按照宋制规定，宰相主管全国行政民事，而枢密使负责天下军政，两者地位从形式上看相等。又因前者办公衙署——中书省位于皇城内东部，号"东府"，后者办事机构——枢密院设在皇城内西部，号"西

1　（元）脱脱等：《宋史》卷二五八《曹彬传》，第8980页。

府"，两者又有"二府"之称，由此足可以窥见枢密院长官权威之一斑。开国以来，以枢密使兼节度使的现象还从未有过，自曹彬才打破了这一惯例。[1]

从有关曹彬的资料记载来看，他主掌枢密院后，既从未做过违背天子旨意的事，也不喜好议论他人的短长，处事之所以能做到如此地步，自然是天性"仁敬和厚"[2]使然。但大将张琼及韩重赟等人的遭遇，又未尝不会对曹彬的举止产生一定的影响。总之，曹彬以忠谨的办事风格赢得了太祖的信任和重用，而成为当时武人中地位最高者。

6. 辛仲甫

开宝五年（972年）深冬的一天，正在彭州（治所在今四川彭州市）做知州的辛仲甫突然接到了朝廷下来的紧急调令，任命他为西川兵马都监，并要他迅速赴京。辛仲甫看罢通知，交代完公事后，便收拾行装上路。在任职期限未满的情况下，上面突然让自己改换武职，又将自己从数千里外急调京师，究竟为了何事，也许他并不清楚。

当时四川地区从后蜀割据下归大宋已有七八个年头，但由于种种原因一直没有稳定下来，特别是在灭蜀不久，因王全斌

1　（宋）李焘：《续资治通鉴长编》卷一七，开宝九年二月庚戌，第364页。
2　（元）脱脱等：《宋史》卷二五八《曹彬传》，第8982页。

等武将骄横跋扈，大肆抢掠引发了长达三年之久的上官进、全师雄等造反，先后波及十余个州。因为蜀中物产丰富、人口稠密，而地形情况又十分特殊，北有崇山峻岭为屏障，东有长江夔门做天险，自古以来就足以称雄一方。宋太祖因此对四川地区的形势一直非常忧心，总担心那里的官员处置不当，使天府宝地脱离大宋版图。考虑以往那些武将遇事粗鲁、生硬的教训，太祖便打算选派得力文臣前往监督军队，但完全一介书生也不很合适，最好的人选应该是文武全才。于是，在开宝五年（972年）冬，太祖向赵普询问：儒臣中有何人具有武干之才？赵普便推荐以左补阙官职出任知彭州的辛仲甫。

辛仲甫出身于五代时一文官之家，自幼好学，具有相当的文化素养。与此同时，因长期身处乱世，为了自卫和发展，他又操练过武艺。后周时，辛仲甫受到禁军大将、武定节度使郭崇的赏识。当时，武将贵为藩镇后，因自己不认识多少字，但场面上的文字应酬又少不了，所以都会网罗几个文人为自己掌管文牍。辛仲甫因此便进入郭崇幕府，充当掌书记一职。宋朝建立后，他继续在郭崇手下任事，并升任节度观察判官。

据记载，辛仲甫在追随郭崇过程中，精于吏事，多次妥善处理了疑难案件。宋初，郭崇遭人诬陷，太祖派使臣前来查验。在使臣来到之前，郭崇忧虑、愤懑不堪，对身边人说：如果天子不查真相，怎么办？众人都愕视不知所措，独辛仲甫沉着建议道：热情相迎，冷静对待，配合朝廷调查，"久当自辨矣"。后来，按照辛仲甫的建议应付，果然风息浪止。[1]

更为难得的是，辛仲甫作为一名文官，其武功竟然超群。据说，他在投军初期曾向郭崇学习射箭，但以后郭崇在射术上反要拜他为师。这样一来，辛仲甫在文臣中便颇有一些武名。

在开宝五年(972年)年底，辛仲甫来到了开封城，太祖马上将他召入宫中，亲自加以测试。辛仲甫手持"乌漆新劲弓"，并不费力就拉圆弓弦，一箭即破靶心。随之，他又穿戴上全副坚甲，行动起来如披"单衣"。看到这一幕，戎马半生的太祖皇帝非常高兴，对辛仲甫大加赞赏，并鼓励他认真对待军职，以后可以授予刺史之位。然而辛仲甫对这一场宫廷考武活动却并不满意，他对太祖说：为臣原本学的是先王之道，希望能以此报效，致陛下于尧舜之上。现虽遇昌盛之世，而陛下仅以武夫的标准来测试我，一弓一矢，谁又不会呢？太祖听罢，只得加以劝勉道：今后你果然有奇才的话，再用也不晚。[2]辛仲甫只得悻悻地走马军营。

辛仲甫之所以最终有上述反应，说起来正与太祖在位中期以后社会风气的转变有关。

五代时期，武人跋扈到了极点，历朝皇帝皆出自军阀，朝中大政操于亲信大将手中，地方更陷于大小节度使控制之下。

1　(元)脱脱等：《宋史》卷二六六《辛仲甫传》，第9179页。
2　(宋)释文莹：《玉壶清话》卷一，中华书局1984年版，第10页；(宋)李焘：《续资治通鉴长编》卷一三，开宝五年十二月乙卯，记载略同，第293页。

后汉时，重权在握的军帅史弘肇曾宣称："安朝廷，定祸乱"者，只须长枪大剑，"至如毛锥子（即毛笔）焉足用哉！"[1]这一说法其实正是当时武将们的普遍认识。当时，不仅地方文臣普遍依于武官，纵然是朝中宰相也要仰承掌管兵权的枢密使的鼻息。神宗朝宰相王安石便说："五代用武，故政出枢密，宰相备位而已。"[2]数十年间，文臣饱受强兵悍将凌辱，甚至屡遭杀戮。清代史家赵翼评价道：士大夫生于此时，缠手绊足，"动触罗网，不知何以全生也"。[3]正因为如此，社会上形成了强烈的"重武轻文"风气，大批有志青年都将一生的抱负投在了军旅之中。正如五代时横行一方的武臣侯章所说：我是粗人，全以战斗博取富贵。[4]许多文人学子也弃文从武，加入了行伍的队列。如历仕五代后晋、后汉及后周三朝的节度使焦继勋，青年时喜好读书，志向高远，但在后唐动荡岁月中却无法展才华，当看清书生可悲的前途后，他愤而对人说："大丈夫当立功异域，取万户侯，岂能孜孜事笔砚哉？"于是毅然投笔从戎，投身于激烈的战场之中，终于如愿以偿。[5]

宋朝开国初年，社会上武风依然甚烈，将官们对文臣仍然相当轻视，甚至还敢于敲诈朝中大臣。像有翊戴之功的大将高怀德，性情粗犷，厌烦书本文辞，对来客不加礼貌，可以说其

---

1 （宋）薛居正等：《旧五代史》卷一〇七《史弘肇传》，第1406页。
2 （宋）李焘：《续资治通鉴长编》卷二一一，熙宁三年五月丁巳，第5139页。
3 （清）赵翼：《廿二史札记》卷二二《五代幕僚之祸》，中华书局1984年版，第476页。
4 （元）脱脱等：《宋史》卷二五二《侯章传》，第8859页。
5 （元）脱脱等：《宋史》卷二六一《焦继勋传》，第9042页。

骨子里仍然看不起文官。[1]至于另一位功臣将领王彦升，更为野蛮无礼。史籍称他"性残忍多力"，尤善于击剑，外号"王剑儿"。在陈桥兵变过程中，王彦升曾不顾赵匡胤禁令，将未参加政变的禁军大帅韩通一家满门诛杀。以后，王彦升出任京城巡检一职。在一天半夜时分，他突然敲开宰相王溥的家门。王溥见来人是"王剑儿"，十分惊悸，只得将他请入堂中。王彦升坐定后对宰相说：今晚巡警累了，想随便到你这里一醉方休。后周时便已做了宰相的王溥自然明白对方"醉翁之意不在酒"，而是要敲诈索贿，但佯装不懂，吩咐家人摆上酒肴，最终将不速之客巧妙支走。第二天，太祖得到了王溥的密奏，一怒之下将王彦升贬出京师。[2]此事也许进一步提醒了太祖对武将的注意。

面对骄兵悍将逞强、文臣委琐吞声的现象，不仅朝中文官深为不满，太祖也从中看出了潜在的危险。武将敢于在文人面前跋扈，实际上便是漠视朝廷法度乃至天子权威的一种表现。文官受到压制只能导致武将势力的过度膨胀，使国家机构中文武职能无法保持均衡，长此以往，社会既无法得到安定，兵变也难以根绝，更何况千余年来文人高扬的立身法宝——儒家学说，又是以维护大一统和君臣关系为宗旨。于是，太祖皇帝在收兵权、削藩镇的同时，逐渐让文人掌管中央和地方管理

1　（元）脱脱等：《宋史》卷二五〇《高怀德传》，第8823页。
2　（元）脱脱等：《宋史》卷二五〇《王彦升传》，第8828—8829页。

权,并非常注意提高文臣的社会地位,有意在朝廷内外营造"崇文"的气氛。

太祖首先在朝廷中央重用文臣。当时,谋臣赵普深受信任,新朝创立伊始,就被任命为枢密直学士,参与军政大事。不久,赵普又被提升为枢密副使,与枢密使吴廷祚共同掌管枢密院。由于吴廷祚是前朝遗臣,所以虽为正职,实权却掌握在赵普手中。到建隆三年(962年),吴廷祚被外放节度使后,赵普便升任枢密使。这样太祖实际上便让文臣主掌全国军政,而凌驾于诸将之上。以后,赵普独任宰相,枢密使虽几度有武官出身的大臣担任的情况,如李崇矩、曹彬等,但其权威无法与赵普抗衡,完全扭转了五代时枢密使欺压宰臣的局面。不仅如此,枢密院中仍有文臣出任副使。[1]乾德二年(964年),太祖在中书设置参知政事后,参知政事作为宰相副职,本与枢密副使形式相等,但担任枢密副使的文臣改任参知政事,实际上却有升迁的意义。[2]至于京师禁军将帅,更不得干涉文官职事。

其次,太祖逐步从朝中派出大批文官到各地以知县、知州及通判等新职与前朝遗留下来的武人县令、州刺史共同管理地方,而又不断取代旧官职。太祖曾就实行这一措施对赵普如此表白:五代方镇残暴,百姓受其害,我下令选派百余名强干的

---

1 (元)脱脱等:《宋史》卷二一〇《宰辅表一》,第5419—5420页。
2 (宋)吕希哲:《吕氏杂记》卷上,影印文渊阁四库全书本,上海古籍出版社1987年版,第863册,第207页。

儒臣，分治州府，纵然他们都贪浊，其危害亦不及武臣一人。"[1]这一席话，就深刻地反映了太祖对文官特性的认识和他眼中可靠文人的印象。以后发生的一件事情，就很能说明太祖的态度。在开宝后期，武夫出身的德州（治所在今山东德州市陵城区）刺史郭贵被调离本地，到邢州（治所在今河北邢台）暂管州事，中央则派国子监丞梁梦升来德州做知州。郭贵被调走后，其族人、亲吏继续在德州违法牟利，梁梦升不留情面地将其绳之以法。郭贵便派亲信到京师找故旧，正得宠的禁军武官史珪，图谋报复对手。史珪寻找机会密告梁梦升，称他"欺蔑刺史郭贵，几至于死"。出乎史珪的预料，太祖看了控诉状后不仅没有治梁梦升的罪，反而说：这必定是刺史干了不法的事，梁梦升真是一个清明强干的官吏。随即命令宦官传令中书，将梁梦升的官位提拔为左赞善大夫，继续留任德州。[2]

除了以上重要而明确的措施外，太祖还身体力行地注意尊重文臣，提倡官员读书。据史籍记载，太祖登基称帝不久，便下令扩修国子监中的儒家先圣祠庙，重新塑造和绘制"先圣、先贤、先儒之像"。太祖亲自为孔子及其大弟子颜回作赞文，命宰相等文官大臣为其余诸像作赞。太祖还一再率群臣幸临国子监，拜谒供奉孔子的文宣王庙。当听说判国子监事崔颂开始聚生徒、讲授儒经后，太祖大加赞赏，特派内侍带酒果给国子

---

[1] （宋）李焘：《续资治通鉴长编》卷一三，开宝五年十二月乙卯，第293页。
[2] （宋）李焘：《续资治通鉴长编》卷一五，开宝七年二月庚辰，第317页。

监师生。建隆三年（962年）六月，太祖又下诏对文宣王庙行使一品礼仪，在庙门两侧竖起十六枝戟。[1]这些举动固然大都属于礼的范围，但对孔子及儒家是否行礼、采何种礼，却往往是当政者对儒臣文士态度如何的一种标志。像五代后梁时，孔庙便失去祀礼，以后虽有恢复，但却无人重视。[2]这种"礼崩乐坏"的现象，正是当时武人摧毁文臣精神的反映。因此军人出身的太祖对文宣王庙和国子监的礼遇，便向天下传达了"崇文"的信息。这必然会对四方士大夫产生极大的鼓舞，给他们带来报效朝廷的信心。

太祖在早年没有受过系统的儒家文化教育，但以后因为志向远大而开始主动读书，[3]从史籍中吸取政治经验，总结前人的成败。君临天下后，太祖更加重视读书，经常派内侍从史馆等藏书机构中取书来看。他不仅自己如此，而且要求大臣们多读书，以提高自身素质，为天下读书人做出表率。像亲信功臣赵普，原本不过是吏人出身，虽不乏谋略，然则寡于学术，太祖对此不甚满意，便对他说：卿不读书，当今有学之士不少，处于其间不有愧吗？[4]据说，赵普听从了天子的告诫，遂在归朝后居家阅读不辍。及至他死后，家人打开赵普的书箧，竟发现其中仅有一部《论语》。[5]后人常以此讥讽赵普用半部《论语》治

1　（宋）李焘：《续资治通鉴长编》卷三，建隆三年六月辛卯，第68页。

2　（元）脱脱等：《宋史》一〇五《礼志八》，第2547页。

3　（宋）李焘：《续资治通鉴长编》卷七，乾德四年五月甲戌，第171页。

4　（宋）释文莹：《玉壶清话》卷二，第19页。

5　（元）脱脱等：《宋史》卷二五六《赵普传》，第8940页。

天下，但却也说明赵普为了满足太祖的要求，不得不故作喜文好书的姿态。

太祖后期受到重用的文臣卢多逊，便是通过巧于读书而地位日渐显赫的。卢多逊是后周时进士，宋初任知制诰，替皇帝草拟诏书。史称卢多逊为人工于心计，当他看到太祖有读书习惯后，便托史馆吏人抄录天子每次所读书目，然后找来这些书，通宵阅览。到第二天入宫时遇到太祖询问书中问题，卢多逊都能对答如流，同列官员当然自愧弗如，太祖便对他另眼相待，"益宠异之"。[1] 另在一次郊祀典礼时，卢多逊受命安排礼仪程序，他精心设计每一个细节，使太祖领略到了天子"仪物之盛"的气势。于是，太祖感叹道：宰相当须用儒者。[2] 卢多逊以后果然出任参知政事。

太祖自书本中读懂了儒学苦心孤诣维护朝廷法纪的宗旨后，为儒家经典所折服，他不仅愿意听到赵普等文臣发出的"君尊臣卑"的声音，而且也希望看到武夫们的举动符合儒家所定的君臣关系标准。所以，太祖在听说了国子监生徒学习四书五经后，便对身边的人说：现在的武臣亦当让他们读儒经，以便使这些人懂得立身处世之道。[3] 正所谓上有所好，下必甚焉。

1　（元）脱脱等：《宋史》卷二六四《卢多逊传》，第9118页；（宋）李焘：《续资治通鉴长编》卷九，开宝元年四月丙子，第201—202页。

2　（宋）王曾：《王文正笔录》，影印文渊阁四库全书本，上海古籍出版社1987年版，第1036册，第271页。

3　（宋）司马光：《涑水记闻》卷一，第15页。

太祖既有殷切愿望，武将中自然便有人出来响应。据史籍记载，当时一些武将看到太祖尚文，便也找来儒经看看。党进作为禁军大将，本不识几个字，但也不甘落伍。某次，党进奉命到河北前线部署边防。临行前，他想对太祖致辞以示告别，掌管宫廷导引的官吏劝他：作为武将，不必一定如此。但党进脾气倔强，一定要这样做。官吏明知道党太尉不通文墨，又说服不动他，只得替这位好强的大将在笏板上写下告别的文辞，教他熟记下来，然后再一同上殿。结果，党进双手捧笏跪于太祖面前，一时紧张，把背诵的词全忘了，久久不能说出一句话。也算党进有胆魄，他突然抬头看着天子，高声道：为臣我听说上古时风气质朴，愿官家（即皇帝）好好休息。听党进说出如此粗浅的话语，连卫士们都不禁掩口失笑。太祖当时做何反应，因无文字记录，已不得而知。当党进出宫后，左右问他何故忽然说了那两句话，谁知党进却回答道："我尝见措大们爱掉书袋，我亦掉一两句，也要官家知道我读书来。"[1]党进的话翻译成现在的语言，其意就是，我曾见过书生们爱嚼文字，我也说它一两句，好让皇上知道我读过书。这实在是一个笑话，且未必准确可靠，但这段史料却足以说明宋太祖的崇文态度，对武夫们产生了多么大的影响。

　　正是在这种气氛之下，明智的军事将领们适时调整了自己的心态，对文官们采取了恭敬礼让的态度，其中尤以曹彬最

1　（宋）释文莹：《玉壶清话》卷八，第76页。

为突出。曹彬不仅为人谨慎，而且颇有政治头脑，当他看到天子有意崇文的意图后，便在与文人交往中处处表现出谦卑的姿态。有关曹彬这方面表现最具说服力的事例，莫过于他在外出途中遇到文臣的反应。据史籍记载，曹彬虽然位居枢密使这样的将相高位，但每次在道中迎面碰到士大夫的车马，他都主动令车夫将自己的车辆驰入路旁街巷，所谓"必引车避之"。[1]这一举动在以往历史上实在罕见，曹彬当时的内心究竟作何感受亦不得而知，然而可以肯定的是，这种极端化的现象正是产生于宋太祖实行"崇文抑武"政策的背景之下，也就不难理解。当尊严和荣誉在与利益和前途发生冲突时，生活于专制君主集权制度下的现实主义者，可能采取的行动通常便是压抑前者而保护后者，因为自等级分封制从秦汉消亡之后，包括文臣武将在内的上层官僚就失去了赖以相对独立生存的采邑空间，只有完全依附于专制皇权。作为一个明智的军队首脑，曹彬自然会审时度势，苦心孤诣塑造崇文形象以取得太祖的信任。

真是"此一时，彼一时"，武人们为所欲为的岁月痕迹还清晰可见，而忽然间，宋家开国天子已经将文官推到了社会的前列，于是在新兴"崇文"世风熏染之下，一个有才华的士子也开始抛弃了前不久还令人鼓励的"以战斗博富贵"的理念，而愿意将一番政治热情投放于文臣的角色之中。正因为如此，文官辛仲甫当然对太祖仅以弓矢武艺考试自己的做

1　（元）脱脱等：《宋史》卷二五八《曹彬传》，第8982页。

法表示不满,对转任武职行列也不会心甘情愿。所以,他在西川兵马都监的职位上干了一段时间后,仍欲转回文官队伍。辛仲甫凭着自己的才能和天子的赏识,终于在太宗年间入为参知政事,参与了中枢大政,[1]而这条道路并不是军旅生涯所能够到达的。

太祖一朝,作为选拔文官的主要途径——科举考试制度,也步出五代以来的寂寞境况,逐渐受到朝廷的重视。

建隆二年(961年),即太祖登基后的第二年,朝廷遵循旧制举行了科考,仅录用进士11人,这在当时并无什么影响。[2]但此后随着"崇文抑武"局面的初步显现,录取举子的人数逐渐增加。开宝中,进士和诸科中举者已达100多名。[3]开宝三年(970年),太祖在录用正式合格科考者外,又下特旨赐106位曾参加过15次科考的落第者进士、诸科出身。[4]由此而开两宋科举"特奏名"先例,扩大了录用文官的数量。此外,在开宝五年(972年)闰二月举行的礼部科考结束后,太祖亲自在宫内讲武殿对中举者进行询问、测试,然后才予以放榜。[5]第二年,太祖因举子们状告考官不公,再次在讲武殿亲试,于是形成了"殿试"常式。[6]太祖亲自主持殿试,显然在士人面前做出了

1　(元)脱脱等:《宋史》卷二六六《辛仲甫传》,第9180页。
2　(宋)李焘:《续资治通鉴长编》卷二,建隆二年二月癸酉,第39页。
3　(宋)李焘:《续资治通鉴长编》卷一四,开宝六年三月辛酉,第297页。
4　(宋)李焘:《续资治通鉴长编》卷一一,开宝三年三月壬寅,第243页。
5　(宋)李焘:《续资治通鉴长编》卷一三,开宝五年闰二月壬辰,第280页。
6　(宋)李焘:《续资治通鉴长编》卷一四,开宝六年三月辛酉,第297页。

"礼贤下士"的姿态，也向天下人传递了朝廷崇文的信息。如此一来，中举入仕的文臣都成了"天子门生"，其荣耀感自然非昔日可比。

据宋人记载，太祖在世时曾在宫中竖有石碑，令后世继承者跪读。碑文内容主要有三条：其一，保全后周柴氏子孙；其二，不杀文臣士大夫；其三，不加农田赋税。[1]有关这三条戒律中的其一和其三姑且不论，其中的第二条正反映了太祖对文官的爱护。应当说，这一戒律以后确实得到了遵守。

到开宝九年（976年）冬十月太祖驾崩时，大宋的统一事业已近尾声，除了盘据河东中北部的北汉小朝廷尚负隅顽抗外，广大南方的异姓政权大都剪灭，仅存于浙江地区的小盟友——吴越，也已做好了入朝献土的准备。这些赫赫武功固然可以使太祖跻身有为天子之列，而卓然鹤立于中唐以降近两百年间的人君之上，但最令赵匡胤自豪的恐怕还是他在重新恢复君主集权方面的功业。他与身边亲信智囊们通过耗神

---

[1] （宋）李心传：《建炎以来系年要录》卷四，建炎元年四月丁亥，上海古籍出版社1992年版，第96页。

费思实施了一系列方针、政策乃至采用了一些残酷的手段，终于将危害帝国最大的内部军阀称雄的问题解决了，使以往敢于犯上作乱的桀骜不驯的悍将转变为谦恭、谨慎的武官。与此同时，将治理国家行政事务的职权交还给文臣们，并提高了他们的社会地位，恢复了士大夫们失落百余年的自尊和荣誉。经过十七年的整合调节，昔日"重武轻文"的世风被逆转，"崇文"的观念在社会上逐渐形成。如此一来，官僚体系内文官与武将两大集团的力量大体趋于均衡，从而保证了凌驾于他们之上的帝位的稳定，进而使依赖君主集权维系的统一帝国获得巩固。这实在是一份丰厚的遗产，足以令赵匡胤安详地闭上双眼，无愧于皇室后裔。

然而，赵匡胤意想不到的是，自己付出大量心血取得的成果，被后世嗣位者简单地加以继承，并且随着时间的推移愈益僵化，所谓"矫枉过正"，以致走向反面。这又实在不应归咎于他这位大宋的开国皇帝。

二 太宗嬗变

1. 皇位授受

开宝九年(976年)十月二十日,已是深冬时节。这一天,大雪纷飞,天寒地冻。半夜四鼓时分,太祖皇帝突然驾崩于宫中万岁殿内,时年五十岁。[1]出人意料之外,皇位继承人不是太祖之子而是他的胞弟赵光义。

有关太祖的死因,自宋朝之后就长期争论不已。官方文献记载,太祖之死缘于暴病。而其他有些记载却怀疑晋王赵光义有杀兄夺位之嫌,即所谓"斧声烛影"疑案。[2]时至今日,其真相随着岁月的流逝已越来越难以澄清。不过,当时官方文献中仍保留有两条对赵光义不利的记录。

其一,太祖死前并无患病记录。他在临终前几个月内一直照常处理朝政,还多次离开皇宫外出活动。就在驾崩前数日,太祖还曾亲临练武场所,检阅了士兵使用投石机的表演,[3]而仅仅几天之后,太祖便染病身亡,这不免使人心存疑窦。

其二,太祖病故时,宋皇后派宦官王继恩召皇子赵德芳入宫,但王继恩却直接奔往晋王官署,将赵光义带入大内。当宋皇后看到来人是皇叔时,不禁惊愕,随后忙呼对方为"官家",

---

1　(元)脱脱等:《宋史》卷三《太祖纪三》,第48页;(宋)李焘:《续资治通鉴长编》卷一七,开宝九年十月癸丑,第380—381页。

2　吴天墀:《烛影斧声传疑》,载于《史学季刊》第1卷第2期(1941年3月);邓广铭:《宋太祖宋太宗皇位授受问题辨析》,原载《真理杂志》第1卷2期(1944年3月),后收入《邓广铭治史丛稿》,北京大学出版社1997年版,第475—502页。

3　(元)脱脱等:《宋史》卷三《太祖纪三》,第48页;(宋)李焘:《续资治通鉴长编》卷一七,开宝九年十月己亥,第377页。

并说:"吾母子之命,皆托于官家。"赵光义则流泪表示:共保富贵,不必担忧。[1]这便说明赵光义出现在宫中,完全是意外之事,而这又与宦官王继恩的个人行为有极大关系。如此看来,又不免使人对赵光义的入宫举动产生疑问,还可以进而对太祖是否在此之前已经病死产生狐疑。

总之,赵光义是在人们大可以表示怀疑的情况下继承了帝位,在庙堂上下君臣彼此的内心便不能不怀有某种微妙的感觉。新天子登基后,改年号为"太平兴国",以后他的庙号则为"太宗"。

太宗赵光义与太祖赵匡胤乃是同母兄弟,后周时他借助乃兄的权势获得了供奉官都知一职。陈桥兵变中,他与赵普等人斡旋、联络诸将,为宋朝的建立立下了大功。太祖称帝后,赵光义以同胞之亲先后出任殿前都虞侯、开封尹等要职,封晋王,加同平章事、中书令等显赫官衔,位列宰相之上。[2]但按照西周以来盛行两千多年的宗法制传统,"父死子继"已深入人心,并且名正言顺,当君主有正常子嗣的情况下,兄弟便与帝位无缘。所以,太宗不管是通过什么方式做了帝国第二代君主,面对皇兄诸子和百官以及万民,其内心并不很坦然,甚至可以说是相当不安的。在他看来,太祖朝的臣子们大都不甚可靠,很可能在暗中敌视、反抗或讥讽自己。因此,太宗遂产生

---

[1] (宋)李焘:《续资治通鉴长编》卷一七,开宝九年十月癸丑,第380—381页。

[2] (元)脱脱等:《宋史》卷四《太宗纪一》,第53页。

了强烈的猜忌心理，这便对以后的朝政造成了莫大的消极影响，形成了多疑、专权、琐碎以及保守的个人风格。

太宗即位初，除了大赦天下、为大行皇帝安排陵寝等丧葬典礼之外，还特意向全国臣民布告了一段意味深长的话：

> 风化之本，孝弟为先，或不顺父兄，异居别籍者，御史台及所在纠察之。先皇帝创业垂二十年，事为之防，曲为之制，纪律已定，物有其常，谨当遵承，不敢逾越，咨尔臣庶，宜体朕心。[1]

这些话无非是表白自己在天下提倡孝悌之道，天子本人也以身作则，谨守成宪。不管这番话语是否出自赤诚，但可以肯定的是，太宗向臣民们发出的"孝顺"的训诫却是真心的，谁敢违背，自会受到有关机构的"纠察"。

随后，太宗又做出几项重要决定，一方面，将皇弟赵廷美封为齐王，授以开封尹、中书令的显官，封太祖之子赵德昭为武功郡王、永兴军节度使兼侍中，封太祖另一个儿子赵德芳为山南西道节度使、同平章事；另一方面，则将宰相薛居正、沈义伦和枢密使曹彬迁官，又将参知政事卢多逊升为宰相，将枢密副使楚昭辅转为正职，通过这些人事升迁安排，以获得各方面的拥戴。在称帝两个多月后，太宗又赏赐薛居正、沈义伦和

---

[1] （宋）李焘：《续资治通鉴长编》卷一七，开宝九年十月乙卯，第382页。

卢多逊三位宰相及正副枢密使曹彬、楚昭辅等大臣，每人钱500万、银300斤；宣徽南、北院使潘美和王仁镐各得钱350万、银200斤；殿前都指挥使杨信、马军都指挥使党进各获得银600斤；殿前都虞侯李重勋、马军都虞侯李汉琼、步军都虞侯刘遇等将领各得银300斤。随之，再赐齐王廷美绢万匹、钱500万，武功郡王德昭绢5000匹、钱500万，兴元尹德芳绢3000匹、钱300万。[1]如此大规模的钱物赏赐，比之于太祖开国初赏赐翊戴功臣的数额还要多，实在只能看作收买人心之举。

在称帝后的第二个月，太宗还在日理万机之中下了一道诏令，责成全国各地的地方官迅速搜寻懂天文术数者，然后将他们都押送到京师；对敢于藏匿不报者则处以弃市之刑，即在街市上当众处死，同时悬赏三十万钱以鼓励告密。[2]与那些紧急的人事调整和大行皇帝葬礼相比，这道诏令显得颇为蹊跷。原来，太祖驾崩的前一天，有一位精通天文术数的策士马韶，突然拜访了晋王府亲吏程德玄，马韶说：明天乃是晋王大利之日。程德玄忙将此话转告给晋王赵光义，赵光义便命令身边人把马韶看守起来。第二天，赵光义果然入宫称帝。[3]如此看来，这些仰观天象、俯视地理的术士，竟然具有一种超凡的神力，能够窥视到人主的命运，也难免不会洞悉天子的内心及所为。所以，太宗要将他们都控制起来，以免泄露天机。到第二年十

1　(宋)李焘：《续资治通鉴长编》卷一八，太平兴国二年二月己未、庚申，第399—400页。

2　(宋)李焘：《续资治通鉴长编》卷一七，开宝九年十一月庚午，第385页。

3　见(宋)李焘《续资治通鉴长编》卷一七引《国史方技传》，第381页。

月，太宗再次下诏，禁止民间传习天文卜相之类图书，"私习者斩"。[1]

当然，对皇位威胁最大的还是握有兵权的前朝将领。与太祖同时经历过五代战乱岁月的太宗皇帝，原本就不会忘记军阀割据、武人跋扈的教训。在继承太祖成宪的旗帜下，他又接过了"抑武"的利器，通过继续压制将帅的手段来巩固自己对帝国的统治。

太平兴国二年（977年）初，太宗看到各地节度使子弟按惯例在军中补为牙校，仗势横行，"民间苦之"，于是借机下诏令各州府将这些子弟的姓名送到京城。据说当时统计出来的人有百名之多，天子立即又将这些人编为殿前承旨的武职，再调至开封，实际上等于将他们变为人质，以制约四方将领。[2]不久，也就是太宗即位后的第七个月，朝廷一道诏令便将四位宿将向拱、张永德、张美和刘庭让罢免，令他们转任诸卫上将军的虚衔。到同年十一月，太宗先解除昔日皇兄患难弟兄石守信的天平节度使职权，将他转为西京留守；随之，又将太祖爱将、禁军大帅之一的党进外放为地方节镇。不久，另两位禁军首脑杨信和李重勋相继病死。[3]

于是，太宗逐渐起用了自己信赖的武将掌管禁军，不过这

1　（元）脱脱等：《宋史》卷四《太宗纪一》，第57页。

2　（宋）李焘：《续资治通鉴长编》卷一八，太平兴国二年三月戊寅，第401页。

3　（宋）李焘：《续资治通鉴长编》卷一八，太平兴国二年十一月己亥，第415页；卷一九，太平兴国三年三月癸卯，第424页，太平兴国三年五月壬寅，第429页。

些军官比之于太祖时的杨信和党进更为逊色。如太宗亲自提拔的殿前副都指挥使白进超，被史家评为：无明显战功，不过是性情小心谨密，能抚恤士卒而已。[1]而这些特点在太宗看来已经足够了。其他如柴禹锡、张逊、王显、杨守一以及陈从信等人，都因为曾在晋王藩邸效过力，被天子视为心腹，以后陆续或入主枢密院，或出外统管禁军，成为第二代皇帝的亲信和军队核心集团人物。但这些人大都没有战场经验和军功，唯以迎合太宗旨意为能事，所以元朝人修《宋史》时对他们评价道：皆因为在太宗登基前追随左右，于是得以攀龙附凤获取高位。[2]其实，这种"一朝天子一朝臣"的现象在以往历代并不少见，新称帝者重用自己的心腹左右本无可厚非，问题是太宗对负有重任的高级将领过分强调忠心，而忽略其军事才能，这实际上便降低了军官的角色标准，对帝国的国防武装力量遂带来了极大的伤害。

太宗除了通过正面控制的手段防范武官外，也通过大量选用文官的方式来制约将帅在国家政治生活中的影响。他在即位初就对身边侍臣们说：朕欲广求俊杰于科场之中，不敢期望选拔十人就得五人，但只要十人中能取一二人才，也足以有益于治世了。于是，在称帝后仅两个月，即太平兴国二年（977年）正月里，太宗便亲自安排科举考试，一次选出吕蒙正以下合格进

1　（宋）李焘：《续资治通鉴长编》卷一九，太平兴国三年七月乙酉，第432页。
2　（元）脱脱等：《宋史》卷二六八"论曰"，卷二七六"论曰"，第9233—9234、9412页。

士109人，诸科207人；又录取曾参加过15次科考的举子191人，总人数竟达500余名，[1]大大超过了以往的规模。

当此次科考中举者的姓名被放榜张贴后，太宗赏给每人一套新鲜衣袍，又在城中开宝寺内大摆宴席，款待新科举人，并亲自赋诗二首赐予众人。随后，天子打破常规对他们超等委任官职，像进士中一二等成绩获得者和九经及第者，都被授以将作监丞、大理评事官衔，直接差遣为各州通判，真是"宠章殊异，历代所未有也"。太宗如此厚待文士，连宰相薛居正都觉得有些过分，就向天子反映取人太多、用人太快。但太宗"方欲兴文教，抑武事"，打算借助大批文臣力量压制武将，收天下士心以巩固帝位，所以对薛居正的呼吁未加理睬。当新科"天子门生"们赴任辞行时，太宗又亲自在宫中予以接见，并特别告谕大家：到各自治所后，政事有不便的地方，可以立即反映给朝廷，最后还赐给每人二十万行装钱。[2]完全可以想到，这些深蒙皇上恩泽的文臣们犹如一把刚出鞘的利剑，分插到了天下的各个要害部位，为新朝天子承担起了监督各地的职责。

太宗皇帝君临天下不久，曾到属于朝廷藏书机构的"三馆"(即昭文馆、集贤院和史馆)参观。当时的三馆始建于五代后梁贞明年间，房屋不过数十间，并且狭小简陋，临近民居生活区。太宗目睹此景，马上对身边大臣说：如此简陋之地，岂能蓄天下

1　(宋)李焘：《续资治通鉴长编》卷一八，太平兴国二年正月丙寅，第393页；(元)脱脱等：《宋史》卷二六五《吕蒙正传》，第9145页。

2　(宋)李焘：《续资治通鉴长编》卷一八，太平兴国二年正月丙寅，第393—394页。

图书、延四方俊杰之士？随即命令重新选址修建，并派宦官督促工役，昼夜加紧营造，终于在太平兴国三年（978年）初完成了新三馆工程。据史籍记载，在施工期间，太宗不仅多次亲临工地监督，而且还直接参与了工程图纸的设计，以力求规模宏大。所以，新建的三馆"轮奂壮丽，甲于内庭"，太宗皇帝还为新馆赐名"崇文院"。[1]崇文院工程的兴修过程及其名称的选定，本身就是天子尚文的一种最好的宣传，它向天下的士大夫们昭示朝廷崇尚文教、以儒治国的志向，也同时给武臣们一种暗示：本朝重文轻武，军人不要想出人头地。

到太平兴国三年中期，即太宗登基一年半后，通过一系列措施的实行，帝位可以说已完全稳固，天下官吏，包括武将们对天子的权威已树立起绝对服从的意识。在这一年发生的一件荒唐的事件，足以从侧面反映军官这种观念的牢固程度。

秦州（治所在今甘肃天水）节度判官李若愚之子李飞雄，因性情凶险，品行恶劣，不为父母所容，只得浪游京师与河北之间，经常与无赖恶少们纵酒赌博。李飞雄因随乃父在秦州居住过，所以很熟悉当地的官署、府库、驻军以及地形等情况。太平兴国三年二三月间，李飞雄从开封到关中盩厔（今陕西周至）探视任县尉的岳丈。离开岳父家时，李飞雄心怀叵测地窃去一匹马，然后继续西行。当夜来到一处官府驿站时，他诈称自己是天子派出的巡边使臣，这样他不仅换乘了官马，而且获得了一名军士做

1　（宋）李焘：《续资治通鉴长编》卷一九，太平兴国三年正月辛亥、二月丙辰，第422页。

向导。随后，李飞雄仅凭大言就震慑住了一路上所有武官，先后将巡驿殿直、陇州（治所在今甘肃陇县）监军及吴县（在今陕西千阳西南）县尉等人挟持同行。到四月间，李飞雄一行抵达秦州清水县（今甘肃清水）境内。当时，为了平定附近的少数部族叛乱，秦州都巡检使周承瑨、田仁朗以及武官刘文裕、王侁等人正奉命屯兵清水县。李飞雄进入县城后继续冒称朝廷使臣，矫诏将驻军将领都捆绑起来。面对这样一位不持任何凭证的空手"使臣"，诸将们竟不敢稍有反抗，便束手就擒，唯有田仁朗在被绑后哭泣着请求观看诏书。李飞雄对众人怒叱道：我受密旨，以你们逗挠不服命令，将尽予诛杀。你们难道没听说封州杀李鹤的事吗？诏书岂能随便看？

李鹤原为封州（治所在今广东封开）地方的知州。太宗即位初，曾派遣亲信赴各地观察、监督地方文武官的动向，其中派到岭南的使臣密告李鹤违法乱纪，天子遂不问真伪，立即下诏将李鹤处死。此时，熟悉时政的李飞雄便以此恐吓武将们，果然众人不再敢申辩。李飞雄一时胆大，竟准备将诸将押往秦州处死，然后劫城造反。出身太宗藩邸旧人的刘文裕听李飞雄自称天子昔日亲吏，便借此关系哀求对方，得意忘形的李飞雄终于露出破绽，最终被众人捉获。此事报告到京师后，李飞雄一门三族遭到诛杀，太宗又特地将此案布告天下，要求防止奸人蒙混作乱。[1]

李飞雄的活动说来令人难以置信，只身空口竟然可以走州

1　（宋）李焘：《续资治通鉴长编》卷一九，太平兴国三年五月壬寅，第429—431页。

过府,而带兵的将领们都甘心受缚就刑。当时发生的这一切,只能说明武臣们已完全驯服,对天子以及朝廷不敢心存丝毫对抗意念。昔日武夫桀骜跋扈的影子,此时可谓荡然无存。

2. 赵德昭之死

到太平兴国三年(978年)时,太宗入宫虽然不过一年多,但帝位已得到极大的巩固,新朝法纪也已树立起来。就在同年的四五两个月里,又有值得庆贺的喜事发生:割据两浙的吴越王钱俶和盘踞福建漳泉地区的陈洪进先后献土臣服。

眼见太祖制定的"先南后北"统一方略中的平南任务业已完成,太宗便开始着手筹划第二步北伐的行动。可以说,一旦灭亡北汉并收复沦陷数十年的燕云十六州,不仅可以彻底解决来自北部国防线上的巨大威胁,而且在享受统一大业果实的同时,天子的威望也会如日中天,完全可以堂而皇之地直面天下,名垂青史。于是,在这一年的年底,太宗与臣下商议了有关北伐的事项。

在当年十二月的一天,太宗亲临演武场,登上"讲武台",观看了飞山营军士操练攻城机械——投石机和连射弩,史称:"上将伐北汉,先习武事也。"一时间,甚至连各州赶到京师准备参加科考的数千名举子们,也被暂时打发回去,[1]以便朝廷专

1　(宋)李焘:《续资治通鉴长编》卷一九,太平兴国三年十二月乙丑、戊寅,第438页。

心于军务。

太平兴国四年(979年)初，太宗亲征北汉，大将潘美、崔彦进及崔翰以下诸将都加入了出征行列。在宋朝大军的猛烈围攻下，北汉防线如摧枯拉朽般被瓦解，太原城迅速暴露在宋朝大军投石机和连射弩的打击之下。据说当日攻城射手达数十万之众，数百万杆箭"顷刻而尽"，太原城头飞矢如雨。与此同时，猛将郭进利用地形优势，大败契丹援军。到五月初，太原终于被攻破，北汉国君刘继元投降。当战火硝烟逐渐散尽时，宋太宗在众多扈从的陪伴下踏入敌国都城，兴奋之下，他亲自写出了《平晋诗》和《平晋赋》等诗文，以纪念这意义非凡的日子。[1]

但就在用兵大获全胜的时候，突然传来了郭进中风而死的消息。太宗闻听叹惋良久，下诏赠予安国节度使的官衔，以示安慰郭氏家人。太宗当时并不知道郭进死亡的真相，他身边的亲信虽清楚个中详情，却无人敢亲口告诉多疑的天子。

原来，郭进自太祖朝就长期驻守太行山一带，承担防御北汉与辽军南犯的重任。因为战功卓著，郭进受到太祖的极大信任和赞赏，获得了相当大的自主用兵权。太宗即位初，对统军的内外将领都给予了赏赐，郭进也从防御使上升为观察使。然而，对于郭进这样的前朝大将，新天子毕竟还不熟悉，也不可能完全信任。于是在北伐前，朝廷便调汾州防御使田钦祚到郭进军中，名为护军，实则负有监督之责。田钦祚因以往对北汉

1　(宋)李焘：《续资治通鉴长编》卷二〇，太平兴国四年五月己丑，第453页。

作战有功，颇得太宗赏识，曾一次获得过五千两白银的赏金。[1]
不过，据史书称：田钦祚为人既刚愎又贪婪，与主帅郭进关系不睦，很可能受到郭进的指责。当敌军来犯时，田钦祚壁垒自守，而在对方撤退时，他又不出师追击。为了牟取私利，田钦祚不顾战场的紧张形势，从事囤积和出售粮食的倒卖活动。田氏的这些所为被上诉到朝廷后，天子虽将其官阶贬为团练使，但仍令他留任郭进军营，继续与主帅相互牵制。当北汉灭亡在即时，性格刚烈的郭进终于忍受不了田钦祚的屡次凌辱，走投无路下便上吊自杀。事后，田钦祚以中风眩晕而死上报。由此不难发现，是田某的报复害死了郭进，其手段极其简单，即以监军身份一方面凌辱郭进，另一方面则向天子上奏诬告，羞辱加上陷害，终将一代名将逼死。遗憾的是，诬陷的口实已不得而知。此事很快就传了出去，田钦祚虚造的中风之死的谎言本不难戳穿，[2]但在太宗刻意清除异己的形势下，谁又会为死去的前朝爱将申冤呢？

北汉的迅速灭亡，使太宗获得了极大的鼓舞，极度兴奋之下又匆忙做出了乘胜攻辽取燕的决策。当时，朝廷大军在灭汉过程中虽大获全胜，但作战多日，将士疲惫，实已呈现强弩之末之势。所以，当听说天子的新决定后，诸将大都不愿继续出征，"然无敢言者"，只有殿前都虞侯崔翰支持这一行动，认为

1　（元）脱脱等：《宋史》卷二七四《田钦祚传》，第9359—9360页。

2　（元）脱脱等：《宋史》卷二七三《郭进传》，卷二七四《田钦祚传》，第9335—9336、9360页，并参阅陈峰《宋初名将郭进事迹述评》，《西北大学学报》2002年第1期。

机不可失。于是，太宗亲率数十万大军从太原转向东方，向幽州进发。最初，沿途辽军守将及地方官纷纷开城投降，但当大军抵达幽州城下时，却遭到守军的顽强抵抗，顿兵多日不能获胜。七月上旬，契丹援军赶来增援，双方遂在城郊高梁河发生激战。交战的结果是宋军全线溃败，太宗皇帝只得下诏班师。当时，为了止住军兵溃逃的乱势，太宗命令崔翰殿后弹压，才使军容稍整。[1]据说，太宗在亲随护卫下，连夜逃跑，才免遭劫难。[2]由此可以想见当时宋军惨败的狼狈景象。

第一次北伐就这样结束了，北汉固然被灭，但与契丹交锋的失利却使大宋朝堂之上笼罩了一层阴影，而在围攻幽州时发生的一件事，更令太宗皇帝衔恨不已。据记载，在这次北伐行动中，皇弟赵廷美和皇侄赵德昭也随同出征。当大军在幽州城下与辽守军作战期间，某一天夜晚，军营中突然发生混乱，一时竟不知天子下落。于是，有人谋划立太祖之子、武功郡王赵德昭为皇帝。究竟是什么人主谋此事，史书没有明言，但揆诸当时出征的各方面情况来看，显然是随征的个别将帅所为。不久，宋太宗出现在诸将面前，谋立新帝的事遂立即终止。然而太宗已大致了解了此事，不能不深感愤怒，但考虑到当时紧张的军情，只得怀恨在心而没有发作。[3]说起来，眼见天子失踪不

1　(宋) 李焘:《续资治通鉴长编》卷二〇, 太平兴国四年七月丙戌, 第457页; (元) 脱脱等:《宋史》卷二六〇《崔翰传》, 第9026—9027页。

2　(宋) 王铚:《默记》卷上, 中华书局1981年版, 第5页。

3　(宋) 司马光:《涑水记闻》卷二, 第36页。

见，那些当年深受太祖皇帝信赖和恩惠的将领，自然想把太祖之子扶上帝位，这也在情理之中。这一谋立新帝的活动其实与武功郡王本人并无关系。

当大军班师回朝后，太宗一想到幽州城下曾发生过的这一幕，就怨恨不已，所以很久没有对平定河东有功的将士给予奖赏。朝中臣僚对此议论纷纷，都认为处理不妥。官员们当然并不清楚天子心病所在，年轻直率的赵德昭出自一片忠诚之心，便找机会入宫反映了众人的意见，岂料太宗听罢勃然大怒，对皇侄愤愤道：等你做了天子自己赏赐，也为时不晚！赵德昭性格向来刚烈，看到皇帝对自己竟有如此之大的误解和猜忌，惶恐气愤之下离开内殿，立即向身边随从索要佩刀，亲随们看到主人情绪冲动，只得以入宫不能携刀为由加以推辞。谁知赵德昭一时找不到利刃，便闯入宫廷供奉茶果的房间，从里面反锁上大门，然后用一把水果刀自刎而死。太宗听说皇侄自杀的消息后，也感到有些后悔，他来到出事现场，抱着尸体大哭道："痴儿，何至此邪！"[1]

赵德昭的自杀，使太宗去除了心病，不久便对文臣武将加官晋爵，以赏收复河东之功。值得注意是，从征的个别将领却在赵德昭死前就遭到贬官处分，罪名为"失律"，即不遵守军中纪律。受到处分的是西京留守石守信、彰信节度使刘遇和光州刺史史珪，这三位武将也是整个征伐幽州失败后仅有的受罚

1　（宋）司马光：《涑水记闻》卷二，第36页。

者。当时用兵失利时军中"失律"的将领何止数十上百，为什么单单惩处此三人，就连当时的史家也对此发出疑问。有关北宋史实最为详尽也最为可靠的史籍《续资治通鉴长编》的作者李焘，在叙述这段往事时便指出其真相不明，怀疑当时国史"或有所避忌"，须要进一步考察。[1] 其实，看了此三人传记资料，便可知道他们皆为太祖契旧或亲信。石守信和史珪的情况自不用说，刘遇自国初从一名下级军校，后被太祖一手提拔为节度使、禁军高级将领，曾在太祖西巡洛阳时全面负责护驾事务。[2] 了解了他们的经历和背景，就不能不使人联想到幽州城下谋立赵德昭一事很可能与此三人有关，其遭贬责，也就有了合理的缘由。

赵德昭事件很快就过去了，但太宗皇帝对武将的戒备心却因此进一步提高。在他看来，武人就是不明大义，无法像文臣那样妥当处理好君臣关系，其骨子里显然依旧存有桀骜不驯的成分，而这对至高无上的皇权显然是有悖的。所以，太宗此后继续对武将采取压抑的态度，在朝堂之上高扬"崇文"的大旗。

3. 崇政殿

太平兴国八年(983年)初夏的一天，太宗皇帝突然下诏将皇

---

[1] (宋) 李焘：《续资治通鉴长编》卷二〇，太平兴国四年八月甲寅，第459页。

[2] (元) 脱脱等：《宋史》卷二六〇《刘遇传》，第9021页。

宫中的"讲武殿"更名为"崇政殿"。[1]此举看起来似乎不过仅仅是一件与宫殿名称有关的孤立小事，与朝廷大政没有什么连带关系。然而，它的出现实际上却并不简单，它作为一种信号或者标志，正昭示着宋朝推行"崇文抑武"政策的进一步深化。

以"武"字命名皇宫中的一处宫殿的做法，已相沿久远。早在汉代就已出现，如"正武殿""玄武殿"等以武命名的宫殿。汉家天子之所以将宫中的殿堂取名"正武"等名称，无非是要向百官乃至于臣民表示自己崇尚武功，国家大政包括强兵的内容、朝廷安危有赖于武装力量拱卫，以及对开拓疆土抱有热切的希望等意思。先秦时，世人们就有"国之大事，在祀与戎"的观念，即将祭祀仪礼与用兵作战视为国家头等大事。所以，长期以来天子居所不能没有崇尚武事的标志。汉代以后，包括隋唐在内的历代帝王宫廷都有与武名有关的宫殿。如唐代皇宫中的武德殿，便是天子接受群臣朝会的地方。玄宗即位初，即在该殿接受朝贺。[2]也可以说，在"汉唐雄风"的时代，像讲武殿一类殿名的存在，正是当时帝王尊崇军队的一种象征和表示。五代时期，武夫称雄，将官出身的君王们在宫中设置以武字命名的宫殿更成为常事，于是，开封皇宫内便也有一座"讲武殿"，并成为皇帝接见臣下、处理政事的一处重要场所。

1　（宋）李焘：《续资治通鉴长编》卷二四，太平兴国八年四月壬寅，第544页。

2　（宋）司马光：《资治通鉴》卷二一〇，先天元年八月庚子，中华书局1987年版，第6674页。

宋朝脱胎于后周，自然将包括宫廷在内的诸多制度继承了下来，"讲武殿"作为天子重视武功的象征也得以保留。当时，讲武殿为皇宫中的后殿，[1]所以在这里接见臣僚往往含有彼此亲密无间的意思。如帝国创建之初，为了奖赏平定李筠叛乱之功，太祖在讲武殿设宴款待了大将韩令坤等人。[2]以后，太祖经常在这里与大臣将帅商议国事，讲武殿的匾额似乎也在提醒着大宋君臣不要忘记统一天下的重任。当太祖皇帝决定亲自测试和接见新科举人时，也选择了这处后殿。于是，讲武殿成为太祖朝政治活动的一处要地，某种程度上也表示着天子对国家武备的关注，尚武精神依然得到当时君臣的重视。

到宋朝第二代天子登基后，由于对武人的猜忌心理进一步加剧，特别是对某些将领谋立赵德昭一事耿耿于怀，所以又继续实施了更为广泛的压制武官的措施。为了压抑武将在朝廷中的作用，太宗皇帝便愈益重视儒术文教的治国作用，给文臣以空前地尊宠待遇。

薛居正、沈义伦和卢多逊三位文人出身的宰相，或处理政务谨小慎微，或善于体察上意，所以在太宗即位后都备受礼遇，多次被加官晋爵，并屡屡受到巨额金帛赏赐。新朝天子还破例开恩将三位宰臣已入仕的儿子"越次拔擢"。不过，为了表示崇文的意思，太宗对这几位公卿子弟进行了一番文化考试，结果，

---

1 （宋）孟元老：《东京梦华录》卷一，中华书局1982年版，第31页。

2 （宋）李焘：《续资治通鉴长编》卷一，建隆元年七月戊午，第19页。

沈义伦和卢多逊之子获得通过，被提升为尚书郎官，而薛居正的养子薛惟吉因喜好纵酒游乐，素不习文，所以不为天子欣赏，遂将其从西头供奉官之位提为右千牛卫大将军之职，而此一官职比之尚书郎则要逊色。太平兴国六年(981年)中，薛居正因服食丹药过量而中毒死去，太宗亲临薛府慰问时，有意对亡人遗孀问道：不肖之子何在，是否已知悔改？如此劣子恐怕不能继承先人遗业，奈何？薛惟吉闻听天子之语，非常惊恐，从此一改故态，经常与文人们交往，又渐渐读起书来。当天子听说此事后，一时高兴，便让薛惟吉到地方做知州，以示奖励。[1] 此时，太宗君臣已在朝中树立起这样的观念：有才学者可以做文官，无能乃至于品行有问题的人只配当武臣。

后汉朝进士李昉，在太祖时已渐受重用，官至翰林学士，主掌天子诏书。翰林学士的品位虽不很显赫，但因替君王书写诏令，所以从来被士林视为人中骄子。太宗称帝后，便对李昉另眼相待。太平兴国四年(979年)北伐河东时，天子便将李昉带在身边。途经李学士故乡时，皇帝不顾繁重紧张的军务，特意驻跸下来，赐以羊酒，召公卿们与当地父老及李昉亲朋故旧大宴七日，给这位文臣在乡人面前以极大的光彩，"人以为荣"。到太平兴国末年，李昉迅速迁升为参知政事和宰相，[2] 其政治才能虽不足称道，但著名文人的身份已足以向四方表

---

1 （元）脱脱等：《宋史》卷二六四《薛居正传》，第9112—9113页。
2 （元）脱脱等：《宋史》卷二六五《李昉传》，第9136页。

明朝廷崇文的志向。

开国元勋赵普在太祖朝长期主理朝政，在收兵权、削藩镇方面发挥了重要作用，也可以说，当时抑制武夫悍将的诸多措施都是出自他的设计。因此，太祖皇帝对赵普非常器重和赏识。开宝六年(973年)，吴越王钱俶为了能继续维持在两浙地区的统治，曾派使臣携带书信和礼物到开封拜访赵普，期望能得到大宋宰相的支持。事有凑巧，正当吴越使臣离去时，太祖皇帝突然也来看望这位亲信大臣。赵普得知天子车驾已抵达门前，仓促之下无法将房廊下的礼物收藏起来，就不得不出门相迎。天子步入院内，马上看到了地上的十个瓶子，遂问瓶中何物。赵普不敢隐瞒，便将吴越王送十瓶"海物"礼品的事说了出来。太祖听罢说道：海货必定不错。随即命令启开瓶盖，没想到瓶中装的竟是一粒粒黄灿灿的"瓜子金"。面对如此窘况，赵普慌忙跪下请罪：为臣我尚未观看信函，实在不知内情。天子倒也大度，仅感慨道：收下无妨，他们还以为国家大事都由你书生做主！[1]

在太祖看来，文臣远没有武将可怕，纵然他们过分贪污聚敛，也不会直接威胁到皇权。而将帅们一旦造起反来，刀枪之下往往会导致江山易主的悲剧。封建文人身上致命的弱点便是强烈的依附性，缺乏独立主宰政治的能力，所谓"秀才造反，十年不成"。所以，太祖皇帝既放心和喜欢文官，骨子里又不

1　（元）脱脱等：《宋史》卷二五六《赵普传》，第8933页。

免轻视他们，赵普即使贵为宰相，但在太祖眼里仍不过是一介书生而已！

赵普接受巨额贿金的事情并没有引起太祖的猜忌，而当太祖察知他渐渐出现专权的行为后，便开始对昔日的亲信不再满意。这时，赵普又干了一件令天子不愉快的事。当时，出身军人的枢密使李崇矩，因见赵普为皇帝亲信大臣，于是将女儿嫁给了赵普之子赵承宗。这一联姻结亲的举动虽然不像受贿那样触犯刑律，但主管全国行政的最高官员与军事机构的首脑之间存在过密的关系，却是天子最不愿意看到的事。所以，当太祖听说赵普与李崇矩做了儿女亲家后，非常不高兴，马上下令宰相与枢密使分开议事。开宝六年（973年）八月，太祖终于以徇私牟利的罪名，罢免了赵普的相位。[1]

赵普罢相后，在地方做了三年多使相，远离了政治中心。太宗登基后，他虽然重返京师，但因受到政敌卢多逊的压制，只能挂名闲官，依旧无法参与大政，遂"郁郁不得志"。太平兴国六年（981年）九月，老谋深算的赵普终于找到了东山再起的机会，他以自己以往参与过皇位传之兄弟的事打动了太宗，得以复相。为了赢得天子的信任、巩固自己的位置，赵普便竭尽全力来迎合太宗皇帝。据说，赵普复相前夕，太宗曾试探性地向他咨询传位皇弟赵廷美的事，赵普自然深悉天子心迹，便劝告说道：太祖这样做已算失误，陛下岂能再次失

1　（元）脱脱等：《宋史》卷二五六《赵普传》、卷二五七《李崇矩传》，第8933、8953页。

误！[1]于是，太宗坚定了排除异己的决心。在此之前半年，太祖另一子——兴元尹赵德芳也已病死，剩下唯一对皇位可能构成威胁的人便是皇弟、秦王赵廷美。赵普于是处心积虑地算计起秦王。

第二年春日的一天，开封城内皇家园池——金明池中的"水心殿"完工，太宗打算泛舟游览。就在这时，天子心腹、如京使柴禹锡等人突然密告秦王图谋作乱。听到这样的报告，太宗立即下诏免去秦王的开封府尹一职，先将赵廷美安排到西京洛阳城。不久，又将他贬为涪陵县公，派人将其押送到荒凉的房州（治所在今湖北房县）看管起来。在这次重大的事件中，柴禹锡等人固然立功受奖，像柴禹锡从一名中下级的如京使，骤然升为宣徽北院使兼枢密副使的高位。[2]而赵普在此事幕后的操作更深得太宗欢心，史称："凡廷美所以得罪，则普之为也。"[3]赵普借此不仅巩固了自己的地位，而且将宰臣卢多逊也牵扯进狱案，使这位政敌被流放到天涯海角的崖州（治所在今海南三亚市西北）。[4]

当秦王事件处理完后，可以说太宗的心病已荡然无存，大可以高枕无忧了。在太宗看来，还是赵普这样的文臣能够帮助和效忠自己，会替人主排忧解难，而武臣们就实在没有如此心智，竟然会想到扶持赵德昭！于是有一天，太宗对赵普说：我

1　（宋）李焘：《续资治通鉴长编》卷二二，太平兴国六年九月丙午，第501页。

2　（元）脱脱等：《宋史》卷二四四《宗室传一》、卷二六八《柴禹锡传》《杨守一传》，第8666—8667、9221、9224页。

3　（宋）李焘：《续资治通鉴长编》卷二二，太平兴国六年九月丙午，第501页。

4　（元）脱脱等：《宋史》卷二五六《赵普传》、卷二六四《卢多逊传》，第8934、9119页。

每每读书，看到历史上帝王多妄自尊大，谁敢犯颜论事？如果不虚心接受臣下进谏，乃是自我蒙蔽。还有的君王根据自己的喜怒来赏罚，如此岂能使天下归心！赵普随之对答道：天子如能赏罚无私，内外无间，上面讲求义理，下面竭尽忠诚，天下便不难太平。接着，赵普又针对天子提出的治民之术的问题说道：陛下体恤百姓，每闻听有利病出现，无不即日采取措施，古代圣明君王爱民之心也不过如此。[1]如此巧妙的对答，虽然有些离开主题，但却给君臣之间带来了一种融洽、愉悦的气氛。

到太平兴国中叶之后，太宗对朝廷人事已做出了完全符合自己要求的调整。宰臣中的赵普既是元勋宿旧，又极善于体察上意，其余如沈义伦、宋琪和李昉等人也都以谨慎、持重而著称。至于枢密院中的长官，如枢密使曹彬处事极有分寸，从不争权夺利，更对文官礼貌有加；另一枢密使楚昭辅虽为武官出身，但长期供职京师库务组织，并未真正带兵上过战场，他最大的特点还在于"忠谨，无他才略"，毫无越轨意识和行为。楚昭辅虽然吝啬成性，遭人讥讽，但性格上的弱点丝毫不影响给天子看管兵籍庶务。

史书记载，楚昭辅家宅院颇为狭小，一次他因病在家休养，太宗特意前去探视。当看到军界首脑居住条件如此之差时，天子便命令有关部门为其扩建，楚昭辅当即叩头表示不愿动工，恐怕影响了四邻。太宗对他的举动十分赞赏，就赐以万

1　（宋）李焘：《续资治通鉴长编》卷二三，太平兴国七年五月甲辰，第519—520页。

两白银，以便他在别处购置宅第。谁知楚昭辅嗜财如命，将天子前后所赐数以亿计的钱物都积存起来，他还经常对人说：我无汗马功劳，位至高官，这些财货都是为国家看守的，以后自当献给朝廷。后来他因病被罢官，却并没有献出什么东西，倒是广置田宅。[1]此外，像石熙载、柴禹锡等枢密院长官，都是昔日太宗藩邸亲吏，对天子更是言听计从。太宗的苦心没有白费，经过数年的纵横调整，朝廷上下呈现出一派祥和安宁的气象：文官已成为帝国管理的主体力量，他们从上到下都展现出既规矩又文雅的精神风貌；武将们则历经两朝改造、熏染，也大致脱去了身上的粗野、桀骜习气，他们在天子崇文方针的感召和影响下，在文人士大夫面前开始产生了自惭形秽的感觉，意识到了自己的作用仅仅在于沙场上的冲锋陷阵，而非朝廷栋梁之材。

政治形势和社会风气的巨大变化，势必在世人观念中得到一定的反映，而这种反映自然也渗透到包括宫廷在内的京城上下。太宗登基之初，在讲武殿接见臣下还不感到有什么不妥，但随着时间的推移，就觉得有些别扭了。特别是开国以来相沿成例的在讲武殿录取科举士人的做法，显然与科举乃至崇文的内容有所冲突。举头望着大殿上"讲武殿"几个显目的字迹，无论是新科举人、掌权的朝中文臣，还是主持殿试的天子都不免在心中产生一丝不快的感觉。这种不自然的感觉挨到太平兴

---

[1] （元）脱脱等：《宋史》卷二五七《楚昭辅传》，第8959页；（宋）李焘：《续资治通鉴长编》卷二二，太平兴国六年十一月己未，第505—506页。

国八年(983年)的四月底,终于化作一种行动,即为大殿更名。于是,一块写着:"崇政殿"三个字的新匾额取代了悬挂多年的"讲武殿"旧匾,崇文抑武的主张也就更加耀眼醒目了。

4. 杨业的悲剧

太平兴国四年(979年)五月,太宗亲督大军攻陷河东太原城后,北汉皇帝刘继元率臣下出降,但刘继元手下一名叫刘继业的将官仍据守阵地拼死抵抗。这位武官乃是北汉名将,原名杨继业,出身将门之家,能骑善射,勇武冠于诸军,人称"杨无敌"。当时,北汉国君因十分器重杨继业,便按照传统宠遇臣下的做法,赐其以皇室之姓,于是他便有了此后的姓名。刘继业在以往与宋朝军队的作战中屡屡获胜,所以也给宋家天子留下了深刻的印象。河东既已克复,太宗皇帝就想收服这员勇将,遂令刘继元招谕其部下。当使臣持国主书信来到军中后,刘继业只得痛哭一场,然后解甲归降。对此,太宗非常欣赏,一面大加赏赐,一面为其恢复原姓,并将名字中的"继"字省去。于是,杨业便成为大宋的将领,官拜郑州防御使。[1]

北伐幽州失败后,太宗因考虑到杨业久习边关战事,就任命他知代州(治所在今山西代县)兼三交驻泊兵马都部署,负责河东北

---

[1] (宋)李焘:《续资治通鉴长编》卷二〇,太平兴国四年八月甲寅,第459—460页;(元)脱脱等:《宋史》卷二七二《杨业传》则记载:杨业在太原被围后劝北汉国主投降,但从其为人来看这一记载似不可信,第9303页。

部防线。史书称：杨业虽不通多少文墨，但"忠烈武勇，有智谋"，既严于治军，又能与士卒同甘共苦。当时他驻军寒冷的代北地区，冬天里，人们都穿毡罽御寒，他却常披单衣坐于露天处理军务，身旁也不设炉火，侍卫几乎被冻僵了，而他仍不退缩。杨业以坚毅无比的性格魅力博得了部属的敬佩，又以爱护士卒而赢得军心，所谓"为政简易，御下有恩，故士卒乐为之用"。[1]

像杨业这样的将才，在太宗朝并不多见，郭进本来也可以算得上一员智勇双全的将官，但可惜不久前已被监军逼死。所以，杨业因屡败进犯的辽军，很快就成为边关名将。一次，契丹大批骑兵进攻雁门关（位于今山西代县境内），杨业闻讯后立即带领麾下数千骑兵从小路绕道雁门以北，然后从对手背后发动猛攻，大败敌军。这次战役后，契丹军队对杨业产生了恐惧之感，只要再看见杨业大军的旌旗，就会马上撤走。杨业因这次战功被升为云州观察使。据记载，当时许多戍边武将对杨业短期内取得的功业非常嫉妒，有人便暗中向朝廷上奏，攻击他的弱点。太宗皇帝为了加强对辽防御，倒也没有理会这些闲言，继续给予杨业以信任，将收到的所有谤书都交付给他本人。天子的举动无疑深深地感动了这位前北汉降将，更促使他尽忠报国。

当驰骋代北沙场的杨业全神贯注于防御北部契丹军队

1　（元）脱脱等：《宋史》卷二七二《杨业传》，第9306页。

时,他也许没有察觉到朝廷政治气候的微妙变化,而这种变化对专心军事却不熟悉政坛风云的武将来说,实在算不上一件妙事。

第一次北伐幽州失败后,当朝文官集团的重要人物都开始对主动出征行动持反对意见。太平兴国五年(980年)年底,在杨业雁门关大捷的鼓舞下,太宗一度又想乘机攻打幽州,但当向翰林学士李昉和扈蒙等人征求意见时,他们都一致表示反对,他们认为北方戎敌为寇的事自古就有,主动征伐固然指期可定,然而劳民伤财,不如养精蓄锐为上策。天子听罢深以为然,遂打消了再次北伐的念头。[1]三年后,因为北边将帅一再要求北伐,太宗又与近臣商讨对策。此时,新任宰相宋琪提出:契丹人与其境内的奚族为世仇,可以通过结纳奚族势力的办法来牵制对手,便可不烦本朝出师。[2]又是在一番高谈阔论之下,太宗皇帝打消了用兵的念头。在结束强兵悍将为所欲为局面的形势下,新近崛起并掌握了朝廷大权的文官们,是不愿意再看到国家的中心任务转到武夫们的身上,兵戈厮杀这样的事,既非其自身所长,也与自己长期遵循的以中庸与仁义为核心的儒术治国原则相距甚远。因此,他们中的大多数人,特别是执掌朝政的大臣们更喜好太平气象,而对北伐没有多少热情。所以文官们对天子抑制武人的行动,给予了极大的支持,并不断出

1　(宋)李焘:《续资治通鉴长编》卷二一,太平兴国五年十二月丁丑,第482—483页。

2　(宋)李焘:《续资治通鉴长编》卷二四,太平兴国八年十一月戊午,第557页。

谋划策。

"将从中御",可以说是太宗朝深化抑制武将举措的重要产物。太祖在位时,吸取了以往的教训,为了防止带兵将官擅自行动,从而造成尾大不掉的后果,于是在每次军事行动之前,都要对将领作一些指示,并派出亲信任都监,以监督诸将的举动,如曹彬当年就在征后蜀和北汉的战争中出任过都监。[1]不过,太祖皇帝久经战场,熟知前方军情瞬息万变的特点,故对军官仅做扼要指示和告诫,对战场的具体指挥过程并不直接干预,如对郭进、李汉超以及南征诸将都是如此,所以史称太祖用将"专而不疑"。[2]

太宗即位后,因对武臣们有更深的戒备心,遂逐渐干预甚至控制他们在战场上的一切活动,这在当时被称为"将从中御"。太宗在给出征大将设置监军的同时,赋予监军们更大的监督权,于是统军将帅的一举一动都掌握在天子手中。当时,这些监军们往往盛气凌人,乃至于敢加害主将,如郭进便因为不能忍受监军田钦祚的欺压,终于愤而自杀。然而,此后监军的设置却愈益广泛,还出现了挂"走马承受公事"头衔的军校,[3]随时向远在京城的皇帝汇报军中的动态。

与此同时,太宗在每次军事行动前还亲自设计作战"阵

1　(元)脱脱等:《宋史》卷二五八《曹彬传》,第8978—8979页。

2　(宋)李焘:《续资治通鉴长编》卷四二,至道三年十二月甲寅,第897页。

3　走马承受公事一职,出现于宋太宗至道初,其职责为伺察地方军政长官动向,参见魏志江《宋代"走马承受"设置时间考》,载《中国史研究》1990年第4期。

图",作为锦囊妙计授给将帅,借以控制武官的举动,其中最有名的是"平戎万全阵"。[1]其实,早在先秦时期,军队作战便常注意布阵,如《孙子兵法》就提出要依据地形以及敌情等不同情况,来安排部队的作战队列。像"置之死地而后生",讲的是在危急时刻,可以将士卒布于没有退路的绝地,以激发士兵拼死反击的力量。但战场上的形势及地形复杂多变,一套固定不变的阵法显然不可能应付自如。也就是说,将官必须视情况变化随时调整自己的阵势。南宋名将岳飞就指出:"阵而后战,兵法之常,运用之妙,存乎一心。"[2]所以,预先设计阵图既不切合实际,也不可能发挥积极作用,只能是限制带兵者的自由,或者说对防止武将谋反有制约的作用。没有多少大战经验的太宗皇帝,却非常热衷制定阵图,自信运筹宫廷,可以决胜千里之外。

太平兴国四年(979年)九月,也就是太宗亲征幽州失败两个多月后,契丹大军从幽州南下,太宗得到战报后马上设计应敌阵图,赐给抗敌诸将,令他们将军队分为八阵,以对付敌军的进攻。大将崔翰、李汉琼等人率军来到满城(今河北满城)前线后,随即按照天子妙计将队伍分列为八阵。此时,契丹骑兵蜂拥而至,东西相望"不见其尾",而应战一方每阵之间相隔达百余步之遥,"士众疑惧,略无斗志"。面对这一状况,右龙武将军

1　陈峰:《平戎万全阵与宋太宗》,《历史研究》2006年第6期。
2　(元)脱脱等:《宋史》卷三六五《岳飞传》,第11376页。

赵延进对主帅崔翰说：我们受陛下之命，是为了克敌制胜。现在敌骑如此进攻，而我方队伍星布各处，力量无法集中，若对方乘势攻我，将如何抗击？我以为不如集中兵力出击，可以取胜。违令而能获胜，总比丧师辱国强吧。崔翰等将领反问：万一不成功，怎么办？勇于承担责任的赵延进便答道：倘若失败，我愿独当罪责。主将们仍然犹豫不敢擅自改动天子命令，好在监军李继隆还算清醒，也主动表态：用兵贵在适时变化，怎么能预先料定！如果有违诏之罪，我请独自承当。这样一来，主帅才改变了主意，将军队改为前后二阵，以互相支援。于是，军兵都很兴奋、鼓舞，士气迅速高涨。双方大战三场，宋朝军队获胜，契丹人则全线崩溃，死伤惨重。崔翰领诸军一路追击，直抵遂城（今河北徐水西北），斩获敌人首级万余，夺得战马千余匹，另外还收缴了大批兵器辎重以及牲畜。[1]

满城大捷的取得，当然是武将独立用兵的成果，也恰恰证明了"阵图"的失败。但看反映当时战事的史料，仍可以发现将帅对纵然是天子失误的诏令也不敢随便更改，而赵延进之所以敢于首先提出变换阵图内容，还在于他有太宗皇帝连襟的特殊身份。[2]李继隆敢于附和赵延进的建议，乃因为他是太宗的亲信和监军。所以，战役结束后，诸将虽然都得到了一些奖赏，但天子并没有吸取此次军事行动的经验教训，依旧运用阵图作

1　（宋）李焘：《续资治通鉴长编》卷二〇，太平兴国四年九月丙午，第462—463页。

2　（元）脱脱等：《宋史》卷二七一《赵延进传》，第9300页。

为束缚武将手脚的法宝,这便使军事将领们陷入了不敢作为的痛苦境地。以后,李继隆的行为再也不敢像以往那样随意,他不得不按天子为将领预定的阵图行事。李继隆曾就太宗的御将手法做过如下描述:"图阵形,规庙胜,尽授纪律,遥制便宜,主帅遵行,贵臣督视。"[1]

雍熙元年(984年)初,太宗对禁军自都指挥使至百夫长在内的大批军官进行了全面的考察,前后历时一个月左右,然后对他们分别采取了或升或降的委用措施。除了考核,太宗还命令将校们互相作保。有一名叫魏能的军官在戍边前,也不知是什么原因找不到保人,最后只得由皇帝亲自担保。太宗在考察完武将后,对身边的近臣们说:朕选拔将校,首先看他是否具有循谨的性情和管理手下人的能力,其次才考虑武勇的素质。[2]的确,循规蹈矩者要比果敢骁勇者更好驾驭,而互相联保加上阵图和监军,足以使飞扬跋扈的武人变得安分起来,这一切又都是太宗及其文官集团精心运作的结果。

在以上背景之下,只识兵略的杨业遂演出了一幕悲剧,并且将一名元勋宿将也牵扯进一段公案之中。

雍熙元年(984年)前后,知雄州(治所在今河北雄县)贺令图及其父向朝廷上奏反映:契丹国主已死,国母听政,大将韩德让专权,主幼无知,其内部动荡不安。因此,他们建议朝廷乘机

---

[1] (宋)杨亿:《武夷新集》卷一〇《李继隆墓志铭》,影印文渊阁四库全书本,上海古籍出版社1987年版,第1086册,第475页。

[2] (宋)李焘:《续资治通鉴长编》卷二五,雍熙元年二月壬午,第573页。

北伐，以收复幽州。当时，文臣宋琪、李至等都反对主动出击，但太宗这一次却没有接受他们的意见，而倾向于通过收复幽州等长城一线，来解决北部国防上一直被动不利的问题。

然而，贺令图提供的情报并不准确。公元982年，辽景宗去世，帝位由未成年的儿子耶律隆绪继承，朝政则由其生母萧太后主持，"主幼母专"的现象的确是事实。但萧太后的治国才能以后被证明是非常杰出的，而韩德让作为契丹境内汉人势力的代表人物，对太后的支持，更增强了其统治。所以，其国内动荡的情报并不属实。[1]

雍熙三年(986年)三月，在太宗一手策划下，朝廷大军兵分三路北伐。其中东路军主帅为曹彬，从雄州北上，直逼幽州；中路军由田重进任统帅，从定州(治所在今河北定州)攻夺飞狐口(在今河北涞源)；西路军从雁门北上，攻击对方的云州(今山西大同)和应州(今山西应县)，这一路的主帅为潘美，副帅就是杨业。按照天子的意图，曹彬一路应缓师而行，以声言攻打幽州为诱饵将契丹主力吸引到幽州城下，然后由中、西两路军深入到幽州侧后翼，最终形成对幽州的合围之势，一举收复这座重镇。[2]

但太宗君臣始料不及的是，辽国得到宋朝用兵的消息后，迅速做出了一系列反应，任命前次在幽州高梁河战役中大败宋军的将领耶律休哥和耶律斜轸为统帅，征调国内各部兵马南下

1　参阅漆侠《宋太宗雍熙北伐》，《河北学刊》1992年第2期。

2　(宋)李焘：《续资治通鉴长编》卷二七，雍熙三年三月，第608—609页。

迎战；萧太后与少主则亲自坐镇二线，调遣军队作为后援；其主力设置于幽州一带，采取重点打击和各个击破的应战策略。[1]可以说契丹人已做好了反击的部署。

宋朝的西路大军出师雁门后，进展非常顺利，在很短的时间内就连下寰(今山西朔县东)、应、云及朔(今山西朔县)四州，兵锋直抵长城脚下，辽地方守将和官吏纷纷投降。与此同时，中路军也在飞狐口通过伏击大败对手，进而一度攻占了蔚州(今河北蔚县)。当中、西两路军取胜的战报传到东线后，曹彬麾下的部将再也按捺不住求战的情绪，纷纷要求迅速出击。曹彬在副将们的一再鼓动之下，只得率军加快了推进的速度。[2]

此时，曹彬统率十万大军行动，粮饷供应十分紧张。当他们攻克了涿州(今河北涿州市)之后，因正面遭到契丹精锐骑兵的骚扰，无法快速取得进展，不久粮道又被对方阻断，[3]只得暂时放弃战果，退回雄州。随后，曹彬部再次携带够五十天食用的粮草北上，经过一番艰苦的战斗，二度攻克涿州。但据史书记载，当时的天气已开始炎热，东路大军经过激战十分疲乏，而军饷供应又不能及时解决，于是曹彬部陷于欲战不能欲罢不可的困境之中。就在这时，契丹各路援军云集幽州城下，萧太后与幼帝也亲临前线，做好了发动反攻的准备。

1　(元)脱脱等：《辽史》卷一一《圣宗纪二》、卷八三《耶律休哥传》、卷八三《耶律斜轸传》，中华书局1974年版，第120—122、1300、1302页。

2　(宋)李焘：《续资治通鉴长编》卷二七，雍熙三年四月乙卯，第612—613页。

3　(元)脱脱等：《辽史》卷八三《耶律休哥传》，第1300页。

形势既然出现如此巨大的变化，曹彬只得下令回师。结果，宋朝军队刚掉转头尾，辽军就立即追杀过来，东路北伐军顿时混乱不堪。五月初，当曹彬部退到岐沟关（在今河北新城北）时，遭到辽军主力的猛烈攻击，溃败下来的队伍纷纷抢渡拒马河（在今河北容城县及霸州市以北），"人畜相蹂践，而死者甚众"，不少随征的文官也淹死于水中。[1]据《辽史》称：当日宋师自相践踏，死者过半，河水竟为之不流。[2]

骁勇、快速的辽国骑兵部队在大败曹彬指挥的大军后，又迅速转而向西，准备对另两路宋军实施打击。此时，太宗皇帝已获悉十万主力惨败东线的消息，惊惧之下，立即下诏中、西两路军火速班师。田重进部因原本就未深入对方境内，所以幸运地撤入宋朝境内的定州防区，但深入云、朔等地的西路军就没有那样走运了。

潘美和杨业接到朝廷撤军的诏令后，才发现这不是一次简单的退兵行动，自己同时还要承担掩护云、应、寰及朔等四州百姓内迁的任务。面对数十万行走迟缓的男女老幼，眼见辽国太后亲自督率的十万大军已攻陷寰州城，对手战旗即将出现在眼前，富有御辽经验又熟悉代北地形的杨业便向主帅提出了自己的建议：如今敌军锐气正盛，不应与其正面作战。为了完成朝廷赋予的迁移数州民众的任务，我们应从大

1　（宋）李焘：《续资治通鉴长编》卷二七，雍熙三年五月庚午，第613页。

2　（元）脱脱等：《辽史》卷八三《耶律休哥传》，第1300页。

石（在今山西繁峙西北）出军攻应州，迫使契丹主力前去营救。当敌方大军被吸引到应州一带时，便命令诸州军民迅速从雁门山中石碣谷南撤。我军利用石碣谷有利的地形，埋伏三千名强弩手，再配合以骑兵支援，就可以顺利完成本路军承担的任务。[1]杨业的建议无疑是极具胆识的正确方案，久经战火的大帅潘美不会看不出它的价值，但他却没有表态，因为军中还有一位天子派来的监军，必须先洞察人称"贵臣"的监军的态度，才能裁决。

当时西路军的监军为西上阁门使、蔚州史王侁。此人因其父曾任后周枢密使高位，在宋朝建立前已入仕做官。太祖开国后，他作为一名中下级军官曾参加过南征战役。太宗登基后，他被选派到西北的灵州（治所在今宁夏灵武）等地察访驻军将领的行动。他回朝后，果然不负新朝天子所望，向朝廷反映：将帅所养亲兵，都桀骜难制，恐怕时间长了会发生变故。因此，他请求彻底更换这些军兵。太宗对王侁的建议非常满意，就派他带去一批内地士卒取代边关老兵。没想到那些将官手下的旧人大都不愿返回，于是王侁以强硬的手段斩杀了一些带头闹事者，才使其余的军人规规矩矩地服从了调遣。处理完此事后，王侁又数度往来西陲与京师之间，不断向朝廷报告驻军的情况，并提出相应的对策，从而以强干的特点赢得了太宗皇帝的欣赏，被视为监督将官的可靠亲信。天子曾一次赐给他百万钱，以示

1　（元）脱脱等：《宋史》卷二七二《杨业传》，第9304页。

奖赏。到第二次北伐时，太宗便亲自安排王侁西路军监军，以控制将帅的行动。[1]

　　王侁像当时大多数监军一样，官位虽比带兵将领低得多，也不懂得多少用兵之道，但以天子特使自居，在军中却敢于指手画脚。所以，当他听了杨业的建议后，马上提出异议：你们领数万精兵，竟怯懦如此，应当直接从雁门北川中出师，鼓行而攻马邑（即寰州）。另一位出身太宗藩邸旧班子的武将刘文裕也赞成王侁的方案。性格直爽的杨业只考虑如何取胜，全然没有考虑其他因素，遂对众人说：不能这样做，否则必败无疑。王侁听罢立即指责道：你素号无敌，如今遇敌竟逗挠不前，是不是还有别的打算？此话一出，才使杨业顿然清醒，想到自己的一言一行都在监军控制之下，就连郭进那样的功勋大将尚且受到天子贵臣的凌辱，何况自己不过是降将出身。气愤之下，杨业挺身对监军道：我非怕死，而是时势不利，如此硬打只能白白葬送士卒，而于事无补。你现在责备我不能死，那我就为诸位先死。杨业说完，便立即引部下出阵。临行前，他流泪请求主帅潘美在退路必经的陈家谷口（在今山西宁武北）埋伏接应。潘美答应了这一要求，在险要的陈家谷口布下了伏兵。

　　当杨业向兵力占绝对优势的契丹大军发动进攻后，其余宋军都守候在阵地上。过了半天不见杨业踪迹，王侁派人登高远望，以为敌军败走，便想赶去争功，遂擅自领一部分军兵离开

1　（元）脱脱等：《宋史》卷二七四《王侁传》，第9364页。

预定的伏击地。潘美眼见无法制止监军的行动，也自己带兵南撤。[1]原来，杨业率军队出发后，辽将耶律斜轸就在山林中设下伏兵，将宋军一步步引诱进圈套中，随之大败对手。[2]但当潘美和王侁听到前方战败的消息后，不仅没有赶去增援，反而立即率军逃逸。

杨业率领残部一边撤退，一边拼死抵抗，就这样从中午坚持到暮色降临，终于来到陈家谷口，如果这时埋伏的大军利用地形优势出击的话，不仅可以掩护杨业撤退，而且可以给同样疲惫的辽军以重创。然而，杨业眼前出现的却是空荡荡的山谷，看到这一幕，他"拊膺大恸"，随即再次率领手下将士力战追兵。据说，杨业此时身边仅有百余人，他不愿看到追随自己多年的部属无谓送死，就对众人说：你们都有父母妻儿，不必与我同死，如果你们能死里逃生的话，也可以将情况报告给天子。这些军士听了大将杨业的话都感动得流下泪水，面对死神竟无一人肯离去。最终的结果是他们几乎全部阵亡，包括随父亲出征的杨延玉与岳州刺史王贵。杨业在身受数十处创伤的情况下被对方俘虏，之后，他便绝食自杀。史籍记载，杨业被俘后，曾长长地叹息道：皇上待我深厚，我本期望通过守边破敌来回报，不想反受奸臣嫉妒，逼我去死，致使王师败绩，还有何面目求活于异域！[3]

1　（元）脱脱等：《宋史》卷二七二《杨业传》、卷二五八《潘美传》，第9305、8993页。
2　（元）脱脱等：《辽史》卷八三《耶律斜轸传》，第1302—1303页。
3　（宋）李焘：《续资治通鉴长编》卷二七，雍熙三年八月，第621—622页。

杨业的死讯传到内宫后，太宗皇帝大为悲恸，马上下诏书褒扬其忠烈气节，追赠其大同节度使和太尉的官衔，又赐给杨家布帛千匹和粟米千石。与此同时，又将主帅潘美削去检校太师等虚衔，监军王侁和刘文裕被削职除名，监管地方。杨业的六个儿子延朗、延浦、延训、延环、延贵及延彬都被赐以官职，[1]以后在抗辽战争中他们继承了父亲的遗志，遂在青史上留下了杨家将的感人事迹与传说。

有关杨业的悲剧，在当时就已震动了朝野，此后千余年间也一直引起人们的纷纷议论。哲宗朝著名文士苏辙在出使辽国时，曾专程凭吊了契丹人修建的杨业祠，他有"行祠寂寞寄关门，野草犹知避血痕。一败可怜非战罪，太刚嗟独畏人言"[2]的诗句，表达了对一代名将杨业的怀念，并提出了杨业之死与"畏人言"有关的看法。这里所说的"畏人言"，其实并非真的是畏惧王侁一类的监军之言，而是监军背后的专制天子。太平兴国以来，太宗对武臣们的管束越来越严，监督也愈来愈密，这就使当时的将领们不能不提心吊胆，唯恐触犯大忌。如太平兴国八年（983年）初，镇州（治所在今河北正定）驻泊都监弥德超虚造罪名诬陷枢密使曹彬，后虽经大臣解释担保，但太宗仍解除了曹彬的职务，将他调到外地做有名无实的节度使，而品行恶劣的弥德超就因为这件事迎合了天子猜忌武将的心理，被立即从酒

1　（元）脱脱等：《宋史》卷二七二《杨业传》，第9305—9306页。
2　（宋）苏辙：《栾城集》卷一六《过杨无敌庙》，《苏辙集》，中华书局1999年版，第319页。

坊使的中下级官位提升为宣徽北院使的高官，更让他担任了枢密副使的要职。不久，弥德超因与同僚失和，诬陷的事情随之败露，他虽被流放到蛮荒之地，但曹彬却没有恢复原职。[1]

像曹彬这样谨慎持重的军界首脑尚且仅因只言片语旦夕之间就被罢官，而如郭进辈勇于用兵和敢于专杀的武将，其被逼死也就不难理解。这一切事实无疑都在深深地教训着每一位头脑清醒的武官，使他们在行动上不能不倍加小心，在意识深处为自己竖起一道厚重的防线，宁肯失职取败，也不敢触犯天条戒律。所以，曹彬和潘美在第二次北伐中的表现，就不免使人产生这样的联想：敛芒挫锐，有意避功，以释天子猜忌。这种看法又尤以清初王夫之最具代表。王夫之在所著《宋论》中说道：曹彬谦而不敢居功，潘美陷杨业于死地的做法，也是为了防止功名过盛，即所谓"功高震主"，所以选择了不追究责任的战败结果，"胜乃自危，贸士卒之死以自全"。[2]这样看来，王侁等人固然罪该万死，而潘美在制造杨业悲剧过程中也因为含有不可告人的私心，负有不可推卸的责任，归根结底则是由太宗"抑武"的方针所致。

就在杨业死后的第二年，太宗便恢复了潘美的原有官衔，并加同平章事。潘美取得了使相的显赫官位，且先后出任知真定府（治所在今河北正定）、判并州（治所在今山西太原）等职务。但时隔不

1　（宋）李焘：《续资治通鉴长编》卷二四，太平兴国八年正月戊辰、己卯，第537—538页，四月壬寅，第544页。

2　（清）王夫之：《宋论》卷二《太宗》，中华书局1964年版，第35页。

久，潘美便死于并州任上。[1]潘美究竟是患何病离开人世，已不得而知，不过他在丧师后先贬后升的刺激之下，其心情肯定是不会平静的。在来自社会舆论压力和内心自责的双重挤压下，任何人也不可能保持身心的怡然、健康，潘美临终前是否反省过自己的所为，也不得而知，然则他如果知道因自己的私心被牵扯进杨业公案中，身后千年依然遭人指责的话，他一定会追悔莫及。

5. 河北水田

第二次北伐全面失败后，太宗皇帝用兵的自信心遭到了空前的打击，当时，文臣中的当权者又对北伐进行了激烈的声讨，这就使太宗彻底放弃了主动进攻的战略，转而趋向全面防御的考虑。

当北伐失利的消息刚传入朝中，在外地的赵普就马上给天子连上三道奏疏。赵普在上奏中除了指出大规模用兵殃及百姓生产和生活外，又特别告诫太宗"兵久则生变"的危险，提醒注意前代兵变的教训，他还要求追究提议北伐的祸首的罪责，给他们以最严厉的惩处。最后，赵普恳请天子保养圣躬，永罢兵革，无为而治，则四方夷狄自然会慕化归顺，料想契丹也无处可逃。这真是一番高谈宏论，太宗阅罢幡然悔悟，马上给宿

---

[1] （元）脱脱等:《宋史》卷二五八《潘美传》，第8993页。

臣回复了手诏，指出战败的原因都在于诸将不遵守圣命，今后自当注意防守。随后，太宗又向负责枢密院的大臣王显、张齐贤和王沔表示今后再也不会做贸然北征的事了。于是，宰相李昉率群臣上疏天子，提出可以效法汉高祖和亲匈奴的办法，以金帛结于契丹，"不烦兵力，可弭边尘"。[1]

就在太宗深悔北伐之举的时候，雍熙三年（980年）年底，契丹大军又挥师两路南下，其中东路军在君子馆（在今河北河间北）将大将刘廷让统领的军队包围，当时驻守在附近的李继隆却不敢领兵支援，结果被围部队全军覆灭，死伤数万人之多，仅主帅刘廷让只身逃脱。西路敌军攻至代州城下，幸得知州张齐贤以疑兵之计困惑对方，才迫使其北撤。自此，河北边军丧失斗志，辽骑敢于长驱直入，常常在抢掠人口财物后才悠然而去。[2] 接二连三的打击，更加深了太宗君臣的忧虑，看来契丹人势力过分强大，主动进攻实属荒唐之举。这样，太宗在当时文官集团核心人物如赵普、李昉及宋琪等大臣的支持下，放弃了北伐的构想，而致力于全面防御。如在雍熙四年（987年）四月，李昉等大臣就要求取消招募军人抵御辽军的计划，一位御史更以先圣"有能一日克己复礼，天下归仁焉"的格言感化天子，希望朝廷能以静守的态度对待边患。[3] 与此同时，太宗注意力的转移，又使朝廷在崇文抑武的道路上走得更远了。几年后，太宗

1　（宋）李焘：《续资治通鉴长编》卷二七，雍熙三年六月戊戌，第618页。

2　（元）脱脱等：《宋史》卷二五九《刘廷让传》、卷二六五《张齐贤传》，第9003、9153—9154页。

3　（宋）李焘：《续资治通鉴长编》卷二八，四月己亥，第633—635页。

在对身边近臣的谈话中透露了自己的心迹:"国家若无外忧,必有内患。外忧不过边事,皆可预防。惟奸邪无状,若为内患,深可惧也。帝王用心,常须谨此。"[1]这段话深刻地反映了太宗对内部异己分子的高度警惕,而联系到以往的诸多事例,不难发现武将又最容易被视之为危险人物。

雍熙四年五月,也就是距第二次北伐失败不到一年的时间,太宗将防御河东和河北的两员大帅潘美和田重进召入京师,赐予二人御制《平戎万全阵图》,又亲口授以详细的"进退攻击之略"。[2]由此可见,阵图作为驾驭将领的有力工具继续得到使用。这样一来,军队中的许多将领便视阵图为护身法宝,一旦作战失败,就可以不承担相应的罪责。曾经与赵延进一同劝说主帅崔翰改变天子阵法,大败辽军的李继隆,在第二次北伐失败后,也一改昔日主动灵活的用兵作风,出战时往往依赖阵图安排,多持重缓行,甚至有意避战。君子馆一战惨败,就与他消极避战有很大的关系,事后太宗虽对他审问了一番,但随即释放,没有追究其任何罪责。[3]事情很简单,李继隆的行动是按天子阵图进行的,并无明显漏洞可言,至于他没有迅速支援,乃在于天子没有预先做出这样的裁决。另如,太宗藩邸卫士出身的大将王超和傅潜,对天子所授阵图极为珍视,其行动皆按阵规划进行。几十年后,著名宰相王安石对神宗皇帝说:

1　(宋)李焘:《续资治通鉴长编》卷三二,淳化二年八月丁亥,第719页。

2　(宋)李焘:《续资治通鉴长编》卷二八,雍熙四年五月庚辰,第638页。

3　(宋)李焘:《续资治通鉴长编》卷二七,雍熙三年十二月乙未,第625页。

傅潜曾上奏要求增拨兵将,结果太宗只赐给他两卷文字,然后告诉傅潜军兵都在文字之中,敌军若如此般行动,即打开某卷应付;如其彼般作为,就打开另一卷应付。真正难为这两位将官有极大的耐心,竟能全然遵旨而行。所以,王安石最后说,也只有王超、傅潜这样的人方能成为当时的大将。[1]

事实上,太宗皇帝对纯粹因为军事原因造成失败的将领,总给能予宽厚处理,或置而不问,或暂时贬官,随后又恢复职位乃至提拔,以示安慰。像曹彬曾因人诬告几句就立即被罢免枢密使一职,但在北伐幽州战争中大败而归,损失惨重,却仅被暂时罢免节钺,改任右骁卫上将军。到第二年,曹彬便被重新授以节度使,并官复原位。[2]潘美的情况也与曹彬如出一辙。[3]

二度北伐之后,抑武方针的继续深入贯彻,已使国家武装力量中的武将人员完全化为循规蹈矩、安分守己的队伍。当时,个别文臣看到大宋将领那种庸懦无为的精神状态,也感到后果严重,于是转而向天子进谏,请求给武官们一定的权威和荣誉,以免使朝廷的军事组织涣散瓦解。

端拱二年(989年)初,太宗就防御契丹之事向文武百官征求对策。户部郎中张洎在奏议中对天子"将从中御"的措施提出了委婉的批评,对武将们的处境表示了一定的同情。他希望太宗皇帝能给予将帅必要的专杀大权,树立其应有的指挥权威,

---

1　(宋)李焘:《续资治通鉴长编》卷二四八,熙宁六年十一月戊午,第6046页。
2　(元)脱脱等:《宋史》卷二五八《曹彬传》,第8982页。
3　(元)脱脱等:《宋史》卷二五八《潘美传》,第8993页。

再赏以金帛,则军队的士气必然大振,没有了"将从中御"的干扰,帝国大军不会不取得战场的胜利。[1]张洎表达完自己的见解后,知制诰田锡也谈了类似看法,请求太宗对将帅专任不疑,使他们在用兵时能够发挥主动性。[2]

当时的文坛俊杰、右拾遗兼直史馆王禹偁提出了更为激烈的看法。他在奏议中指出:作战最怕的就是兵势分散、将帅无权,而陛下从未专门委任过一员大将。他要求天子能将北部三十万国防军分为三支,每支达十万之众,令三员大将分别统管,互相支持配合,以便集中优势兵力御敌。同时,朝廷对将帅赏罚分明,有功者行赏,无功者公开诛杀。另外,王禹偁还提出了诸如以大臣替换天子身边小臣出使边关,妥善处理边事,利用间谍深入辽朝境内离间对手,拉拢西北边族势力从侧翼对契丹构成牵制影响等等建议。更为难得的是,作为科举出身的文臣,王禹偁对宋朝过分崇文的做法提出了批评,他这样说道:请对科举选官制度从严要求,抑制儒臣而激励武官。自陛下登基以来,大力推崇儒术,亲自主持科考,志在广求人才,未暇顾及完备制度,因科举而入仕者,从大处看数年便居富贵之位,从小处着眼几个月便可以获得官职。他们或一行可观,一言可纳,受到的赏赐就动辄成千上万,不仅耗费十家之产,而且动摇了三军之心。为臣我也是科第出身,因此自请议

---

[1] (宋)李焘:《续资治通鉴长编》卷三〇,端拱二年正月乙未,第668—669页。

[2] (宋)田锡:《咸平集》卷一《上太宗答诏论边事》,影印文渊阁四库全书本,上海古籍出版社1987年版;(宋)李焘:《续资治通鉴长编》卷三〇,端拱二年正月乙未,第675—676页。

论其弊端。我只是恐怕披甲战士有不满怨言，所以希望陛下减少对文臣的恩宠赏赐，以便使其能保持与军人的大体平衡。史称：太宗皇帝和宰相赵普看了王禹偁的奏疏，都表示赞赏，[1]或许是因为名士点中了痛处。

透过当时几位文臣的议论可以看出，出于防范五代以来武人跋扈的"抑武"政策已经矫枉过正，以至于对帝国国防力量造成了很大的伤害。眼见存在如此严重的后果，性格鲠直的王禹偁才发出了抑文崇武的呼声，而这种呼声在当时政坛中显得是那样的微弱，又与掌握朝政的科举文官集团的利益是那样的背道而驰。因此，王禹偁的议论固然暂时博得了天子及重臣的赞叹，然而却孤掌难鸣，终究还是无法被采纳。也可以说，太宗君臣偶尔看到军政的弊端，也表示过不满，但根深蒂固的观念却使他们不愿意放弃既定的方针，安于现状，得过且过。正是这位忧国直言的王禹偁，虽然才华出众，文名享誉天下，以后却在仕途上屡遭磨难，其中在太宗朝两度被出贬外地，终生未能显达。[2]孤独的他以后在诗中流露了自己痛苦的感受：

两株桃杏映篱斜，妆点商山副使家。

何事春风容不得，和莺吹折数枝花。[3]

1　（宋）李焘：《续资治通鉴长编》卷三〇，端拱二年正月乙未，第673—675页。

2　（元）脱脱等：《宋史》卷二九三《王禹偁传》，第9794—9799页。

3　（宋）王禹偁：《小畜集》卷八《春居杂兴》，四部丛刊本，上海书店出版社1989年版。

与王禹偁不满抑制武备的认识形成鲜明对比的是，太宗朝绝大多数文官都安于现状，坚决拥护朝廷的"崇文抑武"举措，对天子则曲意迎合。如宰相李昉"在位小心循谨"，对太宗唯命是从，从未有过突出建树。从政期间，他最大的乐趣在于结交宾客和写诗弄赋，[1]在雍熙年间，虽然前线战事异常紧张，李昉依然常常与宾朋们一起饮宴，互相吟唱对答，并令歌舞伎为众人助兴。

端拱元年（988年），有一名叫翟马周的布衣跑到京师内的登闻鼓院击响了大鼓，这位大胆的布衣向接待的官员投递了诉状，指控李昉身居宰职却不顾朝廷安危，只顾一味取乐。太宗皇帝为了平息世人的不满，便下令罢免了李昉的相位，但仍给他加上右仆射的显赫官衔，并在诏书上表达了请故相卸去繁重职事，以便颐养天年的意思，却只字不提失职的事情。[2]几年后，李昉复相，继续主掌中枢大政。到他最终致仕时，天子又厚加赏赐，恩宠无比。[3]可以说，这位大臣终以性情和恕、宽厚待人赢得了天子和朝臣的好感。李昉退出政坛后，更加喜好款待宾客，他的宅院中有一处不小的园林，内中亭台点缀，景色极其优美。一日，好客的李昉忽然来了兴致，想仿效唐朝白居易在洛阳举办"九老会"的风雅之举，也在自己园中与八位致仕的老臣聚会。不巧的是，就在此时传来了四川王小波、李顺

1　（元）脱脱等：《宋史》卷二六五《李昉传》，第9138页。

2　（宋）李焘：《续资治通鉴长编》卷二九，端拱元年正月庚辰，第647页。

3　（宋）江少虞：《宋朝事实类苑》卷二四，第289—290页。

造反的消息，他吸取了以往的教训，只得终止了这次活动。[1]李昉作为当时文臣之首，其处世态度与生活作风成为一种样板，对朝臣们产生了不小的影响。

稍晚于李昉做宰相的吕蒙正，也是同时期朝中著名的和事佬。吕蒙正是太平兴国二年（977年）初太宗亲手选拔的新科状元，他最大的特点是：为人持重儒雅，能识大体。吕蒙正幼年时，父亲吕龟图因有多位宠妾，所以与其母刘氏关系不好，后来竟将刘氏连同吕蒙正一同逐出家门。刘氏倒也有志气，誓不改嫁，独自供养儿子读书。吕蒙正通过科举入仕后，保持了为人之子不计较父过的传统孝道观念，不计前嫌，将父亲迎到家中，与母亲同堂异室，悉心照顾，直至父亲病故。[2]出众的文才和无可挑剔的品行，使天子对吕蒙正欣赏不已，在短短的七八年间，就将他从一名地方通判，屡迁至翰林学士、参知政事，此时他不过四十出头。据说，吕蒙正任参知政事后第一天进入朝堂时，两边朝臣队列中有人在背后指着他不服气地说：此小子也是参政吗？吕蒙正佯装没有听见，继续从容向前走去。倒是同僚为其不平，转身诘问说话者姓名，吕蒙正马上劝阻道：若一旦知道此人姓名，以后便终身忘不了，倒不如不知道为好。一时朝臣们都对他的气量感到佩服。[3]五年之后，吕蒙正官拜宰相。

1　（元）脱脱等：《宋史》卷二六五《李昉传》，第9139页。

2　（元）脱脱等：《宋史》卷二六五《吕蒙正传》，第9146页。

3　（宋）司马光：《涑水记闻》卷二，第22页。

吕蒙正做宰相后,对宿旧出身的另一位宰相赵普谦恭礼让,又对年轻学子奖掖引进。当然,他对朝廷更是赤诚效忠,虽有时对皇上过失加以纠正,但终究没有违背天子旨意的举动。其个人政治风采与老臣李昉相近,所以史书称他与李昉等人都具有"将顺德美"的品性。[1]持重、宽恕以及识大体等性格特征,使吕蒙正以谦谦君子的风范成为当时在朝文官中的楷模人物。

说起来,一介寒儒出身的吕蒙正,仅凭读书科举背景而终究执掌国政的事实,确是宋代崇文风尚的一个写照,也是当时文人成功的一个缩影,正如吕蒙正自己的一首诗所云:"昔作儒生谒贡闱,今为丞相出黄扉。两朝鸳鹭醉中别,万里烟霄达了归。羽客渐垂新鹤发,故人犹着旧麻衣。洛阳漫说多才子,从昔遭逢似我稀。"[2]字里行间,无不流露出志得意满的感怀。

然而,吕蒙正也与太宗朝其他文官首脑一样,对用兵之事持否定态度。他曾在一次讨论有关北伐的御前会议上对太宗表达了自己的见解:隋唐两朝数十年间,四次讨伐辽碣(指当时位于辽东和朝鲜半岛的高句丽),人不堪命。隋炀帝全军覆灭,唐太宗亲自参加过攻城战役,也无济于事。治国的关键问题在于内修政事,这样边陲远方的势力就会前来归顺,自然会取得安稳边防的结果。[3]

至于太宗朝后期的其他重要文臣,也大都对收复燕云持怀

1　(元)脱脱等:《宋史》卷二六五"论曰",第9163页。

2　(宋)王铚:《默记》卷中,第33页。

3　(元)脱脱等:《宋史》卷二六五《吕蒙正传》,第9147页。

疑态度，他们更愿意看到朝廷在复兴儒学方面投入更大的精力。同时，他们也以谨慎安分的办事作风，向天子表达文臣的忠诚。在这些儒臣中，贾黄中可以说是极端化的一位代表。

早在宋朝建立之前，贾黄中就以神童享誉一时。据史书记载，贾黄中自幼聪明，悟性极佳。他在五岁时，父亲就令他每天早早起床，将与其身高相等的书卷展开，监督他诵读，称作"等身书"。花费了如此之大的功夫，他的学业自然天天长进。第二年，他便通过了后周朝廷为童子们所设的科目考试，七岁时已能赋诗作文。即使已取得如此斐然的成绩，用心良苦的父亲依然没有松懈，在继续教导他攻读科场程文的同时，还经常让他进餐时只吃素食，父亲对儿子说：等你科举成功后，才可以吃肉。严父的不倦督促，加上对肉食的向往，使天资聪慧的贾黄中在学业上日新月异，十五岁时终于一举博得进士桂冠，从此步入官场。他在短期内完成的这一入仕历程，很多不算平庸的文人要耗费半生的时光才能完成。

太祖一朝，贾黄中在京师内外做过多项官职，以精通前代典故而出名。太宗登基后，他出任知升州（治所在今江苏南京），升州乃是平定不久的南唐国故都。某日，他在巡察衙门时，发现有一间房屋大门紧锁，就命手下人打开房门，结果看到屋内存放着数十柜金银珍宝，价值数百万之巨，这显然是南唐国主李氏遗留下的资财。贾黄中立即向天子上表，献上这些金宝。太宗皇帝阅罢表文，对这位地方官非常满意，马上赏赐给他三十万钱。不久，他便因科举高第的缘故调任知制诰，再任翰林学士等要职，于端拱初拜参知政事。

史书称，贾黄中将当世许多有文学才华又品行端庄的士人荐引入朝，却不将真情告诉被推荐者，有成人之美之德。不过，贾黄中在朝中却安分守己得过分，遇事回避，很少发表自己的见解。他在做翰林学士之时，一次太宗向他询问时政得失，他只回答道：为臣我主掌诏书事宜，平时所考虑的不出本职范围，军国政事，非我所知。天子听罢，认为他非常谨厚，颇器重他。及至进入中书要地，他愈加谨慎，遇事多拖延，以至于太宗都觉得太过分了，不得不解除他的官职，并对他说：为臣固然都应该小心翼翼，如果太过了，也会失去大臣之体。[1]

像贾黄中这样谨慎过头乃至于怯懦胆小的文官大臣，虽然是饱学之士，但在政治上碌碌无为，却能受到太宗的垂青，擢至执政高位，实在反映了朝廷崇尚儒术的苦心。难怪后世史家评说道："有是君则有是臣，有是臣则足以相是君也。"[2] 用今天话说，就是有什么样的君主就会有什么样的臣子，也唯有这样的臣下才能辅佐这样的天子。

太宗皇帝放弃北伐、全身心投入内部朝政后，在李昉、吕蒙正及贾黄中等大臣协助下，对帝国大政亲自裁决，自不待言，至于朝廷庶务琐事，也多加操劳和关注。他在晚年总结道：自从自己做皇帝之日起，多少年来没有一天不是在鸡鸣时

1　（元）脱脱等：《宋史》卷二六五《贾黄中传》，第9160—9162页。
2　（元）脱脱等：《宋史》卷二六五"传论"，第9163页。

就起来决断天下大政。即使百司机构中的庶务,虽然细微,也常常察访过问。[1]的确,太宗所说都是事实。正因为如此,时间久了,臣僚们遇事多请天子裁断,有时也不免出一两件令人可笑的事来。如淳化四年(939年)十月的一天,京畿境内一个不懂事理的人闯入登闻鼓院擂响大鼓,向值日官员申诉家奴丢失了自己的一头猪。于是,官员按惯例将此事反映给天子。太宗看了有关此事的诉状后,感到又好笑又可气,但官员们能如此照章办事,也反映了一种认真负责的精神,实在不好加以训斥。他只得对上朝的宰臣说:像这样丢失一头猪之类的小事都申诉到朕这里,也要朕亲自处理,太可笑了。但通过解决此事,倒可以使四方没有冤屈的人了。随后,太宗令侍臣草拟诏书,传旨赐给申诉者一千文钱,以弥补其损失。[2]

太宗皇帝事无巨细、事必亲躬的作风,大大弱化了有司与朝臣们的职责,大多数官员对此都无闲言,而是增强了对天子的依赖感。然而,也有人就此直言进谏皇上,批评为人君者干预过多。如右补阙、权知相州田锡在太平兴国末上疏指出:君臣处理事情的方式应有所区别,为君者宜"务简",为臣者宜"务勤"。为臣我以为陛下忧民之心太过,处理政事太勤,每天一大早就在崇德殿接受百官早朝,午后又在后殿料理万机,或查看兵器,或检阅军人,或亲审囚犯,或询问鸣鼓申冤者,等

1　(宋)李焘:《续资治通鉴长编》卷三八,至道元年十二月丙申,第824页。

2　(宋)李焘:《续资治通鉴长编》卷三四,淳化四年十月丁丑,第757页。

等。现在有关衙门下达命令,多请陛下传圣旨裁决,如此"皆劳天听",还要有司何用!田锡的这一奏疏自然与太宗的想法相悖,所以未被理睬。[1]

端拱二年(989年),横海节度副使何承矩从沧州(治所在今河北沧州东南)上疏天子,提出一整套在河北前线御辽的构想。他在奏疏中说:自己从小随任职关南军营的先父往来河北各地,熟知前线山川地形,如果能从顺安砦(在今河北容城北)以西引易河水,挖渠导流向东注入大海,就能形成东西长三百余里、南北宽五十至七十里的河塘地带。朝廷既可以利用这一河塘开展屯田,播种稻谷,也能够借此来阻挡契丹骑兵的冲击。这样一来,沿边只需部分士卒守城,而不必大量驻军。我军利用险固地形防守,春夏耕作,秋冬练兵,以减轻民力,数年之后,便可收彼劳我逸之效。至于顺安砦以西直抵西山脚下百余里无水地带,则可以选派精兵据险防守。[2]

何承矩的上述构想,实际上是企图通过开挖河塘和种植水稻的办法,在与辽接壤的前线形成水网地带,以阻滞契丹骑兵南攻的速度,从而弥补失去长城后河北无险可依的地形弱点。从纯粹防御的角度考虑,这一方案有一定的价值,它要比仅凭士卒血肉之躯抵抗对手骑兵的冲杀有利得多;但假如从进攻的角度来看的话,何承矩的建议便没有太大的意义,因为宽广的

---

1 (宋)李焘:《续资治通鉴长编》卷二四,太平兴国八年十二月己酉,第563—564页。
2 (元)脱脱等:《宋史》卷二七三《何继筠传附何承矩》、卷一七六《食货志上四》,第9328、4263—4264页。

水网地带既不利于对方行动,也影响宋军出师活动。好在太宗君臣此时已在国防战略上做出了重大转变,以全面防御取代了北伐进攻,于是这一方案很快就被朝廷的采纳。

据记载,太宗首肯何承矩的建议后不久,也许是上苍有意促成此事,河北一带连降暴雨,河水暴涨,何承矩便以制置河北缘边屯田使的身份,调发大批兵丁开展工程建设,很快就按计划完成了数百里的稻田。在第一年里,由于所选稻种没有考虑北方气候特点的因素,所以秋后没有什么收成。第二年,朝廷接受了福建籍官员黄懋的提议,在水塘地区改种成熟期提前的早稻,终于获得了收益。从此,这些水利设施以及水田在发挥防御工事功能的同时,也给朝廷带来了一定的经济效益。[1]

河北缘边河塘与水田的出现,在加强宋朝御辽能力上是有其作用的,但实在也无法过高地估计其价值。太宗朝后朝,契丹铁骑仍时常冲过河塘地带的柳林和稻田,肆意抄掠河朔城乡,明显地暴露出河北防线的脆弱,[2]然而它的产生却表明宋朝全面防御战略的定型。此后,朝野中虽偶尔也有"复燕云"的议论,但也仅仅停留在口头上,太宗皇帝有时也有北伐的表示,同样也是一时冲动下的想法。隔着成片的水稻的叶片和榆柳树的枝杈,大宋帝国向对岸的燕云故土垂下了沉重的头颅,闭上了失望的双眼。

---

1 (元)脱脱等:《宋史》卷二七三《何继筠传附何承矩》,第9328页;(宋)李焘:《续资治通鉴长编》卷三四,淳化四年三月辛亥、壬子,第747页。

2 参见陈峰《从定都开封说北宋国防政策的演变及失败》,《陕西师范大学学报》1991年第2期。

6. "飞白"

与皇兄同样没有多少文字功底的太宗皇帝，对深厚的传统儒家文化及其意识钦佩得五体投地。端拱元年(988年)八月的一天，他率群臣来到京城内的国子监，对文宣王孔夫子像举行了隆重的拜谒典礼。随后，又请国子博士李觉讲授了《周易》中的"泰卦"一节。当儒学家讲解了天地感通、君臣相应的宗旨后，太宗非常欣悦，马上赐给讲授者百匹绢帛。第二天朝会时，天子对宰相赵普说：昨日听了李觉所讲内容，深感文义精奥，完全可以作为我们君臣遵守的训诫。赵普听罢，立即顿首称是。[1] 其实，在这次拜谒文宣王庙之前，太宗已经屡次幸临国子监，更时常向臣下表示宣扬儒学的诚心。

既然向天下提倡文教，做天子者就必须身体力行。据说，太宗从登基日开始，便长期坚持读书，他曾就此事特意告诉宰臣：每日视朝完毕，"便就观书"。[2] 一天，他在宫中翻阅书籍，不觉之中已过去大半天时间。当他偶然抬头向外观望时，发现有一只苍鹤落在大殿的鸱吻之上，一直到阅毕掩上书卷后，苍鹤才飘然飞去。太宗对此颇感奇怪，就问身边的近臣，他们对天子说道：这是皇上好学，感动了上天的结果。昔日就有过鹳雀衔鱼堕入杨震讲学堂前的事发生。[3] 杨震是汉代大儒，学问有

1　(宋) 李焘：《续资治通鉴长编》卷二九，端拱元年八月庚辰，第656—657页。

2　(宋) 江少虞：《宋朝事实类苑》卷二，第19页。

3　(宋) 李焘：《续资治通鉴长编》卷二四，太平兴国八年十二月戊申，第562页。

名于当世。有关苍鹤观看太宗读书的事,其真伪已不得而知,不过,当时官方文献有意记述这样一件事,无非是想说明太宗读书的诚心。

长期地留心文翰,正所谓"近朱者赤,近墨者黑",太宗皇帝身上业已脱去兵武出身的痕迹,而处处显现出儒雅的气息。他在世期间,不仅组织大批文臣编修了卷帙浩繁的《太平御览》《文苑英华》以及《太平广记》等大型书籍,用宋朝人的话说就是"太宗锐意文史",[1]而且亲自动笔书写,到他驾崩之后,臣子们便为他整理出包括《太宗御制文集》等在内的诸多御制诗文。他传世的作品不多,在宋人的笔记小说中可以看到他的一些诗作,其中《太平兴国七年季冬大雪赐学士》这样咏道:

轻轻相亚凝和酥,宫树花装万万株。
今赐酒卿时一盏,玉堂闲话道情无。[2]

这首诗的水平实在不算高,语言平淡,寓意肤浅,但作为一名中年时才半道入学的帝王,能作如是诗篇,已属不易。

太宗皇帝生前最为得意的一手,还在于书法,尤其是他自己体味出的"飞白"体。中国传统书写工具为毛笔与墨汁,自东晋王羲之以后,书法名家辈出,书法到唐朝时更臻于完

1　(宋)江少虞:《宋朝事实类苑》卷二,第19页。

2　引自(宋)孔平仲《谈苑》卷三,影印文渊阁四库全书本,上海古籍出版社1987年版,第1037册,第145页。

善，如虞世南、欧阳询、怀素、柳公权以及颜真卿之流。这些书法大家经过多年研习，自成一体，挥笔之下，便能在雪白的纸上留下令人叫绝的字迹，或工或草，意趣无穷。于是，本来仅仅用来表达作者意思的文字便成为一种艺术，而且是一种能够反映学识乃至品行的高雅艺术，因而深受世人看重。在这些书法家中，一些人喜好易于表现狂放无羁性情的行、草书体，运起笔来挥洒如飞，以至于黑色字迹中常有因着墨疏浅而留出的空白之地，这就是所谓的"飞白"。应当承认，一幅上乘的行、草书作品，特别是狂草作品，在其中的一些字迹中显出自然的飞白，可使整幅作品产生一丝空灵之气，更能衬托出浓墨处的厚重之感。但一个真正的书法家，对飞白绝不会滥用，而是应在书写过程中自然产生，否则就会弄巧成拙，造成败笔。

太宗皇帝究竟是向何人学习的书法，已无从考证，但他酷爱上了书法中的飞白这一特点，却完全可以肯定。雍熙三年（986年）初冬的一天，太宗曾以自己新学会的飞白笔法，书写了一些字幅，然后赐给宰相李昉等大臣。在赐字的时候，他还特地对宰臣们说过这样一段话：朕退朝后也从未虚度光阴，读书以外又留意到真草书法。近来学会了飞白，这虽然非帝王事业，但却终究要胜过畋猎、声色之类的事吧！李昉等文臣听了自然顿首称是。[1]值得一提的是，此时正是第二次北伐刚刚失败

1　（宋）李焘：《续资治通鉴长编》卷二七，雍熙三年十月丙申，第623页。

的时候。

　　据说，太宗以后在书法上颇有造诣，所写的小草特别工整，但他最喜好写的还是飞白。当时文人记载，天子能运笔写出数尺见方的飞白大字，就连书法高手们见了也都感到佩服。因此缘故，太宗曾对身边的近臣说：朕君临天下，哪里又有闲暇专门从事笔砚？只是内心喜好，不能舍弃罢了。江浙人多以为能小草书，其实不知其妙，只会勉强露出飞白，然后装裱成卷帙而已。小草之法难以掌握，飞白的笔势不好体味，我也恐怕从此绝了这两种书体。于是，太宗便吩咐身边侍臣将自己书写的数十轴作品收藏于秘府之中。[1]按照他的意思，是想以自认为精妙的书法为后世留下飞白及小草的楷模。他一定想不到自己虽然贵为四海之主，但作品在身后却并没有流传下去，以至于千年之后的人们无法一览他引以为豪的"飞白"体。

　　当时，太宗常以所书飞白赐予臣僚，又时常为一些亭台衙署题写匾额。他曾为素有天下文翰宝地之称的翰林学士院题写了"玉堂之署"四个飞白大字，高悬学士院大门之上。时任翰林学士的李昉为此特赋诗一首，以赞颂天子给学士署衙的无比宠遇：

　　　　玉堂四字重千金，宸翰亲挥赐禁林。
　　　　地望转从今日贵，君恩无似此时深。

1　（宋）李焘：《续资治通鉴长编》卷四〇，至道二年六月甲戌，第842页。

宴回上苑花初发，麻就中宵月未沉。
衣惹御香拖瑞锦，笔宣皇泽洒春霖。
院门不许闲人入，仙境宁教外事侵？
我直承明逾二纪，临川实动羡鱼心。[1]

在李昉等学士们看来，天子对翰墨之臣的厚爱实在是旷古未遇。据史籍记载，宋初沿袭以往惯例，节度使赴任前和来朝时，皇帝都要在宫中设便宴慰劳，作为宫廷近臣的翰林学士也可以入席。开宝中，性情粗鲁的东上阁门使梁迥因对词臣抱有成见，便对太祖说：陛下宴请将帅，何以让这些人参加？就因为一介武官的多言，翰林学士参加这种宴会的机会遂被取消。淳化时，翰林学士苏易简向太宗皇帝诉说了此事的来龙去脉，天子便立即下令恢复旧制。[2]难怪李昉由衷地咏出了"君恩无似此时深"的诗句。

淳化三年（992年）九月的一天，新修建的用来藏书的秘阁落成，太宗兴冲冲地领侍臣们前往参观。登上阁楼后，太宗看到一派"群书整齐"的情景，喜形于色，就对身边人说：动乱以来，经籍散失，"周孔之教，将坠于地"。朕即位后，多方搜集，现已有万卷藏书，"千古治乱之道，并在其中矣"。随即，他在秘阁之中开设酒宴款待侍臣及崇文院三馆学士。当晚回到

---

[1] （宋）李昉：《御书飞白玉堂之署四字颁赐禁苑，今悬挂已毕辄述恶诗一章用歌盛事》，李昉《禁林宴会集》，载于（宋）洪迈《翰苑群书》卷七，影印文渊阁四库全书本，上海古籍出版社1987年版，第595册，第372页。

[2] （元）脱脱等：《宋史》卷二七四《梁迥传》，第9357页。

内宫后，太宗还对宦官首领王继恩说：也可以召傅潜、戴兴等人，让他们到阁下随便观书，赐给诸将御酒和宴席。傅潜等将领此时正典管禁军，太宗是希望他们也能明白朝廷崇文的志向，所谓"帝欲其知文儒之盛故也"。[1]

太宗实在应该说是宋朝第一位好儒之帝，在他的大力提倡下，到第二次北伐活动结束之后，以提倡儒学为宗旨的文教事业已经兴盛，相比之下，只会挥动兵戈的帝国武官们则愈益受到冷遇和排挤，其作用和地位也越发遭到世人的轻视。曹彬、潘美这些早年曾领兵剪灭南方僭伪政权的大帅们，经过两次北伐的检验，已被证明无补于国事，只能令其尸位素餐去。而大批骁勇强悍的武夫们，也只有让他们在封闭的军营中消磨时光，以渐渐软化他们体内强烈的阳刚之气，如当时呼延赞的遭遇即为其中一例。

呼延赞出生于武风浓烈的太原一个将门之家，少年时代便已从军，以武勇而出名。宋朝初创之时，太祖皇帝因喜欢呼延赞一身武功，便将他安排在身边禁军中。以后，呼延赞参加过许多战役，曾在征伐后蜀之战中冲锋陷阵，身受多处创伤。太宗登基后，这位骁勇的斗士又被新天子亲自选中，命为铁骑军指挥使。在围攻北汉太原城之日，他作为先锋攻击在前，攀登城垣时，他先后四次到达城堞又坠落下来，因而受到天子的当面奖赏。此后，呼延赞随大将崔翰戍守定州（治所在今河北定州），军

1　（宋）李焘：《续资治通鉴长编》卷三三，淳化三年九月己未，第739页。

职也随之升迁。

第二次北伐失败后，呼延赞向朝廷献上自己所作的阵图、用兵要略及建立营寨的方法等，并请求带兵戍边。于是，太宗召见了他，令其演示武艺。据记载，呼延赞身披全副铠甲，跨上战马，双手挥舞铁鞭、战槊（类似长矛的一种兵器），在皇宫的庭院中往来如飞。呼延赞自己操练完毕，又将四个儿子必兴、必改、必求及必显引见给皇帝。正是"将门出虎子"，他的四个儿子也个个能舞剑盘槊，父子献身军营之中。太宗看罢呼延赞父子的武功，当即赐给数百两白银，又赏给四个青年每人一身衣带，但却没有满足呼延赞在北疆领兵的请求。

另据史书记载，呼延赞以全家深受朝廷恩典，发誓与契丹人不共戴天，经常表示愿死于沙场之上。他性情虽颇为粗悍，但极有胆魄，请人为自己在全身刺上"赤心杀契丹"几个字，不仅他本人如此，而且连他的妻子和仆人的身上也都刺上了这些字。他的几个儿子还在耳朵后面文上了"出门忘家为国，临阵忘死为主"两行小字。这位武将对契丹人可以说恨之入骨，不惜带领全家人投到抗辽事业中，甚至还做出一些极度违背人情的事来。据说，呼延赞为了使家中幼儿长大后能耐住严寒，并且身体强健，竟然在隆冬季节用冷水浇在小孩身上。当孩子生病时，他又相信一种迷信说法，将自己大腿上的肉割下一些，煮成汤给病人喝。此外，呼延赞还自己设计打造出降魔杵、破阵刀和铁折上巾等奇怪兵器，两面都开成利刃，个个重达数十斤。每每出门时，他都身骑乌骓马，额头上涂成绛红色，[1]再加上那些令人望而生畏的兵器，不免使人感到惊恐不已。像呼延赞这样的人，实在就是为战争而降生和活着的奇人，如此嗜杀如命的战将，唯有尽情挥洒豪情于沙场之上，才不枉来到世界上一场。

然而，太宗皇帝对浑身散发着浓烈兵戈气息的呼延赞并不欣赏。在第一次北伐幽州时，当天子目睹了呼延赞一身怪异的装束后，非常厌恶，认为此人行迹"诡异惑众"，曾打算将他斩首，后来可能考虑到影响问题，才宽恕了他。到第二次北伐失败后，太宗一心推崇儒家文化，自然对呼延赞之类的武勇者更失去了兴趣。于是，呼延赞如同一头失去用途的猛兽，被长期羁縻于笼中，身上的血性一天天淡化。

淳化中，呼延赞出任保州（治所在今河北保定）刺史兼冀州（治所在今河北冀县）屯军副统领。由于当时朝廷已没有了大的战事活动，将领的主要职责便是管理兵营日常事务，而呼延赞的长处显然不在这方面。果然，不久就有人向京师反映他无管理军兵才能，朝廷接到反映后便改调他为辽州（治所在今山西左权）刺史。遗憾的是，新的职位属于管理民事的行政官，呼延赞就更加不能胜任。这样，中央只得再次将他调回京师，令其继续做禁军都军头的军职。从此，呼延赞在京城宁静的军营中度过了七年多时光，最后病死于舒适的家中，马革裹尸的梦想只能继续伴随他于地下。

史书还有这样的记载，大宋第三代君主——真宗皇帝登基

1　（元）脱脱等：《宋史》卷二七九《呼延赞传》，第9488—9489页。

初，曾亲自选拔禁军军官。当时，许多武将都争吵着表白自己的功绩，只有呼延赞对新天子说：为臣我月有俸钱百贯，所用不及其半，这已够多了。我自念无机会报国，也就不敢再妄求升迁，唯恐福过而降灾祸。[1]宋人这一记载的用意本在于赞扬他谦恭退让的态度，但细细品味一番，又似乎可以窥见到呼延赞一丝抱恨无奈的心迹。

呼延赞这样的骁勇武将，的确只适合秦皇、汉武以及隋唐五代尚武的岁月，或在万里出击漠北的战场上杀出威名，或在内地争雄角逐的厮杀中打出一片天地。所以，他在宋朝崇文抑武的年代受到冷遇、排挤，正在情理之内，而他的不幸遭遇，其实也是太宗朝武士悲剧的集中体现。

太宗一朝，不仅武将渐渐感到无用武之地，受到朝野的轻视，即便是喜好谈兵，或性情尚武的文臣，也终于发现自己与朝廷乃至于自己承担的角色存在了距离，从而失去了大展宏图的机会。柳开就是这样一位代表人物。

太祖朝进士出身的文官柳开，是一名身心熏染了不少武勇气息的士人。他生于五代末年，其家乡河朔地区，自中唐以后由于兵火不息，民风颇为强悍，百姓习武蔚然成风。柳开虽出身富豪家庭，但受到当地风气的影响，也喜好谈兵舞剑，与豪杰交往，早年时曾为朋友解过不少难。日后贵为公卿的赵昌言，在布衣时出游河北，闻听柳仲涂（柳开字仲涂）好周济友人，便

1　（元）脱脱等：《宋史》卷二七九《呼延赞传》，第9488—9489页，参见陈峰《从呼延赞事迹看宋初朝政路线的演变》，《人文杂志》2009年第1期。

前去拜访。柳开热情地接待了来客,并向主持家事的叔父索要一笔钱,准备送给赵昌言。也许是类似的事情太多了,其叔父便拒绝了这一要求。柳开做事从来胆大,眼见无法承兑许出的诺言,当晚就在家中放了一把火。其叔父看到他如此强悍,无可奈何之下只得拿钱息事宁人。[1]据说,柳开在赴京师参加科考途中,曾打抱不平,将一名挟持官员的恶仆亲手杀死,然后煮了一锅肉,与其主人共同啖食。[2]这一记载的真实性,颇令人怀疑。但类似的传说,却都反映柳开在当时人心目中很有些豪侠之气的印象。

柳开入仕后,性格鲜明,遇到问题敢于直抒己见。不过,他这种率直的处世作风在官场上却并不受欢迎,可以说与大多数文官处世风格有着不同。太宗即位后,柳开以殿中侍御史的官衔出知贝州(治所在今河北清河西)。在贝州任上,不知什么原因,柳开与当地屯军中的监军发生了矛盾,因此被贬为县令。

雍熙四年(987年),柳开回到京师,因为本性尚武,不甘心从事于地方文官的案牍琐事,于是来到皇宫门前向天子上书。在这封上书中,柳开声言愿效死北疆。太宗阅览了他的奏书后,对其遭贬的事表示同情,便下令恢复他原来官职,不过对其他请求则未给予答复。但柳开此时决心已下,又上书说:为臣我蒙受了非同寻常的恩典,没有什么可以报答的地方。臣今

1　(宋)吴处厚:《青箱杂记》卷六,中华书局1985年版,第63—64页。
2　丁传靖辑:《宋人轶事汇编》卷四引《谈撰》,中华书局1981年版,第168页。

年刚满四十岁，胆力正壮。现在匈奴（意喻契丹）未灭，愿陛下赐给臣下步骑数千，臣愿出生入死，为陛下攻取幽蓟，虽然战殁沙场，死而无恨。

雍熙四年中，正是第二次北伐失败后的第二年，当时朝廷上下笼罩在一派恐辽的悲观情绪之下，契丹军队气焰嚣张，出没河朔各地，烧杀抢掠，根本无视宋朝驻军的存在。在这样的时刻，竟然有文官自愿上前线任职，太宗皇帝自然十分感动。于是，天子下诏：文臣中凡有懂武略、善兵器者，允许他们改换武职。一时间，还有三位像柳开那样的文官也表示响应，愿意在国难当头的情况下"投笔从戎"。朝廷便将这四位官员的文官身份改换为武臣官位，其中柳开由殿中侍御史转为崇仪使，出任知宁边军（今河北博野以东）。[1]在此要说明，此时官场的文武分工仍然相当严格，文臣可以转换为武官身份，但通常并不能进入军队中指挥作战。文官承担统军将帅角色的事，那还要到北宋中期才出现。

柳开来到河北后，积极从事武装组织活动，并向辽国展开了分化瓦解工作。经柳开察访后，获悉一名真定（今河北正定）籍的汉人白万德已做了契丹将官，麾下统领有七百多名边兵，他因家乡在内地，所以常与故里亲戚往来。柳开利用其亲属做他的工作，以裂地封侯的条件要求白万德做内应，以配合朝廷大军夺取幽州。在柳开劝说下，对方表示愿意配合。然而，当白万

1　（宋）李焘：《续资治通鉴长编》卷二八，雍熙四年五月乙丑，第637页。

德在同年年底派使者前来约定出兵日期时,柳开却已被朝廷调任到南国的全州(治所在今湖南全州)任职,这一计划遂因一场人事调动而告寝。

以后,柳开虽然身上挂着武官的头衔,但依然做的是地方行政官的职事,并且长期在没有什么战事的内地任职。在不文不武的岗位中忙碌,岁月不知不觉已然蹉跎过去。可以说,他除了在全州招抚过数百名闹事的少数部族人外,[1]再也没有什么突出的业绩。如此一来,他又陷入了无所作为的困顿之中。于是,不平之气在柳开的笔下不时流露出来,"舍羊犬猪用彪虎,气包茫昧廓区宇。刓发披缁心有取,蜕免羁蹢脱潜去。身投西佛学东鲁,尘视诸徒飚远举。狂呼饱醉贱今古,公室侯庭迎走户。如攀乔柯腰俯偻,搜经抉诰将完补。声号大荒铿簨簴,笔诟斯冰卑尔汝。戟枝曳阵孰御侮,二十游秦老还楚……"(《赠梦英》)其中"狂呼饱醉贱今古"之句,道出了他豪放不羁又心存不甘的郁闷心境。

值得注意的是,很有可能因为柳开性情过于豪爽,处理事情的方式又与寻常文人有较大的差异,所以他在地方做官时受到了不少的指责,以至于在当时竟流传有关他丧失人性的一些说法。有传说柳开在全州时经常传令将俘虏的蛮人押到宴席前,当着属官的面命令士卒剥取俘虏的肝脏,当热腾腾的、充满鲜血的人肝端上桌时,他竟用佩刀将人肝切割成

---

1 (宋)李焘:《续资治通鉴长编》卷二八,雍熙四年十二月庚寅,第642页。

小块，涂上食盐，然后饱餐一顿。以后，他改任知荆州（治所在今湖北江陵），仍然嗜食人肝，每听说邻州有罪犯被诛杀，立即就派健卒跑去挖取死者的肝脏。[1]这些出自百年之后的记载，其真实性很令人怀疑，但类似的流散多年的传言，却反映了士大夫们对柳开的偏见，是何其之深。而他之所以成为人们眼中"性凶恶"的怪人，恐怕主要还在于他身为文士却尚武习兵的原因。

当天子在朝廷高扬"崇文抑武"大旗的时候，当大批儒臣在道路上将武将们的车马挤到狭隘的街巷里时，一个希冀用武功来立身、发展的文官，自然就是不识时务的倒运者。柳开真应该抱怨生不逢时，假若他能早生几十年或数百年，很有可能会成为名垂青史的儒将。柳开最后死于地方官任上，官衔不过是正七品的如京使，仅仅刚够得上中级武官的边沿。而与他同时科举入仕的同年们，在文官的道路上大都一帆风顺，有的已官居执政，有的也具有了封妻荫子的高位。在他们眼里，柳开实在只是一位举止可笑的人，其官运不佳，则为咎由自取。然而，柳开个人的不幸，已使大宋优秀的知识群体遗弃了传统的"投笔从戎"的观念，并通过他们承担的宣教天下的身份，将这种认识传播给广大社会，从而腐蚀了民族精神之中的阳刚成分。于是，"好男不当兵，好铁不打钉"的民谣从此唱遍神州。

1　（宋）江少虞：《宋朝事实类苑》卷七四，第986页。

三 真庙风云

1. 吕端大事不糊涂

至道元年(995年)仲春的一天,太宗皇帝打算对中书的人事做一些调整。在此之前,赵普、李昉、宋琪、吕蒙正及张齐贤等人都先后任宰相多年。其中赵普既是功臣宿旧,在解决秦王赵廷美的问题上又能体察上意,保证了太宗帝位的稳固,自然更受到礼遇。不过,赵普在相位上不免以功臣自居,时常独断专行,所以几起几落,淳化中还是被解除了宰相之位,赋闲西京。李昉和宋琪虽然循规蹈矩,但入主中书时间久了,也应该给其他文臣以升迁的机会。出身孤寒的张齐贤颇有胆识,在太祖西巡洛阳时,他以布衣身份于马前献策,颇得天子赏识。据说,张齐贤饭量惊人,曾将一整张牛皮煮熟食尽。太祖将他带回行宫后,令卫士在廊下摆上饭食,张齐贤一边用手抓取食物送入口中,一边回答天子的询问,"略无惧色"。[1]太宗称帝后,张齐贤通过科举从政,历任地方和中央官职,遇事敢言,在河东做官时,曾督率军队屡挫契丹南攻锐气。以后,他历枢密副使、参知政事,终于官拜宰相。然而,张齐贤的作风未必能尽如天子之意,三年后,也就是在淳化四年(993年),张齐贤因为一件人事安排引起了太宗的不满,被贬到地方任职。[2]

至道初,当太宗重新考虑起用新人时,中书内只有宰相吕

---

[1] (宋)邵伯温:《邵氏闻见录》卷七,中华书局1983年版,第68页。

[2] (元)脱脱等:《宋史》卷二六五《张齐贤传》,第9154页。

蒙正一人。太宗因对参知政事吕端印象甚佳，就向吕蒙正征求意见。吕蒙正认为，吕端为人糊涂。这大概是大臣们的普遍看法。但太宗却说：吕端小事糊涂，大事不糊涂。太宗皇帝从来专决大政，一旦做出决定，便不受外人影响。事实上，有时大臣们的议论反而会引起天子的疑心，更促使他做出对立的安排。于是，在随后某天的后苑宴会上，天子作《钓鱼诗》一首，其中有"欲饵金钩深未达，磻溪须问钓鱼人"之句，暗喻自己是求贤的周文王，而吕端则是垂钓溪边的姜子牙。几天之后，天子的任免诏书传达下来，吕端升任宰相，而吕蒙正则罢相，出判河南府(治所在今河南洛阳)。[1]

吕端出生于五代后期，当时他的家乡安次(今河北安次西)已沦为契丹的势力范围。史书称，吕端自幼聪颖好学，以后因父亲做官而荫补入仕。宋朝建国后，因为他的兄长吕余庆是陈桥兵变中的功臣之一，在太祖朝官至参知政事，所以他最初仕途顺畅。吕端历任多处地方官，曾出使过契丹。太宗登基后，秦王赵廷美任开封府尹，吕端做了他的主要属官——开封府判官。当太宗出征北汉时，秦王本受命留守京师，吕端则对他劝说道：天子不顾风雨亲自吊伐，大王身居亲贤之位，应当上表随征。如今大王留居下来，恐怕是不合适的。吕端的建议极为明智，秦王听罢便恳求一同出师，天子自然满意

1　(元)脱脱等：《宋史》卷二八一《吕端传》、卷二六五《吕蒙正传》，第9514—9515、9147页。

地接受了皇弟的要求。[1]以后，因为受秦王府亲吏违法牟利事情的牵连，吕端遭到贬官。不承想，这次出贬却意外地使他逃脱了日后的株连。

太平兴国七年（982年），秦王赵廷美被告有不轨行为，随之被流放房县山中。与此同时，秦王府与开封府的大批属官都遭到严厉的惩处。在这一场惊心动魄的政治要案中，许多人的命运发生了巨大的变化：失意多年的赵普重返中书；告密者柴禹锡等人从下级官员摇身变为朝廷显官；秦王府属吏阎密等六人被斩杀街头，其家财被没收；许多与秦王有往来的官员被贬官流放，而宰相卢多逊也被无故牵连进去，出贬到天涯海角。[2]在这场变故中，太宗嫡长子、楚王赵元佐对朝臣们群起围攻的做法深为不满，不谙世情的他曾孤立无援地为皇叔说情，却无法说动太宗，为此他深感痛苦，郁闷不堪。当秦王惨死荒山的消息传入京城后，赵元佐再也经受不住强烈的刺激，精神崩溃，疯狂之下，他持刀随意伤人，并在雍熙中纵火焚烧宫室，终于被太宗废为庶人。[3]

当秦王事件发生时，吕端正在外地做官，他一定庆幸自己及时脱离了开封府。残酷的现实也必定使他懂得了保护自我的重要性，并在日后特别注意自己的言行。说起来，古时官场上有一句名言，即"难得糊涂"。可以说，面对险恶无常的政坛，

1　（元）脱脱等：《宋史》卷二八一《吕端传》，第9513页。

2　（宋）李焘：《续资治通鉴长编》卷二三，太平兴国七年四月丙寅、丙子，第516—517页。

3　（元）脱脱等：《宋史》卷二四五《宗室传二》，第8694页。

富有经验的官僚往往采取装糊涂的处事方式,来保护自己并对付政敌,乃至对待多疑的帝王,其效果常常比工于心计还要略胜一筹。吕端显然掌握了"糊涂"的精髓,他敛芒挫锐,在衙署中尽可能避免是非。吕端的这种处世作风不仅使他稳健地获得了升迁,而且又一次躲避化解了危险。

雍熙二年（985年）,由于楚王赵元佐精神失常,太宗只得考虑立次子陈王赵元僖为继承人。按照当时的惯例,陈王出任了开封府尹。结果,吕端再度被天子相中,调他做开封府判官。此后,吕端在开封府的职位上度过了八年时光,几乎可以说无声无息,因为史书上实在找不到有关他这段时间的什么事迹。

淳化三年（992年）冬的一天,已改封为许王的赵元僖突然身染恶疾,当日就毙命于王府之中。[1]太宗皇帝在经历了长子病狂折磨后,又遭此意外打击,痛苦之下便命令追究许王身边人的罪责。当负责审讯的御史和宦官来到开封府衙门时,吕端正在办公,得知自己将受到追查,他神情自若,对随员说:把帽子拿来。审判者发问道:何至于此?吕端从容回答:皇上下诏问我,我即是罪人,安敢在堂上回答使者?他随即退到大堂之下,一一回答了提问。事后,他被贬为卫尉少卿。恰巧此时,太宗对百官进行考核,凡天子不满意者,当即就被放为闲散之位。这些遭到贬责的官员被召入宫中后,都涕泣着向天子诉苦,所谓"以饥寒为请"。等到引进官宣召吕端进殿后,他深

---

[1] （元）脱脱等:《宋史》卷二四五《宗室传二》,第8697页。

深自责道：为臣我从前效命秦王府邸，因不能管束属吏，遭贬商州(治所在今陕西商县)，陛下重新提拔了我。而今许王暴毙，是与我辅佐不善有关，陛下不仅没有重责，还继续给以官位，为臣我实在是罪大而幸运了。现在如能得到颍州(治所在今安徽阜阳)副使之位，便是我的愿望了。这里所说的副使，包括节度副使和团练副使等，通常是专门用来安排遭贬官员的职位。听了吕端一席话语，太宗既觉得此人深明事理，也感到他有些冤屈，遂对吕端说：朕自然知道你的情况。不久，朝廷便恢复了吕端的官位，随后又将他提升为参知政事。

吕端进入中书后，继续保持含而不露的处世作风。据说，赵普曾对他有如下评语：吕公向天子上奏言事，获赏不曾喜，遇挫未曾惧，喜怒不形于言表，真有台辅之器啊！[1]深谙政治权谋的赵普，对吕端仔细观察之后也感到佩服。但在其他一些朝臣眼里，吕端那沉默寡言、没有棱角的举止，正是糊涂的反映。

太宗晚年，将皇储的问题视为头等大事，皇位要顺利平稳交接，必须有可靠的人来主持朝政，以保驾护航。此人须头脑清醒，能断大事，以坚定贯彻自己的意志和选择。此时，宰相只有吕蒙正一人，以往重用过的故相赵普已亡，另外不久前还用过的两位宰相李昉和张齐贤，一个已是七旬的平庸老臣，一个属性情粗放的汉子，两人显然都不符合要求。唯有一手提拔的状元吕蒙正还算满意，但所谓知子莫若父，知臣莫若君，吕

---

1 (元)脱脱等：《宋史》卷二八一《吕端传》，第9514页。

蒙正学养深厚、儒雅洒脱，却为人不够果决，危急时刻恐怕难当大任。因此，还得再启用一位宰相，这个人选当以吕端最为合适。

至道元年（995年）四月间，太宗未采用吕蒙正的意见，下达了任免诏书，吕端升任宰相，吕蒙正则罢相出局。

吕端出任宰相后，依然很少表态，史称：同僚们上奏多有异议，唯有他"罕所建明"。如至道二年（996年），西北重镇灵州（治所在今宁夏灵武西南）遭到党项人的围攻，形势极为紧张。太宗便召宰相吕端与知枢密院事赵镕商议对策，命令他们分别提出解决方案。然而，吕端却请求共同提出建议。于是，有官员上奏指责他缄口不言，是企图逃避责任。[1]太宗皇帝却不为所动，并打破旧制不再任命另一名宰相，这显然是表明天子对他寄予厚望，希望他能辅佐新近册立的太子——寿王元侃。以后发生的一切，证明了太宗在这一选择上没有失误。

至道三年（997年）三月间，太宗皇帝终于一病不起，朝政风云顿时出现微妙变化。据史书记载，太宗亲信的宦寺首领王继恩深忌太子英明，便暗中与参知政事李昌龄及知制诰胡旦等朝臣密谋，准备立楚王赵元佐继承皇位。平时谦恭礼让、很少表态的吕端，此时却拉下了糊涂的面具，每天都陪太子入宫询问天子的起居情况。当太宗病危之际，吕端入宫探视，发现太子赵元侃没有在宫中，便马上在随手携带的笏板上写下"大

1　（宋）李焘：《续资治通鉴长编》卷三九，至道二年五月辛亥，第834页。

渐"(即病危)两个字，派亲信随从持笏板火速召太子进宫。不久，太宗就驾崩于万岁殿中，时年五十九岁。

太宗皇帝刚刚去世，王继恩便请李皇后赴中书与宰相商议立新天子的事情。当王继恩前来通知吕端时，吕端将对方诱入太宗书房，随即将其锁于屋中。之后，吕端立即去见皇后。李后此时已同意王继恩、李昌龄等人的建议，遂对吕端说：皇帝驾崩，立后嗣应以长兄为先，此顺乎常情，现在怎么办？吕端答道：先帝立太子正是为了今天，岂容另有异议！李后毕竟是没有经验的妇道人家，听了宰臣强硬的回答，只能默不作声。于是，太子登殿即位，群臣入宫朝贺。细心的吕端望着垂帘后面新天子模糊的身影，还怕被太后实施"调包计"，就站在殿下不拜，请求卷起帘子，然后亲自登殿观看。当看清确实是太子元侃本人时，他才返身退到殿下，率群臣山呼万岁。[1]新天子即是真宗皇帝，时年二十九岁，以臣下习惯的说法，天子正是富于春秋之时。

在真宗即位期间面临重大威胁时，吕端当机立断，以过人的胆识化险为夷，从而为大宋立下了不世功勋，由此在当时及后世留下了"吕端大事不糊涂"的佳话。真宗入居宫廷后，自然对吕端感激备至，优礼有加，在军政大事上悉心听取他的意见。吕端也稍改昔日作风，向天子陈说时政急务，"皆有条理"。不过，天有不测风云，忠心耿耿的老臣到第二年夏天便

1　（宋）李焘：《续资治通鉴长编》卷四一，至道三年三月壬辰，第862页。

身罹疾病，无法正常出席肃穆有序的入朝仪式。天子考虑到吕端的身体状况，特下旨请他不必入宫参拜，只需每天去中书裁断即可，并且一再委婉地拒绝了他辞职的要求。

直到第二年十月，真宗才不得不批准了吕端的辞呈，给老臣加上太子太保的荣誉官衔，请他安心养病。按照惯例，大臣告病后，俸禄就应该中止，但天子又下特旨命令依旧发放。当吕端病重时，真宗皇帝还亲临其府探视慰问。然而，天不假年，皇恩虽然浩荡，吕端却不能继续享受，咸平三年（1000年）四月，终于无法挽救，撒手人寰。[1]

吕端从政一生，政绩平平，唯有在确保太宗选定的继承人顺利继位的问题上有突出表现，仅此一点，已足以使他成为名臣，理所当然地受到朝野的尊重。真宗皇帝更从吕端身上看到为人臣者忠心的可贵，安社稷者非如是文官大臣不可，至于粗鲁的武将自然不会有如此器识作为。当时，年轻的天子给了已故老臣一系列抚慰，诸如追赠高官、评定美好谥号以及录用其四子为官等，却无法进一步表达感激之心，因为大宋北疆正遭辽国攻击，而四川地区又发生军兵叛乱，成都失守。

2. 傅潜与王超

真宗登基初，除了对胆敢加害自己的个别人，如王继恩、

1　（元）脱脱等：《宋史》卷二八一《吕端传》，第9516页。

李昌龄及胡旦等贬责外，对宗室成员和文武百官则大行封赏。当时，北方的契丹虎视眈眈，西北崛起的党项人也不时抄掠边境。新天子意识到国防形势的紧张，遂留心兵事。于是，一批将领得到了不同程度的升迁，被太宗外放到地方的曹彬也被请回朝中，委以枢密使要职。然而，在深宫中成长起来的真宗皇帝，对兵戈并不熟悉，他所能做的事只能是遵守祖宗成宪，同时听取身边最信任的大臣，如吕端等文臣的建议。经过一番考察，他对将官中的两个人寄予厚望，这两个人便是傅潜与王超。值得一提的是，这两位武将都有太宗藩邸出身背景，为先帝朝禁军主要将领。

傅潜出生于冀州衡水（今河北衡水西），年轻时在当地从军。太宗当初做晋王时，非常注意招兵买马，傅潜有幸被选入藩邸，成为王府亲兵。太宗君临天下后，傅潜随之成为宫廷卫士和亲随。以后，他随天子出征河东和幽州，以战功屡迁至禁军左右厢都指挥使，加领云州观察使衔。可以说，在这一段时间里，傅潜在战场上还能主动出击，算得上是一员称职的将领。但此后，他的举止却发生了很大变化，在战场上不再能看到他冲锋陷阵的身影。何以会出现如此转变，其根由已不得而知，最可能的解释便是日益加剧的抑武方针给他以深刻的影响，促使他谨慎行事，乃至于逃避冲突。

雍熙三年（986年）第二次北伐时，傅潜随曹彬领东路军出师。北伐失败后，他也受到贬责。太宗皇帝对败军之将从来宽容，特别是对自己信赖的旧人更不会弃之不顾。于是，傅潜不久又得到重用，不仅出任殿前副都指挥使要职，而且获得了令武人垂涎的节钺之位。

端拱初，傅潜受朝廷之命到河北前线负责关键地区的防务。此时的他已完全接受了天子阵图的指导，宁肯损兵失地，也绝不越雷池一步。据说，当时前线形势紧张，傅潜感到兵力不足，就上奏请求增派援军。结果太宗皇帝派使臣给他送去两卷应敌阵图，告诉他援军就在纸上，对方如果怎样行动，就按阵图某一部分内容对付；敌军若变换打法，便照另一部分内容化解，等等。太宗的锦囊妙计究竟如何安排，后世已无人知晓，考虑到当时全面被动防御的实际情况，大可以设想它不过是一种回避或固守的对策，所以时后王安石才说：只有傅潜之流怯懦之将才肯接受阵图的指挥。[1]就这样，傅潜在北疆碌碌无为之中又获得了升迁，拜侍卫马步军都虞侯一职，而这一军职是当日禁军中地位最高的官位。[2]

真宗即位之后，对大行皇帝的整军方针悉心遵守，对原来的禁军主帅也继续给予信任，并给予不同程度的升迁。傅潜因此改领忠武军节度使，出任镇州（治所在今河北正定）、定州（治所在今河北定州）及高阳关（在今河北高阳东）都部署。当时，镇州、定州和高阳关所辖之地，西依太行山，东到雄州（治所在今河北雄县）西境，相当于河北御辽防线一半左右的地区。傅潜出任这一职务，就成为河

1　（宋）李焘：《续资治通鉴长编》卷二四八，熙宁六年十一月戊午，第6046页。

2　（宋）章如愚：《群书考索》后集卷四〇《兵门》，影印文渊阁四库全书本，上海古籍出版社1987年版，第937册，第565页。

北驻军的大帅，掌握有八万步骑大军，而这一现象在以往并不多见，足可以反映新朝天子对他的器重。然而，傅潜却因循昔日保守、传统的用兵之法，单纯防守，乃至于怯懦避战，终于使边民涂炭，国人失望，他自己也因此遭殃。

咸平二年(999年)九月，也就是傅潜到河北上任不久，契丹军队开始大举南侵，边关各镇纷纷告急。据记载，当时河北驻军抗敌热情高涨，将士们还自己打制了铁鞭、铁锤等兵器，做好了迎战的准备，但坐镇在定州高大坚固城池中的傅潜却拒绝了手下出战的请求，他命令部属们婴城自守，所谓"潜畏懦无方略，闭门自守"。不仅如此，他还对敢于当面请战者，以丑言骂之。[1] 由于傅潜的避战，契丹骑兵冲过水田、柳林，深入河北腹地。此时，傅潜的行为竟固执得不可思议，无论是朝廷派出使臣督促出师，还是其他几路军赶来会师，他都按兵不动。大将范廷召愤怒不过，讥讽他怯懦还不如一妇人。傅潜听了虽感到羞辱难堪，却依旧不予应答。另一位将官屡次劝他，傅潜竟笑着说：敌军攻势如此猛烈，我与其角斗，只能挫我锐气。[2]

当年年底，真宗为了鼓舞前线将士斗志，下诏亲征，同时要求各路军队出师抗敌。在此局面之下，傅潜才勉强同意发兵进攻。他分给范廷召一万士卒，令其从高阳关出击，自己随后增援。然而，当范廷召和高阳关守军将领康保裔与契

1　(元)脱脱等：《宋史》卷二七九《傅潜传》，第9473—9474页。
2　(宋)李焘：《续资治通鉴长编》卷四五，咸平二年十一月丁卯，第972页。

丹军血战时，傅潜却畏惧不敢出战。结果，迎战的部队惨败，康保裔战死。傅潜的表现实在是太过分了，驻跸大名（今河北大名）的真宗深感失望。史书记载，傅潜不仅逗留不前，拒绝向各处增援，而且对部下取得的个别战果也压抑不报。傅潜没有意识到，自己的这些做法大伤了真宗的面子，亲征多日的天子在始终听不到捷报的情况下，便对他产生了极大的怨气，于是派禁军大将高琼单骑持诏书到军前取代了他，然后将其逮捕下狱。[1]

在大名城狱中，几名官员受命对傅潜进行审讯，当天晚上就做出了斩首的判决。此时，百官都认为应该按照判决执行，还有许多朝野人士也上书要求对他处以死刑，以追究其罪责，并以此警告那些畏死避战的武官。然而，真宗皇帝却下诏免去傅潜的死罪，将他连同另外几位免死的败军将领撤去官爵，流放内地。天子的诏令宣布后，"中外公议无不愤惋"。[2]

宋朝天子对败军之将从来宽恕，太宗对导致杨业全军覆没的将官潘美、田钦祚等人，也不过予以贬官、流放的处分。可以说，武将们只要没有从事犯上作乱的活动，其他任何因失职导致战场失败的事情，都不会赔上性命，更何况那些素来恭敬顺从、遵守阵图的亲信将领。这一现象，在以往的王朝历史上是极为罕见的。如三国时，诸葛亮将丢失街亭的大将马谡开刀

1　（元）脱脱等：《宋史》卷二七九《傅潜传》、卷二八九《高琼传》，第9474、9693页。
2　（宋）李焘：《续资治通鉴长编》卷四六，咸平三年正月乙酉，第986—987页。

问斩；唐朝时，玄宗皇帝更不顾因自己错误指挥而造成失败的事实，将前军统帅封常清、高仙芝推上了断头台，诸如此类的事例，不一而足。于是，严厉的军法成为战场上高悬于武官们头顶的一把锋利的尚方宝剑，促使他们不敢轻易以身家性命冒失职的风险，宁肯为国捐躯于沙场，也不愿受辱于刑场。

在处理傅潜等人时，真宗皇帝未尝不会想到读过的史事，但先帝创设的各项治军法则实施已久，已深入朝廷的方针大政之中，而成为不可动摇的一种观念。既然在大宋之内提倡崇文抑武的风气，要求武臣们安分守己、循规蹈矩，禁止他们穷兵黩武、邀功请赏，又如何能对他们提出苛刻的要求？总不能将他们都逼上绝路。新登基的天子没有更改祖宗成宪的勇气，自然也就沿用了昔日处理败将的做法。而傅潜不死，又进一步败坏了军纪，所谓"宋于是乎失刑矣"。

傅潜在房州（治所在今湖北房县）流放地居住了三年，遇到大赦，便与家人迁往汝州（治所在今河南临汝）。两年后，天子宽恕了傅潜犯过的罪责，给他以左千牛卫上将军的安慰性官衔，允许他到西京洛阳赋闲。当真宗以后西巡洛阳时，想起了冷落多年的傅潜，又令他返回开封，授以左监门大将军之职，还安排他负责京城内一部分治安事务。天禧元年（1017年），傅潜病死于开封城内。[1]

王超的经历、作风与傅潜差不多，只是结局没有那样差。

1　（元）脱脱等：《宋史》卷二七九《傅潜传》，第9474页。

据史书称，当他在太祖朝从军时，虽尚未完全成年，却已身高七尺有余。宋代一尺约合今天的0.31米，如果史籍记载无误的话，王超的身高应超过2.17米。显然，鹤立鸡群的身材使他成为军营中引人注目的一员，也许正因为这一点，当时做开封尹的晋王赵光义看中了他，将其召置自己麾下。太宗登基称帝后，让这位长身军人做了宫廷卫士。以后，王超深得天子宠信，虽无值得称道的战功，却不断获得升迁。淳化中已获得河西军节度使的高位，并出任殿前都指挥使的要职，[1]成为大宋禁军主帅之一。

王超给天子以及百官的表面印象是高大勇武，其实他的性情却非常温和，对部属又极为宽厚。例如，在某次休假之日，他与另一位大将经过一处军营，驻军武官没有及时出迎，同行那位大将便下令予以惩罚，而他深以为不然，反对施用鞭刑。但是，王超作为军队统帅，却有致命的弱点，即临阵慌乱、缺乏谋略，所谓"拙于战斗"。[2]

在至道二年（996年）夏季以后，朝廷为了压制日益壮大的西夏党项势力，分派几路大军前往西北征讨，其中王超受命从夏州（治所在今陕西横山西北）出击。当他领六万兵马西行到乌白池（在今陕西定边西北）时，遇到了敌军。眼见西夏骑兵来势凶猛，王超便畏惧不敢向前。当时，他的儿子王德用年仅十七岁，作为先锋将

1　（元）脱脱等：《宋史》卷五《太宗纪二》，第99页，卷二七八《王超传》记载王超为殿前都虞侯，有误，第9464—9465页。

2　（元）脱脱等：《宋史》卷二七八《王超传》，第9466页。

随其出征，就向父亲请战。王超遂分给其子五千多士兵，由他出战。结果，年轻果敢的先锋将转战三天，将敌军击退。回师时，王德用又对父亲说：军队回撤，经过危险地带时必乱。于是，王超又派其子监护大军班师行动。王德用便领一部精兵先期赶往夏州城北险要之处，然后对随之而来的大队人马下达了"敢乱行者斩"的命令，一时全军肃然，连当主帅的父亲也未敢擅自行动。果不其然，李继迁率军尾随追来，看到宋朝军队全然不乱，才未敢贸然发动进攻。[1]

正是这样一位怯于作战的王超，太宗却深为器重，其主要原因便在于他非常顺从，对天子的指令从不违背。就在此次军事行动中，另一路军的大将李继隆接受了部将的建议，没有遵照天子设计的舍近求远的路线行军，而指挥军队直接攻击西夏军的大本营。当天子闻知此事后，马上派人带手诏前往阻止。当时，太宗皇帝对另一位禁军大帅傅潜说：布阵乃兵家大法，非同寻常，竟然有小人轻议朕所安排计划，实在不应该。朕自己设计阵图，授予王超，令他不得随便示人。等王超回来时，你可以把阵图取来观看。[2]的确，从服从命令这一点来看，王超完全符合天子要求，而这在当时又是朝廷评定武将的首要标准。

真宗称帝之日，对包括王超在内的一批先帝信任的将帅继续加以重用。王超对真宗还有翊戴之功，所以被加封了检校太

1　（宋）李焘：《续资治通鉴长编》卷四〇，至道二年九月己卯，第851—852页。

2　（宋）李焘：《续资治通鉴长编》卷四〇，至道二年九月己卯，第852页。

傅的荣誉官衔，并改授略含有升迁意义的天平军节度使。新天子对先帝一手提拔起来的王超给以极大信任，让他依旧担任殿前都指挥使的要职，主管京师禁军。

咸平二年（999年）七月，朝廷得到来自北疆的情报，称契丹人打算利用本朝新旧交替之际大举南犯。真宗皇帝与大臣们会商后，做出了相应的准备，分派将帅前往河北前线备战。八月中，天子又下令举行一次大规模的阅兵仪式，以向天下表示朝廷抗战的决心。负责这次阅兵活动的总指挥就是王超。

王超在战场上的表现虽然不佳，但他对军队有关的各种典礼活动却非常熟悉，操作起来得心应手。为了完成天子下达的这次阅兵的组织工作，他首先会同有司选定了京城东北郊的东武村一带作为广场，对场地进行了必要的修整，筑起了高高的检阅台，以便能容纳天子、百官及二十万大军的活动。随后，他又督率诸将对士卒进行多种队列训练，一切都以他手中的令旗为行动指南。同时，诸般旗帜、金鼓也都一一派上用场。当各项准备工作就绪之后，真宗皇帝选定了日期。当天半夜时分，王超率领殿前、侍卫马军及步军司的二十余万大军出京师各城门，浩浩荡荡向东武村进发，直至天明才全部结束。当天空完全放亮后，真宗着戎装，骑御马，在宗室王公、文武百官和大批亲军的护驾下，出东华门前往检阅广场。接下来的一切，都按照预先安排的程式进行，大致没有什么差错。但见一望无际的军阵，在王超五方令旗的调遣下，进退自如，变化万端，尤其是二十万张口在指挥官的指令下，高呼万岁，声震天地，场面极其壮观。检阅结束后，年轻的皇帝对王超的表现深感满意，便对他夸赞道："士众严整，戎行练习，卿之力也。"[1]

当真宗皇帝亲自统率大军出巡河北时，王超出任先锋将。王超等将领临行前，没有任何战场经验的天子也效法先帝的做法，赐给诸将作战阵图，所谓"内出阵图示超等，令识其部分"。[2]这次天子亲征行动虽然声势浩大，但由于傅潜等将帅临阵畏战，并没有取得可观的战果。

到第二年初，契丹人撤军，范廷召等部分将领乘机领兵追击，在莫州（治所在今河北任丘）以东取得了一场胜利。据送达大名行营的战报称：斩敌万余，救出被掳掠的老幼数千。从当时双方交战的情况来看，这一战果显然被夸大了，就连宋朝的史家也深表怀疑。[3]

当时还发生了一场可笑的战斗，十足说明大宋武官的怯懦无能。就在对手撤军期间，贝州（治所在今河北清河）和冀州（治所在今河北冀县）行营副都署王荣接到追击敌军的诏令后，因为素来胆小，所以带着五千余骑兵徘徊数日，不敢主动进攻。当这位胆怯的将军打算乘对方渡界河之际采取行动时，又听说有数千敌骑还驻于泥沽寨一带（在今天津市区东南），于是，他便放弃了原来的计划。为了搪塞朝廷，王荣遂率领部属到界河南岸自己一方奔跑

1　（宋）李焘：《续资治通鉴长编》卷四五，咸平二年八月丙寅，第960—961页，参见陈峰、刘缙著《北宋讲武礼初探》，《清华大学学报》（哲学社会科学版）2007年第5期。

2　（宋）李焘：《续资治通鉴长编》卷四五，咸平二年十一月辛酉，第970—971页。

3　（宋）李焘：《续资治通鉴长编》卷四六，咸平三年正月乙酉，第987页；（元）脱脱等：《宋史》卷二八九《范廷召传》记载的战果更为夸张，第9698页。

了一番，然后迅速后撤。据记载，在往返界河南岸的过程中，他与部下昼夜急驰，唯恐遇见契丹骑兵，结果战马因饥饿疲劳而损失了近一半。此事被反映到行营后，真宗对死去的马匹痛惜不已，专门派出使者前去掩埋，而对王荣的行为却未加追究。说起来，这位王荣也是太宗藩邸旧人，不仅怯懦无能，而且贪婪无德。他在驻守地方时，侵占官田种植蔬菜；朝廷发下来的犒赏钱，他也很少分给部下。据说，他还将年老的母亲弃之不顾。即使名声如此不佳的武官，在真宗称帝后，依然得到了提拔。[1]

至此，亲征之举宣告结束，并没有在战场上实际拼杀的王超取代了被问罪的傅潜，由殿前都指挥使迁为侍卫马步军都虞侯，出任镇州路行营都部署，继续驻守河北。第二年秋，他又以镇州、定州及高阳关副统帅的身份，与主帅王显共同负责前线防务。当年十月间，前锋将官张斌在长城口（在今河北徐水西北）取得了一场胜仗，当时，王超与王显并没有及时乘胜追击，而是留在数百里以外高深的城池中。即使如此，天子还是给予王显、王超等大帅以奖赏。[2] 以后，王超取代王显为主帅，继续主持定、镇二州及高阳关等地防御。

咸平六年（1003年）四月间，在一场与契丹军队的激战中，由于王超没能及时出兵增援，导致副统帅王继忠孤军奋战，最终

1　（宋）李焘：《续资治通鉴长编》卷四六，咸平三年正月庚寅，第988页；(元)脱脱等：《宋史》卷二八〇《王荣传》，第9500页。

2　（宋）李焘：《续资治通鉴长编》卷五〇，咸平四年十一月丙子、戊寅，第1082—1084页。

陷入重围之中。事后，两名偏将被作为替罪羊押送到京师受审，王超则没有受到朝廷的追究。[1]在咸平后期，大宋边疆狼烟四起，特别是河北防线受到强大的契丹军队的不断打击，边民流离失所，城乡屡遭蹂躏，而朝廷的大军却无力将敌军拒之国门之外。王超作为当时北线方面军主帅，只能困守几座重镇，不敢率军主动出击，实负有不可推卸的责任。只是天子再也找不出其他信得过的大将取代他，才使他继续得以留任。

景德元年（1004年）秋，辽国萧太后与辽圣宗亲自统率二十万大军南下，一路势如破竹，不到两个月就兵临开封以北的重镇澶州（治所在今河南濮阳）城下。在如此国难当头之际，王超手持天子诏书，"按兵不出战"，使对方气焰愈加嚣张。不久，再次准备亲征的真宗皇帝下诏各地驻军勤王，其中特别召王超带军赶往天子行营。可是，王超因畏敌惧战，迟迟不敢行动，从而造成严重的后果，"逾月不至，寇益南侵"。[2]以后，因朝廷与契丹人相互妥协，订立了"澶渊之盟"，战火才告结束。休战后，真宗对王超只给予撤销三路统帅的薄责，改封他为崇信节度使，令其到内地做官。

王超最终病死于知青州（治所在今山东益都）任上。他的死讯传入京师后，天子先后赠给这位前禁军大帅以侍中、尚书令的隆高官衔，并追封他为鲁国公，礼官们则给他取了武康的谥

1　（元）脱脱等：《宋史》卷二七八《王超传》，第9465页。
2　（宋）李焘：《续资治通鉴长编》卷五七，景德元年闰九月癸酉，卷五八，景德元年十一月壬申，第1265、1284页。

号。[1]与傅潜相比,王超实在是幸运得多了。然而,他一生的表现,却使大宋的武士蒙受了更多的屈辱,成为世人藐视将士的最好例证。

3. 灵州失陷与澶渊之盟

真宗做天子的最初几个年头,天下正处于多事之秋,突如其来的一系列边患、内乱使年轻的皇帝陷入了疲于应付的困境之中,受到了严峻的考验。

在咸平初及随后的几年间,契丹人不时兴兵南犯自不用说,而当时四川及西北边陲也战火不息。其中四川自太祖朝归入大宋版图之后,一直动荡不安,先后出现过上官进、全师雄、杜承褒及李仙等人发动的造反活动。造反者曾攻陷过成都、渝州(治所在今重庆)等重镇。太宗朝淳化四年(993年),四川又爆发了声势浩大的王小波、李顺起义,不仅席卷几乎全川地区,而且在成都建立了与朝廷相对立的大蜀政权,直到至道元年(995年)才被镇压。历史上素来有割据立国背景的川蜀之地,对朝廷来说始终是块心病,当地文武官员又常常不能妥善治理,或苛剥百姓,或欺压士卒,从而导致那里战火不息。

咸平三年(1000年)初,由于益州(治所在今四川成都)兵马铃辖符昭寿虐待部下,于是愤怒的士兵们推举军校王均造反,又在成都

1　(元)脱脱等:《宋史》卷二七八《王超传》,第9465页。

建立起大蜀国。此时,真宗正亲临河北大名城,督促傅潜等将领御辽。后院起火的消息传到行营,天子只得又匆忙安排官员带兵赶往四川。川蜀的战事一直延续到是年冬天,才基本结束。[1]而就在此后不久,朝廷又在西北丧失了军事重镇灵州(治所在今宁夏灵武),使大宋的西北边防陷于极为被动的局面。

当时朝廷在西北地区遇到的劲敌,是已逐渐强大起来的党项势力,其领袖便是令守边将军们为之头痛的李继迁。党项人自唐朝末年在首领拓拔思恭的领导下,开始活跃于今天陕北一带。以后,拓拔思恭因出兵助唐镇压过黄巢农民军,被封为定难军节度使、夏国公,并获赐唐家天子的李姓,拥有夏州(治所在今陕西横山西北)、银州(治所在今陕西米脂西北)、绥州(治所在今陕西绥德西北)、宥州(治所在今陕西靖边西)及静州(治所在今宁夏永宁东北)等五州之地。五代时,内地战乱不已,李氏统辖的党项部落得以稳定发展。到宋朝太宗完成内地统一后,党项李氏家族深感难以割据下去,遂在太平兴国七年(982年)五月,由其首领、定难军节度使李继捧举族赴开封,向朝廷献土。[2]西北割据势力的问题似乎就这样被轻松解决了。然而,李继捧的族弟李继迁却不甘心归顺宋朝。

李继迁在本族大首领迁居开封舒适、豪华的宅第后,便乘机填补了其在部族的权力真空。他号召部民,组织亲信,拒绝

1　(元)脱脱等:《宋史》卷二七八《雷德骧传附雷有终》,第9457—9462页。
2　(宋)李焘:《续资治通鉴长编》卷二三,太平兴国七年五月己酉,第520页。

接受宋朝的统治。于是，战火便在荒凉的黄土高原上燃起。当时，宋朝对这支规模不大的党项势力颇为轻蔑，派军队进行过几次征讨，虽取得了某些胜利，但却没有继续深入荒漠追击，这就使得李继迁及其骁勇的骑士们生存了下来。以后，李继迁投靠了北方的辽国，契丹人也想利用他在西部牵制宋朝，便册封他为西平王，并将义成公主下嫁给他。从此，李继迁号称西平国王，逐渐成为宋朝在西北方的劲敌，而宋朝人又习惯称党项人为西夏。

太宗晚年时，曾派几路大军征伐过西夏，然而却在劳而无功的情况下收兵。面对宋朝将帅王超、李继隆等人的怯懦退缩，李继迁大胆地发动了进攻，并于至道二年（996年）五月对宋朝西陲要地——灵州展开了围攻。[1]

防守灵州成为一场旷日持久的消耗战。孤悬于西北尽头的灵州，虽有数万军民驻守，但由于远离内地，交通线时常被西夏军切断，军饷供应极其艰难，所以，太宗在世时就曾一度打算放弃灵州。[2]真宗登基后，先后数次派军队征讨李继迁，同样没有收到很好的战果，而增援灵州城的军民损失惨重。那位在真宗亲征河北期间躲避辽军、累死数千匹战马的王荣，于咸平三年（1000年）十月领兵护送军饷支援灵州，结果在途中被西夏军打得大败，死伤无数，物资全部丢失。事后，真宗仍免了王荣

1　（宋）李焘：《续资治通鉴长编》卷三九，至道二年五月辛丑，第833页。

2　（宋）李焘：《续资治通鉴长编》卷三九，至道二年五月壬子，第838页。

的死罪。[1]

到次年的年底，西北边防形势日趋紧张，宋朝一方面对生活于河湟一带的吐蕃部族加以招抚，动员强悍的吐蕃骑兵进攻西夏，并允诺有能生擒李继迁者，授以节钺，再赐给大批白银、锦帛及茶叶；有能斩李继迁首级者，授观察使，同样赐给财物。另一方面，宋朝不断讨论压制西夏的对策，于是有戍边官员建议在绥州修筑城堡，"以遏党项"。当这一议案报到京师后，大臣们议论不一，宰相吕蒙正与参知政事王旦等人对此持反对意见，另一位宰臣李沆认为建议虽有价值，但实施起来恐怕劳民伤财，而枢密院的长官多倾向支持修筑绥州城。结果，朝臣们在开封城内争吵不已，"互执利害，久而未决"。天子不得不派出使者前往当地进行实地考察。[2]不久，又派王超为大帅，领六万大军营救被围已久的灵州，而这支援军又分别由驻扎于西北各地的若干支队伍组成，行动起来既不集中，又颇为迟缓。宝贵的时间就这样一天天失去了。

到咸平五年（1002年）三月间，也就是真宗派王超出师增援后的第三个月，灵州城终于沦陷。据史籍记载，内客省使、顺州团练使裴济当时任灵州知州，他在两年的任期内加强防御，组织屯田，艰难地支撑着城防。当与外界联系的饷道断绝后，一时"孤城危急"，裴济刺指写血书求救，但朝廷内部的争议尚

1　（元）脱脱等：《宋史》卷二八〇《王荣传》，第9500页。

2　（宋）李焘：《续资治通鉴长编》卷五〇，咸平四年十二月丁未，第1089—1090页。

未结束，王超的大军也迟迟没有来到。就这样，在李继迁倾全力攻击的情况下，灵州城失守。消息传到京师开封后，宰相率群臣上表请罪，真宗皇帝则下诏安慰百官，表示理解臣下不安的心情。同时，天子又立即下诏给行军到环州（治所在今甘肃环县）的王超，令他退师到陕西关中。[1]

灵州的失落，对宋朝国防来说实在是一件影响深远的重要事件。这件事带来的直接结果是：一方面西夏拥有了灵州一带黄河两岸富饶的土地，大大增强了实力；另一方面党项人获得了向南方和西部发展的机会，并可以阻断朝廷与河西地区的联系。如此一来，双方在前线的力量对比发生了重大变化，形成了西夏咄咄逼人的态势。而潜在的影响，随着时间的推移也日渐暴露，其给宋朝国防带来的危害，更为持久。首先，居住在今天青海西宁周围及其以东广大地区的以吐蕃族为主的众多游牧部族，逐渐受到西夏的一定控制，弥补了党项兵力不足的弱点，而宋朝在这里的传统影响日益被削弱，其危害到仁宗以后愈益暴露；其次，灵州的沦陷使汉唐以来久负盛名的牧马基地失落，很快就使宋朝军队的战马供应出现了紧缺。为了解决马匹不足的问题，朝廷不得不一方面向西北少数部族购买，另一方面则在内地建立牧场，饲养马匹，而这两种措施都不能根本解决问题。由于茶马贸易成本太高，所以购马数量有限，每年不过一万匹左右；内地牧场上养出的马不仅品质不

1　（宋）李焘：《续资治通鉴长编》卷五一，咸平五年三月甲辰、己酉，第1118页。

高，而且数量又上不去，其所花费的代价也同样非常之大。[1]这便严重地影响了宋朝骑兵队伍的发展，而骑兵兵种的衰落，又使朝廷在对西夏和契丹人的正面野战中处于明显的劣势。到仁宗朝时，有人便指出：现今天下马军，大约十人中不足一二人有战马可骑。[2]这一切后果的出现，又都与灵州城的失陷有密切的联系。

边疆危机假如仅仅表现为灵州城失落的话，那么还不至于搅得朝堂之上一片恐慌，天子也不会忧虑到寝食不安的地步。但就在灵州之役刚刚使朝廷蒙受了巨大损失的两年后，又一场更为严重的边患几乎导致宋朝迁都南渡。

景德元年（1004年），实在是一个多事的年份。在这一年的二月中旬，西北前线传来了令人喜出望外的消息：李继迁在西凉（今甘肃武威一带）拓地时，遭到吐蕃六谷部大首领潘罗支的突然袭击，中箭而亡。如此重要的喜讯令宋廷感到鼓舞，也使几天前京师大地震引发的不祥气息得到了平息。[3]然而，时隔一个月，皇太后就因病驾崩，真宗皇帝悲伤多日，竟不能举行正常的朝会，直到宰相李沆率群臣连上五道表章，他才恸哭着接见了臣下。[4]到四五月间，河北邢州（治所在今河北邢台）、瀛州（治所在今河北河间）等地连续发生大地震，朝廷不得不对灾区的租税减半征

1　（元）脱脱等：《宋史》卷一九八《兵志十二·马政》，第4928—4936页。

2　参阅王曾瑜《宋朝兵制初探》，中华书局1983年版，第264页。

3　（宋）李焘：《续资治通鉴长编》卷五六，景德元年正月壬子、二月丁巳，第1228页，正月乙巳，第1227页。

4　（宋）李焘：《续资治通鉴长编》卷五六，景德元年三月乙巳，第1232页。

收。[1]七月中，宰相李沆染疾而亡，真宗亲临李府慰问，睹物思人，天子竟失声痛哭。[2]进入八月以后，河北前线像往年那样不时送来了契丹军队准备南犯的情报，真宗也照例下诏沿边各路屯军加强防秋。[3]出乎朝廷预料的是，此次对方的来犯竟是一场蓄谋已久的行动。

是年闰九月间，执掌朝政的辽萧太后与辽圣宗亲领二十万主力南下。由于河北前线主帅王超按照天子以往所赐阵图，只顾婴城自守，而不敢阻击对方军队，[4]从而使契丹大军迅速冲过重重设防地区，兵锋直逼黄河北岸。此次辽军行动，与昔日明显有所不同，他们并不攻城略地，而是长驱直入，稍遭抵抗便绕道南行，可谓"其志不在小也"。

当敌军深入内地的消息传到开封后，朝堂内外出现了一派紧张、混乱的气氛。一天，参知政事王钦若秘密求见真宗，竟建议天子巡幸金陵（今江苏南京），以避危难。随之，签书枢密院事陈尧叟也请求皇帝离开京城，到古来常常为中原帝王避难场所的成都去。面对这两位大臣的提议，原来已紧张不安的真宗皇帝愈加恐慌，几乎丧失了反抗的意志，考虑南渡避祸。[5]所幸的是，当时文臣武将中还有头脑清醒又不乏胆识者，其中的代表人物便是寇准。

1　（宋）李焘：《续资治通鉴长编》卷五六，景德元年七月丙戌，第1243页。

2　（元）脱脱等：《宋史》卷二八二《李沆传》，第9540页。

3　因历史上北方游牧民族常利用秋季南攻，所以中原王朝习惯称此时的防务为"防秋"。

4　（宋）李焘：《续资治通鉴长编》卷五七，景德元年闰九月癸酉，第1265页。

5　（宋）司马光：《涑水记闻》卷六，第113—114页。

寇准出生于华州下邽（今陕西渭南市以北），少年时代便怀有英雄志向，他不仅有同时代大多数学子拥有的那种勤学的特点，而且又有一般文人身上较少的豁达直率的性格。十九岁时，寇准就博得了进士功名。有这样一段记载颇能说明寇准的品格：他在太宗朝参加科考时，有好心人告诉他，天子素来不喜欢年少的举子，以为年少者多轻狂，故每每在殿试过程中将其逐出，所以建议他虚报岁数。但他却回答道：我刚步入进取之路，怎么可以欺君呢？

寇准入仕后，曾在地方和京城出任过许多官职，以直言敢谏出名。据说，他在京师任枢密直学士等职之时，曾在宫中议论时事，因语言不合太宗心意，太宗愤怒地站起来，欲离开座位。此时，寇准竟然上前拉住龙袍，请天子重新坐下，直到把自己的意见表达完，他才退出大殿。太宗深为他的赤诚所感动，对近臣说：朕得寇准，犹如唐太宗之得到魏征。[1]魏征是唐初名臣，以直言敢谏名闻于史，天子将他喻为当世魏征，足见对其十分器重。淳化二年（991年），寇准已迁任枢密副使，当时他年仅三十一岁，成为臣僚眼中的少年得志者。但两年后，他却因遭人攻击而离朝。

太宗晚年一直未立太子，这便引起了朝臣们的忧虑，唯恐天子一旦谢世，朝廷将会因嗣位之争，陷入一场政治危机。于是，一些官员上书请立皇嗣，结果引起了猜忌心极重的太宗

---

[1]　（元）脱脱等：《宋史》卷二八一《寇准传》，第9527页。

的不满，将他们贬斥外地。[1]淳化五年（994年），太宗又想到寇准，遂宣召他回朝任参知政事。当天子向寇准询问立太子事时，寇准耐心地加以劝说，终于使太宗确定立寿王为太子。

寇准重返庙堂后，出任的虽只是副宰相之职，但因有天子的格外信任，其影响力非同寻常。像在决定中书大政及其他重要事务上，他都有很大的发言权，因为此时唯一的宰相吕端和几位执政大臣也是在他的引荐下获得重用，故他们对这位天子亲信相当谦让。不过，寇准的个人风格与当时大多数科举出身的文臣不很相同，与吕蒙正、吕端及李沆等大臣相比，他性格外向，身上缺少谨慎持重的色彩，性情又过于刚直，做事常常不顾及同僚及下属的脸面，所以引起了许多人的不满。至道二年（996年），他终于再度因为遭人非议而离开京城。[2]

真宗登基后，因感念寇准在自己被为立太子的问题上出过力，遂屡次迁其官衔，咸平中又将他调到开封府做权知府。到咸平末年，再任命寇准为三司使。景德元年（1004年）七月，唯一的宰相李沆病逝，中书一时无人支撑。真宗也许是考虑到处于国难当头的局面下，谨小慎微者难当大事，所以想起用果敢、有胆识者替自己分忧。于是，真宗打算让寇准从三司使的职位上直接升为宰相，却又担心遭到臣下的议论，便先将翰林侍读学士、兵部侍郎毕士安迁为参知政事，一个月后，再同时任命

1　（元）脱脱等：《宋史》卷二八五《冯拯传》，第9608页。

2　（元）脱脱等：《宋史》卷二八一《寇准传》，第9528—9529页。

毕士安与寇准为宰相。据说，毕士安曾对真宗说：寇准天资忠义，能断大事，为臣我不如他。真宗反问道：听说寇准性格刚强，好使气，怎么办？毕士安便答道：寇准忘身殉国，故不为流俗所喜。当今北敌跳梁未服，正是使用寇准之时。[1]

寇准入主中书不久，便遇到了契丹军队大举南犯的事。面对朝堂上众多请求天子南渡的议论，寇准深不以为然。在他看来，历史上无数类似的例证已反映了这样一个铁的事实：在出现北方强敌威胁的形势下，如果皇帝带头南逃，必然造成军心涣散、防线崩溃乃至于丧失北方，最终偏安江左的后果。以当时宋朝幅员之辽阔、人口之众多、财力之雄厚以及军队之庞大，虽不至于能北上灭亡契丹，但进行一场全国性的持久抗战，尚不成问题。五代后晋末年，契丹国主耶律德光曾领兵攻入开封，似乎已控制了中原，却在内地军民的反抗下被迫回撤。所以，寇准要求天子再次做出亲征的决定，以鼓舞前方将士的斗志，将来犯者驱逐出境。

于是，当真宗皇帝向他征求南迁意见时，寇准明知王钦若和陈尧叟两位大臣一个是江南人，一个是四川人，所以提议避难金陵和成都，却佯装不知，故意对天子说：谁为陛下出此之策，罪可诛杀。今陛下神武，文武齐心，如若大驾亲征，敌人自当逃遁。纵然不能马上败敌，也可以出奇兵以乱对方军阵，坚工事以劳其师，彼劳我逸，最终我必胜算。怎么能弃太庙、

1　（宋）李焘：《续资治通鉴长编》卷五六，景德元年七月己丑，第1244—1245页。

社稷不顾而去南方，到那时人心崩溃，敌兵乘势追击，天下还能再保吗？听了寇准这样深入的分析，真宗终于被说动了，遂下决心亲征。[1]

据史书记载，真宗向天下颁布亲征诏书后，在百官和军队的保护下来到澶州（治所在今河南濮阳）南城下时，又犹豫起来，因为敌军的先锋已在北岸展开了攻势。澶州城古称澶渊，夹黄河南北岸形成两座城池，为京师开封府以北重镇。真宗毕竟不像祖宗那样经历过沙场考验，所以只答应进驻澶州南城，而不愿渡河入北城。随行的文官大臣因恐惧也都反对继续北上。寇准反复劝说天子道：不渡黄河不足以鼓舞士气，也不足以震慑敌军气焰；况且各路大军不断赶来，大可不必疑虑。然则真宗依旧不愿再向前行走。

当时，支持寇准的只有殿前都指挥使高琼等少数武将。寇准遂对高琼说：太尉受国厚恩，今日怎么报答？勇敢的高琼回答道：我是武人，愿意效死。之后，高琼向真宗表示坚决支持寇准的意见，[2]又对天子说：陛下不赴北城，北城的百姓如丧考妣。站在天子身边的签书枢密院事冯拯立即喝道：高琼休得无礼！此时，高琼再也压抑不住心中的怒火，反唇相讥道：你以文章起家做了二府（即中书与枢密院）大臣，如今虏骑出没如此，你还在责备我无礼，君何不赋一诗咏退虏骑邪？史书上没有记录

1　（元）脱脱等：《宋史》卷二八一《寇准传》，第9530页。

2　（宋）李焘：《续资治通鉴长编》卷五八，景德元年十一月壬申，第1285页。

冯拯做何反应，但面对如此话语，素来自视甚高、目中无武人的文臣们，想来也应羞愧得无言以对。这样，真宗只得同意渡河，不过当御辇来到两城之间的浮桥前时，他再度犹豫起来。见此情景，忠诚果敢的高琼上前用手杖敲打辇夫背部，一边敲打，一边喝道：为何不快走！现已至此，还疑惧什么？无可奈何之下，真宗只得命令辇夫踏上浮桥。[1]

正如寇准等人所预料的，当天子的黄龙大旗在澶州北城上竖起后，黄河北岸的守军顿时高呼万岁，"声闻数十里，气势百倍"。的确，在广大将士看来，皇帝能不顾御体安危来到前线，自己作为军人又有何惧！于是，军队抗敌的斗志空前高涨，与辽军展开了殊死的搏斗。

在澶州城的日子里，寇准受命全权调度军队作战，有效地挫败了辽军的攻势。为了打消天子的紧张与顾虑，他便发挥自己的特长，多次在营帐里与下属饮酒作乐，一副满不在乎的样子。真宗私下里派人探视到此情此景，便放松了紧张的心情，自我安慰道："寇准如此，我又何忧？"[2]另有宋人笔记描写道：天子在澶州城期间，每天都派人暗中了解寇准的动静，得到的报告或称寇丞相白昼沉睡，"鼻息如雷"，或称他刚令庖人下厨宰鱼。看到他起居如常，天子遂为之心安。[3]外人眼里的这些举止，大有昔日东晋宰相谢安超然坐镇淝水的风采，其实不过是

1　（宋）司马光：《涑水记闻》卷六，第114页。

2　（元）脱脱等：《宋史》卷二八一《寇准传》，第9531页。

3　（宋）邵伯温：《邵氏闻见录》卷一，第7页。

寇准有意安抚天子的一种方式。而他所付出的各般操劳，却未必为天子所知。

如此一来，契丹人便陷于进退维谷的地步，加之不久前，其先锋大将挞览在澶州城下中床子弩（一种连发弩）而死，[1]其士气已受到挫伤，继续进攻很难获得大的进展；而孤军深入宋朝内地，远离自己的后方，又有退路被切断的危险。在此局面下，辽萧太后决定议和，以便体面撤军，并借机攫取经济利益。

契丹人打算休战议和的消息通过以往被俘的将领写信告诉了宋廷，真宗获悉这一消息后，高兴异常，他身边的大多数文臣也希望能以此换得安宁。据记载，力主抗战的寇准最初坚决反对议和，但天子力主和谈，所谓"帝厌兵，欲羁縻不绝而已"。此时，又有官员向真宗进谗言，称寇准企图借助用兵来垄断朝政。无端的流言蜚语常常可以置人于难以自辩的境地，更何况皇帝也支持议和。寇准遂不得不做了让步，同意与对方会盟。又据记载，寇准曾给天子提出应敌对策，指出实施这一对策可保朝廷百年无边患，而议和仅能维持数十年，以后便难保对方不变心。然而，真宗却说：数十年后自有抵御者，还是先考虑现在议和之事。[2]这段记载反映了真宗只顾眼前、急于求和的心情。

不过，寇准还是尽可能地利用了剩下的机会，他将天子派

1　（宋）李焘：《续资治通鉴长编》卷五八，景德元年十一月甲戌，第1286—1287页。

2　（宋）李焘：《续资治通鉴长编》卷五八，景德元年十二月戊戌，第1298页。

出的使臣曹利用召入帐中，告诫他道：陛下虽允诺每年可以出百万银绢，但你去谈判时却不得超过三十万，如果过了此数，我就要杀了你。[1]最终的结果自然是双方妥协的产物——澶渊之盟。这项闻名于史的议和主要条款有以下几项内容：（1）双方维持原有边界线，相互约为兄弟之国，年长的宋真宗为兄，年幼的辽圣宗为弟，辽国的萧太后则成为宋家天子的叔母；（2）宋每年向辽输送十万两白银和二十万匹绢，称"岁币"；（3）彼此各守自己一方领土，只能对现有城镇修整完葺，不得增修城堡及开挖河道，不得向对方疆界动武，禁止收留对方逃亡人员，等等。此外，还约定在辽军北撤之日，宋军不得乘势拦击。[2]

于是，交战数十年的宋辽双方不仅停止了相互攻击，而且竟确立了盟兄弟的关系。就契丹人而言，通过这项和约每年可以坐收数十万的收入，而不必兴师动众南下抢掠，同时也可以借此消弭来自南部的威胁。而在宋廷看来，借助这项和约首先能够让对方大军撤走，以解眼前之围；然后，以此换得北部边境长期的安宁；最终，则卸去太宗北伐失败以来一直压在君臣心头的恐惧之感，使宋廷可以在"祥和""太平"的环境中进行内部的各项统治事业。至于燕云十六州，既然没有能力或者说是决心收复，也就只能公开表示放弃。而每年银绢的负担不过是区区小数，何足挂齿，就偌大的大宋而言仅仅是每个百姓身

---

1 （元）脱脱等：《宋史》卷二八一《寇准传》，第9531页。
2 （宋）李焘：《续资治通鉴长编》卷五八，景德元年十二月辛丑，引《两朝誓书册》，第1299页。

上加一点就解决问题了。真宗皇帝与大多数官员也许想的就是这些，即不惜代价，以"化干戈为玉帛"。事实上，此后百余年间契丹人也大体遵守了盟约，双方之间剧烈的武装冲突基本结束。

然而，澶渊之盟的订立，对大宋的军人和尚存斗志及阳刚之气的文臣都是一个莫大的打击。天子最终以怀柔和议的方式解决最严重的国防问题，恰恰表示了朝廷对武力的不信任和抛弃，既然如此，那么崇尚勇武的将军、文官们还有什么价值可言，又有什么资格影响大宋的前程。宋代文献还有这样的记述：当使臣曹利用签署协议返回澶州行营时，真宗正在吃饭。为了马上能知道所付出的代价，真宗便派宦官出来询问岁币数额。此时，曹利用尚不知天子态度如何，遂要求当面上奏。宦官随后又出来传达皇上询问大致数字的意思，曹利用不愿细说，仅以三指加于面颊上。内侍进入行宫后对天子说：三指加颊，岂不是三百万吗？真宗听罢失声道：太多了！既而一想，又表示能了却此事，三百万也可以。之后，当曹利用面奏岁币三十万时，真宗大喜过望，对使臣大加奖赏。[1]这一记载，真实地反映了真宗不惜一切条件急于求和的心情。真宗当时之所以要急切达成和议，主要的驱动力还在于他继承了太宗以来重文轻武的传统观念，以及对军事解决手段的不信任。

真宗与他的近臣们也许没有想到，或许想到了也不愿意承

1　（宋）李焘：《续资治通鉴长编》卷五八，景德元年十二月丁亥，第1292—1293页。

认，澶渊之盟能够订立，实与宋朝军队的作用有莫大关系。如果没有前方将士们的浴血奋战，没有朝廷庞大军队的存在，好勇斗狠的契丹人也不会轻易坐下来谈判。假若照有些文臣建议的那样避难南方，其后果更不堪设想。不管怎么说，澶渊之盟还是订立了，而形式上通过和柔而不是武力的手段化解了冲突，又使大宋失去了一次重整军备、复兴尚武精神的机会。勇敢不屈的武士们只能又一次垂下沉重的头颅，听凭契丹的铁骑从眼皮下从容地撤走，并带走从内地抢掠到的大批子女玉帛。

4. 武士的悲哀

真宗登基之初，为了向天下表示朝廷的权威，曾通过下达诏令的形式对武备给予了一定的重视。随后，他又亲自举行大规模的阅兵仪式，亲赴河北大名城坐镇指挥御辽战役，他还在做天子的第三个年头，下诏开设武举。这一切似乎都给朝野传达了年轻天子有重整军备的志向，这给关注国家军政的人来说无疑带来了一线希望，尤其是武举更对有意通过投军来实现个人抱负的人，不啻是一个令人鼓舞的喜讯。

通过武科考试的办法为军队选拔武官的制度，最早出现于唐朝武则天时，以后该项制度逐渐湮没不闻，军官依旧从官员子弟，特别是将门之后以及军兵中录用。当然，那时也有一些文人"弃笔从戎"，加入了武臣的行列。太祖、太宗年间，由于经历过战场洗礼的武将甚多，加之朝廷开始提倡崇文抑武的国策，所以完全没有必要再扩大武人升迁的途径。至第三代天子统御天下之日，面对边患日益加剧的局面，才感到军队人才奇缺，昏老庸懦者充斥营伍，于是想到了恢复武举的办法。

咸平二年（999年）十一月中旬，真宗令有关机构讨论举办武举的事宜。次年二月一日，又由御史台向全国各地转运司下达公文，要求各路在五天之内将员外郎级别以下文臣中"有武勇才器堪任武职"者举荐上来，然后由朝廷安排这些人到边防前线做地方官。[1]不久，再令翰林学士、知制诰及馆阁儒臣等熟悉典制的文官考定武举、武选人做官的资序旧制。在咸平三年（1000年）四月间，河北路便推荐了三十名有武干之才的举人，真宗在宫中对他们的武艺进行了测试，将其中合格的十八人授以三班借职的低级军职。[2]

然而，以上措施作用毕竟非常有限，有关的讨论及命令虽然风行一时，却很快没有了下文。因为很多文臣对此提出了异议，认为这些举措既不符合实际，又在时间上过于仓促，有失周密考虑。如吏部郎中、知泰州田锡就指出：昔日从朝臣中选出过多名有武勇之名的人，结果并无实效，而如今文官中尚武者既少，纵然有这样的人，他们也大都不愿转为武职，反不如从现有各级武臣中选用为便。至于录取标准，应以谋略为上，武功次之云云。[3]于是，一套选拔武官的制度便

1　（宋）李焘：《续资治通鉴长编》卷四六，咸平三年二月辛酉，第992页。

2　（宋）李焘：《续资治通鉴长编》卷四七，咸平三年四月甲寅，第1010页。

3　（宋）李焘：《续资治通鉴长编》卷四六，咸平三年三月丁未，第1002—1003页。

在酝酿过程中搁浅了。

正像喜好议论时政的田锡所说的那样，文臣有文化知识，却不愿转入武官之列；武将们虽不乏勇气，然则不通文墨，缺乏用兵谋略，这种现象显然极大地影响了军队各级指挥员素质的提高。但假如要从根本上解决这一问题，将优秀人才吸引到军旅中去，势必就要在朝野上下树立崇尚军功的观念，也势必要抬高将领在朝廷政治生活中的地位。说起来，这样的做法在昔日并不少见。

在战国时代，秦国为了灭亡六国，推行了二十级军功爵制度，也就是说，一切地位财富的获得，都有赖于战场上的功业大小决定。这便使得国人乐于冲锋陷阵，以斩杀敌人为荣，遂使关东诸国望风披靡，视秦国为"虎狼之国"。汉王刘邦为了争夺天下，亲自筑坛，拜韩信为大将，当时典礼之盛，无出其右，文臣谋士的待遇与其相比，便大为逊色。于是，便有了兵围垓下、项羽自刎的结果。在三国两晋南北朝数百年争雄岁月里，各方君王无不崇尚武功，俊杰之士也以从军为荣。诸如曹氏父子和司马家族以武力平海内、经学大师杜预以镇南大将军身份出征东吴、名士祖逖闻鸡起舞等，不一而足。此时还出现了《木兰辞》中描写的花木兰替父从军的感人故事。即使到了近世唐朝，李家天子也目将帅为擎天柱石。贞观之时，军界首脑李靖和徐世勣出将入相，如汉代大将周勃等人一样，在征伐之余以宰相的身份主掌国政。正因为如此，那时文士"投笔从戎"之风甚强，初唐才子杨炯有"宁为百夫长，胜作一书生"的名句,抒发了自己向往博取战功的志向。张若虚在《从军行》中咏道:"军门压黄河,兵气冲白日。平生怀仗剑,慷慨即投笔。"就连李太白也勉励外甥以军功立业,所谓"六博争雄好彩来,金盘一掷万人开。丈夫赌命报天子,当斩胡头衣锦回"。多么豪壮的语言,淋漓尽致地挥洒出诗人周身不尽的阳刚气息,也自然地反映出当时崇尚军功的社会风气。

五代时期无疑是武夫跋扈的年代,当时,大小军阀为了壮大个人势力,都拼命招兵买马,无不以能征善战者为时代英雄。也正是在这一时期,各方诸侯为了防止士卒逃亡,又开始推行刺字制度,即在士兵面部鬓角位置或者手臂上刺下所属队伍番号名称,如后梁太祖朱温对部下"皆文其面以记军号"。这样一来,士兵一旦逃亡,便很容易被识别、抓获。[1]刺字在五代时作为约束军兵的一种办法,可以说已含有某些歧视的成分。然则在武风烈烈的岁月里,骁勇的武士常常有比普通人更多的出人头地的机会,所以,刺字倒未受到世人的过多议论,从军也不是令人望而生畏的险途。如当时就有像前述焦继勋、辛仲甫等那样的弃文从武的文人学子,在军营中获得了施展抱负的机会。[2]

然而,到宋朝建国后,经太祖后期,特别是太宗一朝重文轻武国策的推行,宋朝的尚武风气迅速收敛,不仅往昔"出将

---

[1] (宋)司马光:《资治通鉴》卷二六六,开平元年十一月甲申,第8687页。
[2] (元)脱脱等:《宋史》卷二六一《焦继勋传》、卷二六六《辛仲甫传》,第9042、9178页。

入相"的现象不再出现,而且将帅们还被排挤出权力中心,从而受到文臣的压制。像深谙世情的大将曹彬,在街上与文官士大夫们相遇时,就主动为对方让路。[1]至于士兵的地位更是一落千丈,几乎可以与罪犯相提并论。按照当时司法制度规定,大部分重罪囚犯在发配到外地服刑前,必须在面颊上刺字,以防逃亡。而这种刺字的形式竟与军人相同,正如后世小说《水浒传》中描写的林冲、杨志等人刺配的情景。与此同时,朝廷有时也将某些犯人刺为下等军人,如厢军中的牢城营士卒之类,所谓"牢城指挥,以待有罪配隶之人"。[2]如此一来,军兵在世人眼中便成了"行伍贱隶"。宋朝人就曾这样说道:朝廷沿袭五代刺字旧习,使之成为常法,士卒竟无法与齐民相等。[3]于是,在太祖后期,就出现了这样一幕:

开宝九年(976年)初,各地奉命向朝廷推荐了四百七十八名举人,其名目为"孝弟力田"及"文武才干"等,其中仅濮州(治所在今山东鄄城北)一地就推荐了二百七十名之多。太祖对此感到奇怪,就将这些举人召入宫中询问,结果发现他们都大不如意。举人们眼见天子流露出失望的表情,又不愿放弃入仕的机会,遂纷纷声称自己可以操练兵器。太祖听罢,便下令让他们演练骑射。然而,情况却依旧令人失望,表演者不是坠落马蹄之

1　(元)脱脱等:《宋史》卷二五八《曹彬传》,第8982页。
2　(宋)梁克家:《淳熙三山志》卷一八《兵防类一》,影印文渊阁四库全书本,上海古籍出版社1987年版,第484册,第275页。
3　(宋)苏洵:《嘉祐集》卷五《衡论下·兵制》,影印文渊阁四库全书本,上海古籍出版社1987年版,第1104册,第874页。

下，就是将箭镞不知射到何处。看到眼前可笑的场面，太祖生气地对众人说：你们只能到军营当兵。举人们一听，都不觉号哭起来，一再请求天子开恩，免去自己兵籍之苦。太祖最后下令将他们遣散，对地方官追究了滥举之罪。[1]

太宗朝以后，武人地位日渐下降，更受到文臣的明显轻视。真宗登基初，就有朝士向天子上言：当今主将仅有一夫之勇，在边防上少有功勋。因此，这位文官建议朝廷任用儒臣管辖军兵。[2]据记载，景德初还出现了一件颇为古怪的事：尚书左丞陈恕在临终前由于对长子极为不满，遂向天子诉说其长子常与无赖交友，平时又唯独喜好习武，所以请求将其黜为外州军校。不过，真宗并没有答应陈恕的要求，因为天子认为军校仅仅是管理镇兵之职，如何能让丞郎以上的文臣子弟去做？所以，朝廷还是授给陈恕长子某州司马的文职。陈恕何以会有如此举动？事后经知情人反映，才真相大白。原来陈恕生性极吝啬，其长子私用了他的钱，于是他大为光火，为了惩治眼中的不肖之子，他便想出将其打发到军职上的办法，以此来发泄心中的怒气。[3]不承想，天子对文官大臣极为礼遇，不愿让他们的子弟湮没于军营之中，这便使陈恕教训不肖之子的意图落空。

正是在开国以来天子及朝臣们的精心筹划与治理之下，大

1　(宋) 李焘:《续资治通鉴长编》卷一七, 开宝九年正月癸未, 第363页。

2　(宋) 李焘:《续资治通鉴长编》卷四五, 咸平二年十二月丙子, 第977—978页。

3　(元) 脱脱等:《宋史》卷二六七《陈恕传》, 第9203页; (宋) 李焘:《续资治通鉴长编》卷五六, 景德元年五月壬寅, 第1237—1238页。

宋的军官日渐变得谨小慎微及恭顺谦和起来，其头面人物如傅潜、王超及次一级的王荣之流，已成为当时武将的集中代表。这样一大批将领虽早已被证明有庸懦无能的痼疾，但因为易于驾驭，没有非分的志向，所以仍继续身居高位。直到他们损兵失地、国人皆曰可杀之时，才被暂时解除职务，却终究不至于有性命之虞，日后则还有东山再起的希望。还有一些开国功臣的子弟，如石守信之子石保吉、王审琦之子王承衍等，依凭父辈功勋而轻取显赫官爵，手握节钺，却同样贪图享乐，怯于作战。咸平二年（999年）天子亲征期间，石保吉任贝州（治所在今河北清河西）和冀州（治所在今河北冀州市）方面统军大帅，受命迎敌。但他却有意缓师而行，致使延误了战机。[1]这些贵胄子弟纵然在战场上有失职行为，也同样不会受到什么惩处。相比之下，那些不识时务、舍身沙场的将官，或难以升迁，或受到排挤，遂又从一个侧面展示了当时武臣的悲哀，并且是真正的武士的不幸。

太宗朝抗辽名将杨业不幸战死后，他的后代继承了他的遗业，继续投身保卫北疆的战场。在杨业的诸子中又以杨延昭最为著名，他同样以卓越的战绩而成为真宗朝名将。杨延昭本名延朗，自幼受家庭习武之风影响。稍长之后，他便随父亲出征代北各地，以勇武冠于三军。父亲遇难后，他被朝廷提拔为崇仪副使，开始在河北前线与内地担任军职。[2]

1　（宋）李焘：《续资治通鉴长编》卷四五，咸平二年十一月丁卯，第972页。

2　（元）脱脱等：《宋史》卷二七二《杨业传附杨延昭》，第9306页。

咸平二年（999年）秋，在抗击契丹大军南犯期间，由于河北主帅傅潜等人拥兵自守，致使辽军长驱深入，众多边镇失守。就在当时前线一片残破的局面下，唯有杨延昭与少数几个将领敢于顽强抗击，给辽军以重创。

这年冬，杨延昭以保州（治所在今河北保定）缘边都巡检使的身份防守遂城（今河北徐水西北）。当时，遂城只是边境上的一座小城，城防条件极为有限。当契丹大军兵临城下时，城内一派惊恐。面对强敌的围攻，杨延昭并没有畏惧，而是积极组织防御，他将所有的壮年男子都安排上城头，发给兵器和铠甲，他自己则往来各处亲自指挥。据记载，此时，契丹国母萧太后亲临阵前督战，一连数日猛攻不已。就在形势万分危急之际，天气骤转严寒，杨延昭遂想出了一个绝妙的破敌办法。当天夜间，他命令所有人都到城中各井挑水，然后将井水泼洒到城墙的外壁上。次日天明，小小的遂城已被坚硬光滑的冰包裹起来，攻城的辽军无可奈何，只得撤退。在敌军撤退时，杨延昭乘机率军出击，缴获了对方遗弃的不少甲仗。[1]此次守城之役，杨延昭能出奇制敌，以少胜多，足以反映大宋军队中仍不乏有胆识的将官。

遂城之役后，杨延昭与其他一些将领一再要求主帅傅潜发兵反击，都遭到压制。傅潜被罢免后，杨延昭应召赴大名行营，向天子陈说了守边的各项建议，深得真宗赞赏。天子对随

1　（宋）李焘：《续资治通鉴长编》卷四五，咸平二年九月壬寅，第964页。

行的王公大臣们赞扬他身为名将之后,"有父风",善治兵守边,又授予其刺史军衔。[1]

咸平四年(1001年)冬,杨延昭又与杨嗣、李继宣等勇将在威虏军(治所在今河北徐水西北)大败南犯的辽军,再以战功升任团练使衔。一时,杨延昭与另一将领杨嗣名扬北疆,被世人称为"二杨"。朝廷毕竟还是需要戍边将领,所以真宗对宰臣们说:二杨都出外守边,以忠勇效命朝廷,朝中嫉妒二人者甚多,朕尽力保护,才能使他们获得如此功绩。[2]天子一席谈,正反映了当时庸懦武官遭人蔑视,而功勋卓著的将领又受朝官嫉妒的事实。

第二年,杨延昭与杨嗣领兵增援保州时,因行动匆忙,受到辽军的偷袭,损失了不少士卒。自古兵书就有"胜败乃兵家常事"的说法,而杨延昭在当时宋朝战将中已是失利极少的武官,但朝臣们却纷纷要求追究他的罪责。杨延昭与杨嗣遂被召至京师,面临问罪惩处。以后,真宗考虑到前线军情紧张,像二杨这样的骁将并不多见,才免除对他们的追究。[3]咸平末,杨延昭再度出任保州缘边都巡检使,继续与杨嗣驻守前线。

景德元年(1004年)秋冬,辽军大举南犯期间,杨延昭与另外几位将官受命领精锐骑兵牵制对方,取得了一定的战果。当澶

1　(宋)李焘:《续资治通鉴长编》卷四六,咸平三年正月癸未、乙酉,第984、987页。
2　(元)脱脱等:《宋史》卷二七二《杨业传附杨延昭》,第9307页。
3　(宋)李焘:《续资治通鉴长编》卷五二,咸平五年五月丙辰,第1134页;(元)脱脱等:《宋史》卷二六〇《杨信传附杨嗣》,第9017页。

渊之盟正在酝酿之际，杨延昭上书天子，指出辽军孤军南下澶州，远离其后方千里，人困马乏，故其虽然数量众多，却极其脆弱，况且对方掠夺的财物、人口也在军中。所以，他希望朝廷能诏令各路兵马扼制敌军退路，寻找时机出击掩杀，一旦在内地消灭对手主力，则燕云地区可以乘势收复。杨延昭的建议不可谓没有道理，假若真正得以实施，完全有可能取得抗辽战争的重大胜利。但这需要何等的胆魄和勇气，也需要付出相当大的代价，而这些在文弱的真宗皇帝及其大臣们眼中，是根本不符合现实的疯狂想法，其所冒的风险实在令人望而生畏。因此，朝廷把杨延昭的上奏压了下来，不予答复。杨延昭送出奏书后，久久得不到回音，他不愿失去机会，遂乘辽军后方空虚之际，率领自己的部属深入北境，攻破对手一座城池，也抓获了许多敌军的战俘。[1]

澶渊之盟订立后，杨延昭历知保州兼缘边都巡检使、高阳关副都部署等军职，官衔则迁至防御使。从此，他驻守于城镇之中，失去了发挥作用的地方，所谓"英雄无用武之地"。而对于处理案牍吏事，杨延昭既无兴趣，也不精于此道，日久天长，遂为手下奸吏蒙骗，出现了不少的问题，他因此受到过真宗的训诫。

大中祥符七年（1014年），杨延昭死于任上，时年五十七岁。史称杨延昭舍身报国，从不过问家事，"智勇善战"，严于治

1　（宋）李焘：《续资治通鉴长编》卷五八，景德元年十二月乙未，第1297页。

军；又能与军兵同甘共苦，在战场上身先士卒，将朝廷赏赐的资财都分给部下；每次获胜，他都推功部属，所以人人都乐于听命。杨延昭前后戍边二十余年，声名威镇塞北，辽军也颇惧与其交手，称他为"杨六郎"。[1]然而，正是这样一位名将，在仕途上却没有像傅潜、王超及石保吉等一大批无能之辈那样得意，至死不过是防御使官衔，离授以节钺尚差两道鸿沟，而且最终的结局也如呼延赞一样，不得死于向往的沙场，而是默默无闻地病故于平静的家中。这对于那些慷慨骁勇的武士来说，实在是壮志难酬，如同一场悲剧。至于杨嗣的结局，则与杨延昭几乎如出一辙。[2]

值得一提的是，杨延昭去世后，其子杨文广继续从军，在仁宗和英宗年间屡次出征，南讨北伐，战功卓著。杨文广官至防御使，出任过侍卫步军都虞侯兼定州路副都总管等军职。据记载，他也像先辈那样献过攻取燕云十六州的策略，但同样未得采纳。[3]

与杨延昭、杨嗣的结局相比，马知节与高琼要幸运得多。但此二人也屡受文臣压制，难以在国防重大事务上有所作为。

马知节本为太祖朝武将马全义之子，幼年时父亲亡故，他度过了孤苦的少年时代。以后，他以父荫补官，并获得了太宗皇帝赐名。年轻的马知节从军后，与当时许多粗野的武将不

1　（元）脱脱等：《宋史》卷二七二《杨业传附杨延昭》，第9307—9308页。

2　（元）脱脱等：《宋史》卷二六〇《杨信传附杨嗣》，第9017—9018页。

3　（元）脱脱等：《宋史》卷二七二《杨业传附杨文广》，第9308页。

同，他喜好读书，颇有谋略。雍熙三年(986年)冬，就在第二次北伐失败不久，大将刘廷让又在河北君子馆惨败。当君子馆战败的消息传来后，正以东头供奉官身份任博州(治所在今山东聊城)监军的马知节，为了防止敌军来犯，便火速动员当地军民修缮城垒，准备军械和刍粮，前后花费了十余天时间备战。当时，地方官民都认为他无事生非，对其所为表示不满。然而，正如马知节所预料的那样，各项城防守备措施刚刚完成，辽军战士便抵达城下。敌军因见无机可乘，只得撤走。于是，众人对马知节都感到叹服。[1]

在太宗朝后期，马知节先后在河北、陕西及四川等地做官带兵，以严于治军、勇于进攻而出名，颇得天子奖赏。

真宗登基后，马知节又在西北的秦州(治所在今甘肃天水)和延州(治所在今陕西延安)等边镇任职。在秦州期间，他释放了被拘押两年多的羌族人质，感化了边陲少数部族，化解了冲突。到延州任知州兼驻军指挥官后，他除了加强守备力量之外，还以过人的胆识震慑了党项人。据说，在某次上元节(即元宵节)之日，西夏军队准备来犯延州城。马知节闻听后，下令在当晚照常张灯，并将城门大开，"累夕宴乐"。结果，兵临城下的敌军惧怕城中有埋伏，遂仓惶撤走。[2]

景德初，真宗亲征澶州期间，马知节正在河北前线的镇

1　(宋)李焘：《续资治通鉴长编》卷二七，雍熙三年十二月乙未，第626页。
2　(元)脱脱等：《宋史》卷二七八《马全义传附马知节》，第9451—9452页。

州（治所在今河北正定）任知州。当大批难民向城内逃亡时，他为了防止因混乱而产生影响城防的后果，便对百姓公布了禁止偷盗的文告，凡有敢于违令者，即使仅偷盗一文钱，也格杀勿论。不久，一个窃取两百钱的犯人被当众斩杀，"自是无敢犯者"。他还颇为心细，看到宦官手持天子诏书出没边镇，认为这样既不安全，也容易被敌人利用，便每次将出使到自己辖区的内侍留在城中，而另外派勇健者走小路向各处传达朝廷旨意。当真宗从澶州征召驻兵于镇州的王超增援行营时，王超因畏战而迟迟不敢行动，马知节遂屡次催促大帅出师。王超不得不答应出兵，却又以途中河道无桥梁为借口，继续逗留不前。于是，马知节调集大批人力和工程材料，在一个晚上就将大桥建成，使王超再也找不到滞留的理由。[1]

宋朝与辽国议和后，马知节历任知定州（治所在今河北定州）、枢密都承旨等官职，于景德三年（1006年）升任签书枢密院事。几年之后，他又转任枢密副使。在此期间，以知枢密院事、枢密使王钦若为首的一大批文官大臣迎合天子厌战心理，从事各种大规模祥瑞活动，从而忽视国家武备发展，使将帅进一步受到冷遇。作为军人出身的马知节，深知长此以往可能产生的严重后果，所以他对王钦若的做法颇为不满，多次在各种场合呼吁："天下虽安，不可忘战去兵。"并向天子表示自己年齿未衰，尚可以拼杀于战场，一旦边防有警，愿领兵出征。真宗对他尽忠

1　（宋）李焘：《续资治通鉴长编》卷五九，景德元年正月甲寅，第1308页。

报国的志向表示理解，特下令为其打造了一副钢铁锁子甲，[1]但没有改变朝廷的大政方针。

性情耿直的马知节眼见自己无力回天，遂将一腔怨恨发泄到正得宠的王钦若等文臣身上。史书称，马知节极为轻蔑王钦若表里不一的品行，每每发表与对方不同的意见。在宫中议事时，他常当着天子的面揭发王钦若的虚伪言行。如某年冬日，真宗即兴赋《喜雪》诗一首，赐给近臣。大臣们拜读御诗时发现其中有一处用韵不当的小毛病，宰相王旦打算反映给皇上，王钦若则说：天子的诗，岂能按科场的要求更改！不承想，王钦若退朝后却私下将错误报告给天子。真宗素来重视文翰，便马上修改了失误，并传谕二府大臣：前次所赐之诗，如果不是王钦若发现了问题，几遭他人耻笑。厚道谨慎的王旦只能默不作声，但马知节却向天子说明了事情的真相。然而，真宗并没有因此怪罪王钦若。[2]据说，当时还发生了这样一件事：在东封泰山期间，为了表达对上天的诚心，真宗与随行官员在饮食上都绝去荤食。封禅典礼结束后，真宗向王旦以下臣僚表示慰问：你们久食蔬菜，不容易啊！大臣们自然都拜谢一番。谁知，马知节却不顾众人体面，对天子说：素食者仅陛下一人而已，王旦等大臣和我同行，我知道众人无不私下吃肉。他转身对大臣们问道：我说的是不

1　（元）脱脱等：《宋史》卷二七八《马全义传附马知节》，第9452页。

2　（宋）李焘：《续资治通鉴长编》卷八二，大中祥符七年六月乙亥，第1882页。

是事实？王旦只得承认：诚如知节所言。[1]

发泄怨气虽能稍平心中不快，但终究无济于事，而文官大臣们更以武人粗率、不通世情看待马知节，遂使他在当时朝中愈加郁郁不得志，受到众人的冷遇。

大中祥符七年（1014年）夏，一批武将在平定南疆叛乱的战争中立下大功，枢密使王钦若与陈尧叟仅仅商议给予转一官资的奖励。马知节深知作战的艰险，对高卧京城内的文臣的决定强烈不满，要求行重赏激励武臣。双方互不相让，于是行赏的事久议不决。马知节再也压抑不住胸中的积愤，便在朝堂上当面揭露王钦若的各种问题。随后，也许是心虚的缘故，王钦若在未奏明天子的情况下，又擅自超迁立功将领。结果，真宗闻知此事后勃然震怒，将马知节与王钦若、陈尧叟同时罢免。马知节从枢密副使的要职上下来后，仅授以防御使官衔，被贬到地方做知州。[2] 王钦若、陈尧叟这两位文官大臣则被暂留在开封城，不久又官复原位。[3]

此后，马知节在潞州（治所在今山西长治）淹留了三年之久。天禧初，他才被召回京师，重新进入枢密院。但此时的马知节已心灰意冷，不久便以生病为由向天子递上了辞呈。于是，在重返中枢半年之后，他又被任命为河北地方官兼管当地驻军，其军

1　（宋）司马光：《涑水记闻》卷七，第144页。

2　（宋）李焘：《续资治通鉴长编》卷八二，大中祥符七年六月乙亥，第1882—1883页；（元）脱脱等：《宋史》卷二七八《马全义传附马知节》，第9452页。

3　（宋）徐自明著，王瑞来校补：《宋宰辅编年录》卷三，中华书局1986年版，第114页。

衔被提升为彰德节度留后,却仍未获得节钺。马知节赴任前夕,真宗看到他憔悴的面容,动了怜悯之心,遂让他到本镇赋闲休养。据说,当朝廷发布有关他的任命诏令后,彰德节镇所在地的上党(今山西上党)和河北的老百姓都争着来迎接他。[1]

天禧三年(1019年)八月中,马知节终于在极其郁闷的心情下病死于上党,时年六十五岁。消息传到皇宫,真宗表示了悼念。有关机构会商后,报请天子批准,追赠其"侍中"的荣誉官衔和"正惠"的谥号,却唯独没有援引昔日对待功勋老将的惯例,追授他节度使的军衔。真宗或许也没有注意到文官的这一失误,好在世人并没有忘记这位抱恨而亡的高级将领。南宋人修史时,便依据当时的公论对马知节做了如下评价:习兵事,善方略;涉猎诗文,与名士相交;抑制豪强,抚孤弱;性刚直,敢言无讳,并无自卑之心等等。最后,史家总结道:马知节身上所拥有的以上品质在当时武臣中颇为罕见。[2]

真宗朝另一位著名大将高琼,在仕途上虽比马知节顺畅,但同样受到文臣的压制,壮志难酬。高琼早年本为乡里恶少,因盗而被捕,行刑前逃亡,从此投军。太宗任开封府尹时,听说他骁勇异常,遂将其召入麾下。因为有这样的背景关系,高琼在太宗称帝后迅速获得升迁。但是,高琼与藩邸同辈傅潜、王超等人风格有所不同,他性格外露,遇事敢言,驭下颇威严。

---

[1] (元)脱脱等:《宋史》卷二七八《马全义传附马知节》,第9452页;(宋)李焘:《续资治通鉴长编》卷九四,天禧三年八月乙未,第2164—2165页。

[2] (元)脱脱等:《宋史》卷二七八《马全义传附马知节》,第9452页。

太宗朝后期,他屡迁至侍卫步军都指挥使、保大军节度使。[1]

真宗登基后,高琼继续负责河东北部防务。咸平时,亲征大名的真宗皇帝因傅潜畏惧避战,派高琼单骑赴河北大营取代了傅潜。此后,高琼升任殿前都指挥使,调回京师典军。景德初,他代表军方主战将领坚决支持宰相寇准,在促使天子御驾亲征的行动中发挥了重要的作用。当时,为了坚定真宗进驻澶州北城的决心,高琼怒斥了许多文臣的消极退让的主张,还说出了令文官难堪的话语。事后,真宗让寇准带话给他:你本是武臣,不要强学儒士说那些经书语言。[2] 由此可见,真宗皇帝对高琼当时的表现并不很欣赏。

高琼没有马知节那样高的见识,也没有资格进入二府议事。然而,他在恪守武官职责方面还是做出了努力,使君臣在景德初年的抗辽活动中听到了不屈军人的呼声。另外,高琼作为军队代表人物,也为维护武将的名誉和利益呼吁过。如在景德二年(1005年),因为与辽方议和成功,李继迁之子、西夏新首领李德明又归顺,所以朝廷开始延长一部分禁军军士的升迁期限。后来,经过高琼的呼吁争取,这一规定才被取消。

但是,在边防形势缓和以后,天子与大臣已在思想上放松了对武备的重视,高琼和马知节等将帅自然受到冷遇。景德三年(1006年)年底,高琼身染重病。据史书记载,真宗为了表示对

1　(元)脱脱等:《宋史》卷二八九《高琼传》,第9691—9693页。
2　(宋)司马光:《涑水记闻》卷六,第114页。

忠心耿耿担任多年禁军大帅的安慰,曾打算亲临其家探视,然而却遭到了宰相的劝阻。[1]史籍没有提到这位宰相的姓名,但通过其他文献的记录,不难知道当时的宰臣只有一名,即王旦。[2]王旦为什么要阻止天子幸临高府,其原因不得而知,最有可能也最接近史实的解释便是:高琼乃一介武夫,皇上大可不必屈尊探望。也许是真宗被宰相的话语说动了,便中止了这次行动。于是,高琼在期待中死去,时年七十二岁。[3]值得一提的是,咸平时,故相吕端病死前,真宗曾亲临吕府慰问。景德初期,宰相李沆和毕士安亡故前后,真宗也亲自去两家探视,[4]朝臣们并无人劝阻皇帝,反而视此举为天子贤明慈爱的一种表现。以后,王旦自己病重之际,真宗又亲至其家抚慰,并一次赏赐给五千两白银。[5]但对武人而言,在他们看来,这样做便过分了。

5. 祥瑞与封禅

澶渊之盟的订立,在当时无疑是一件影响非凡的大事,真宗与在朝大臣们都将其视作结束北疆边患的至宝。于是,在此

1　(元)脱脱等:《宋史》卷二八九《高琼传》,第9694页。
2　(元)脱脱等:《宋史》卷二一〇《宰辅表一》,第5438页。
3　(元)脱脱等:《宋史》卷二八九《高琼传》,第9694页。
4　(元)脱脱等:《宋史》卷二八一《吕端传》、卷二八二《李沆传》、卷二八一《毕士安传》,第9516、9540、9521页。
5　(元)脱脱等:《宋史》卷二八二《王旦传》,第9552页。

期间有过突出贡献的功臣，包括寇准及曹利用等人都受到了朝廷的奖赏，天子本人也对他们心存感激之情。然而，政坛风云变幻莫测，事过境迁之后，王钦若等当初力主南逃的官员竟利用天子珍惜名誉的心态，展开了一场巧妙的反攻，不仅将政敌打倒，而且又将朝廷引入了持续十几年之久的迷信活动，而在这样声势浩大的运动中，国家的防务和武装力量进一步受到压制、打击。

据史籍记载，澶渊之盟订立后，北方边防的巨大压力顿然缓解，真宗皇帝对自己主持的这项和议甚感满意。为了向契丹人表示大宋和平的诚意，他下诏将河北前线原来含有敌视性的地名改为具有和好意思的新名称，如威虏军（治所在今河北徐水西）改为广信军，破虏军（治所在今河北霸州市东北）改为信安军，定远军（治所在今河北东光）改为永静军等。[1]

真宗对因力主亲征而最终迫使契丹人坐下来议和的功臣寇准，最初极为敬佩，也怀着相当的感激之情。设想当日如果不是这位宰臣带头强烈要求自己亲征，避难南方的结局是不堪设想的，哪里又会有如今的安宁？因此，天子对寇准非常信任，给予他很高的礼遇。寇准为人向来率直，仕途的得意更使他好强使气，忽略了权术在政坛中的重要性。据说，寇准的好友张咏在成都听说他入相后，就曾对同僚们说：寇公奇才，可惜学术不足啊！以后，张咏又劝寇准读《汉书》中的霍光传，暗示

---

[1] （宋）李焘：《续资治通鉴长编》卷五八，景德元年十二月甲辰，第1301页。

老友"不学无术",必将倒运。[1]但也许是天性使然,寇准并没有醉心于纵横捭阖的政治权谋,仍保持原来的处世风格。对于南北议和后的罢兵结果,寇准也引以为自豪,不免"颇矜其功"。这样,他便犯下了一个"功高震主"的致命错误,既给政敌以攻击口实,又终将遭到君王的猜忌。

据记载,一次宫廷朝会结束时,寇准先离开大殿,真宗目送着功臣的身影,直到他消失在视野之中。这时,心怀叵测、蓄谋已久的知枢密院事王钦若乘机对天子说:陛下如此敬畏寇准,是不是因为他有功于社稷?真宗对此给予了肯定的回答。王钦若又说:为臣我没想到陛下会说出此言,澶渊之役,陛下竟不以为耻,反以为寇准有功于社稷,为何呢?听了王钦若的话,天子颇感愕然,便问他有什么话说。此时,王钦若将早已考虑成熟的意思说了出来:城下之盟,即使是春秋时的小国犹以为耻。如今以我万乘大国之尊而签署澶渊之盟,其实也是做了一件城下之盟的事情,何其耻辱啊!王钦若说罢,但见真宗皇帝脸色愀然,无话可说。王钦若眼见收到了效果,又不失时机地接着说道:陛下听说过赌博的事吗?赌徒即将把钱输尽时,便豁出老本一博,即所谓"孤注",陛下正是当日澶渊之役时寇准的孤注,这也太危险了。听到这样的话语,真宗想到了当初讨论亲征时寇准曾说过只有以热血相泼的话,还想到寇准硬逼自己渡河赴澶渊北城的情景。看来,正像眼前这位臣

---

[1] (元)脱脱等:《宋史》卷二八一《寇准传》,第9533—9534页。

下所说，寇准竟然将天子作为自己建功立业的赌注，这哪里还有什么"爱君之心"可言。由此，真宗开始对寇准产生了怨气，疏远了与他的关系。[1]

听到臣子的闲言后，又在事过境迁的情况下重新审视澶渊之盟时，真宗皇帝的自尊心受到很大的刺伤，进而想到当日主战派大臣逼迫自己冒险亲征，他又顿生怨气。于是，天子改变了对寇准的看法。而一旦抱有成见之后，寇准率直和颇具胆魄的工作作风便引起了真宗的不快。史籍称：寇准入主中书后，在选拔官员方面打破了原来按部就班的惯例，常常将有才能的低级官员提升到重要职位上；御史出现空缺，他又以直言敢谏者填补。至于在其他问题上，他也多自作主张，结果引起了其他大臣们的不满。有一次，中书安排官员任命事宜，同僚们屡次指使吏人持有关人事升迁的资历簿给寇准看，寇准则对众人说：宰相的职责便是进贤能抑庸才，如若全按资历办事，只需一个吏人就足矣。类似的事情自然不断地反映给天子，再附加上一些议论和看法，寇准遂成为独断专权的典型。终于，真宗厌烦了这位昔日信赖过的宰臣，于景德三年（1006年）春，解除了寇准的宰相职务，令他到陕州（治所在今河南三门峡西）做地方官。[2]

寇准罢相之后，真宗将自己更为欣赏的性情温和谦恭的王旦放到了中书要职上，与此同时，王钦若等一批善于体察上意

---

1 （宋）李焘：《续资治通鉴长编》卷六二，景德三年二月丁酉，第1389页；（宋）司马光：《涑水记闻》卷六，第116页。

2 （宋）李焘：《续资治通鉴长编》卷六二，景德三年二月丁酉，第1389页。

的文臣也得到了重用。朝廷中书的这一人事变动，标志着大宋"崇文抑武"大政的进一步发展。

王旦出身于一个崇尚诗书礼仪的文官家庭，他自幼不仅勤奋好学，而且具有普通儿童身上少见的沉默寡言的特点。据说，当时富有政治阅历的王旦之父对儿子审视了一番，得出"此儿当至公相"的结论。的确，知书达理外加内向的性格，是当时衡量文臣的最高标准。太宗太平兴国年间，王旦进士及第。之后，他以温文尔雅的仪表和谦虚稳健的作风在仕途上一帆风顺，凡是与他交往过的官员都深为其风度折服。太宗朝文坛大家王禹偁曾向朝廷推荐过他，而善于风角相术的文臣钱若水见了他，马上称其有宰相之器。在一片赞誉声中，王旦成了天子身边的近臣，历仕右正言、知制诰等清华之职。从有关王旦的各种资料来看，他在太宗朝长期任职于文翰性质的机构中，并无明显的实绩可言，但官阶却在不断地上升。[1]

真宗君临天下后，因素来闻知王旦之名，遂将他提升为翰林学士。不久，钱若水从知枢密院事的官位上退下，又向天子推荐了王旦。三年之后，王旦便出任同知枢密院事。跨过一个年头，又转任参知政事，成为朝廷执政大臣。[2] 在景德初真宗亲征期间，因为京城留守、雍王赵元份突然患病，王旦被临时从行营派回开封，以权留守的身份管理京师事务。当时，他最突

1　（元）脱脱等：《宋史》卷二八二《王旦传》，第9543页；（宋）司马光：《涑水记闻》卷七，第141—142页。

2　（元）脱脱等：《宋史》卷二八二《王旦传》，第9544页。

出的表现乃是向天子建议用数十万银绢赎回被敌军掠去的百姓，不过这一提议因遭到非议而没有被采纳。[1]

当真宗皇帝决定将寇准逐出中书时，便想到让与寇准作风迥然不同、各方面人缘关系都不错的王旦填补空缺。不仅如此，天子还一连数年没有再安排另一名宰臣，一时形成了王旦独主中书的局面。王旦做了百官之首后，继续保持过去的中庸处世原则，反寇准之道而行之，对上忠心，遇下有礼，竟使得朝野历来议论最多的地方——中书，许久没有了闲言。当时，还有许多有关这位贤相美德的传说不胫而走，其中很多都是关于他气量宏大的事情。如民间传闻，王相公进餐时遇到不可口、不干净的食物，并不对家仆厨子发火，唯不吃而已。家仆们为了试试主人的耐性，便在一次上菜时将少许墨汁滴入肉羹中。结果，他们发现主人神情自若，只吃饭菜，但不碰那碗肉羹。仆人故意问他为何不动肉羹，他答道：我偶尔不喜欢吃肉。又一天，厨子事先故意将墨汁滴入王旦的饭中，打算继续观察相公的气量。但见王旦先端起碗看了一番，然后放下碗说：我今天不想吃饭，可以拿一份粥来。面对此情此景，奴仆们既感到失望，又不由得发自内心地叹服。[2]

据说，王旦的子弟曾向他诉说家里的肉食被厨子私吞，使众人吃不饱，请求他惩治厨人。他听罢晚辈的诉苦，对他们

1　（宋）李焘：《续资治通鉴长编》卷五八，景德元年十二月癸巳，第1295页。
2　（宋）江少虞：《宋朝事实类苑》卷一三，第150页。

说：你们料想肉有多少？子弟们答道：一斤。但今天只吃到半斤，另外半斤已落入庖人之手。他又问：吃够一斤肉能不能饱？众人答道：足一斤的话，当然够了。于是，王旦马上吩咐下去，以后做饭用一斤半肉。还有这样一种说法，王旦有一个弟弟性情傲慢，从来听不得他人训诫。某年冬至前，王家祠堂内列置了上百壶酒祭祖，那位不明事理的兄弟发作起来，竟将酒壶全部敲破，家人见了都很惶恐。突然，王旦来到祠堂，看到酒液满地，却没有说一句话，他只是用手将衣袍提起，然后步入堂内。[1] 王旦对贪心、捉弄自己的家仆和胡作非为的兄弟都宽容相待，其对天子和同僚、下属自然就更能体谅。于是，他在当时以宽厚赢得了上下一致赞扬，包括一些喜好弄权、邀宠的朝臣。

宋朝自创建以来，君臣之间就有这样一种共识：北方土厚水深，故多厚道忠诚之士；南国水浅地卑，于是南方人身上常有轻巧乃至奸邪的毛病。据说，太祖曾在内宫竖立过一方石碑，上面书写了"后世子孙无用南士作相"的文字。[2] 这一记载因出自当时文人笔记之中，真伪难以考辨，但在太祖、太宗两朝没有一位来自江南的官僚做过宰相却是真的。以后，寇准在朝廷做大臣，也常常以南人轻巧而压抑之。又传说，某年科考成绩出来，南方人萧贯本应做状元，而寇准却向天子反映"南

1　（宋）江少虞：《宋朝事实类苑》卷一三，第151页。

2　（宋）邵伯温：《邵氏闻见录》卷一，第4页。

方下国，不宜冠多士"，遂将北方籍的蔡齐擢为第一。事后，寇准得意地对同僚说：又为中原夺得一名状元。[1]南北方官员之间品行的优劣究竟有多么大的差别，其理由又是否站得住脚，实在是一本说不清的账。这种在政治上排挤南方籍官员的传统做法，在真宗朝开始发生转变，即从临江军新喻（今江西新余）人王钦若开始。

王钦若出身于一个地方官家庭，自小文采出众，在青年时曾向太宗献过《平晋赋论》。此后，他以科举甲等的成绩入仕，到真宗咸平时，已官至翰林学士、参知政事等要职，以精明而出名。不过，当时王钦若身上也已暴露出一些受贿、弄权的弱点。如他在任考官时，曾接受某举子数百两白银，将其录取为官。当此事被人揭发出来后，他又运用智谋和权势巧妙地抛出替罪羊，使自己安然脱身。[2]然而，真宗皇帝却看中了王钦若机敏、善于体察上意的长处，对他非常赞赏，包括他提出的南渡避祸的建议。

当王钦若用计攻倒寇准之后，为了能获得天子的进一步信任，他又揣摸真宗心思，积极做出各种应对措施。据史籍记载，真宗皇帝自从王钦若当面点破议和的耻辱事实后，心情常闷闷不乐，一心想在国人面前挽回天子的尊严。

景德四年（1007年）冬日的一天，真宗向王钦若询问如何才能

1　（宋）江休复：《嘉祐杂志》，影印文渊阁四库全书本，上海古籍出版社1987年版，第1036册，第577页。

2　（元）脱脱等：《宋史》卷二八三《王钦若传》，第9560页。

洗刷澶渊之盟带来的耻辱，这位"智数过人"的文臣明知天子畏战，却故意说：陛下只有用兵收复燕云，才可以雪耻。真宗只得说：河北百姓才得到休养，我不忍心再将他们置于死地，你可以考虑其次的办法。王钦若眼见天子正如自己猜想的那样急于挽回脸面，遂将早已想好的对策说了出来。他对真宗说：如不用兵，就应当创造一番大功业，这样才可以镇服四海，炫耀于戎狄。当天子询问何谓大功业时，王钦若悉心予以解释，其意思大致是：大功业便是封禅，封禅虽应以天降祥瑞而举行，但祥瑞乃稀世罕有的事情，前代也有人为制造的先例。如果人主真心实意相信上苍，纵然编造出祥瑞，其实也与真实的无异，像所谓的河图、洛书，也不过是先圣们借助神道教化万民的手段。据说，真宗听了王钦若的建议，一时还犹豫不决。某天晚上，真宗来到藏书的秘阁，正碰上值班的一位老儒臣，便问道：你博览经典，河出图、洛出书的事果然有吗？老儒不知皇上心意，便随口答道：此为先圣所造宣教百姓的神道办法。真宗一听，觉得王钦若的建议的确有所依据，于是下决心举行封禅礼仪。[1]

要进行一场不免使人怀疑的天降祥瑞的活动，就需要得到百官的理解和响应，而与其说服众多的臣子们，不如只做宰相王旦一人的工作。假若人缘极佳、声望甚高而品行又无可挑剔的王旦站出来支持天子的话，其他的官员自然无话可说，这便

---

[1] （宋）李焘：《续资治通鉴长编》卷六七，景德四年十一月庚辰，第1506—1507页。

是自古以来道德榜样的感召效应。史称，真宗最初担心王旦反对，王钦若表示自己可以代天子做宰臣的工作。经过王钦若的一番劝说，王旦勉强答应。为了能彻底打动宰相，真宗将王旦请入宫中，设宴款待了一番。临别时，天子拿出一尊酒瓶赐给王旦，告诉他：此酒极佳，回去后与妻儿共同享用。王旦回到家中，将酒瓶打开一看，发现里面竟装满了价值昂贵的珍珠，这才明白皇帝是要堵住自己的嘴，收买的代价首先便体现在这瓶珍珠上。历来宽厚的王旦明白了天子的苦心后，自此不再发表任何异议。[1]

就在真宗皇帝给宰相王旦密赐珍珠后一个多月，也就是景德五年（1008年）正月初，宰相王旦、知枢密院事王钦若等大臣突然接到了入宫的通知。天子何故召诸臣到内廷，也许只有精明过人的王钦若能够猜到。当大臣们踏入崇政殿后，真宗告诉了大家一个惊人的消息。原来，去年十一月二十七日夜晚，天子在寝宫突然遇见了神人，神人告诉他可以在宫内正殿设道场一个月，然后上天就将降天书《大中祥符》三篇。最后，神人要求他不得泄露天机。于是，真宗按照上天的指示，一面在朝元殿精心安排道场，一面斋戒素食，并没有向朝臣们透露此事。正是心诚则灵，这天早晨就有巡逻的卫士前来报告，称在宫廷正门的承天门屋顶上发现了大幅黄色丝带。经派去的宦官仔细察看，获悉黄帛长二丈多，呈书卷状密封起来，外面系有

---

[1]　（元）脱脱等：《宋史》卷二八二《王旦传》，第9545页；（宋）苏辙《龙川别志》卷上，中华书局1982年版，第73页。

三圈青色丝缕，隐约有奇怪文字露出，想来便是神人降下的天书。事情如此重大，所以将众臣请来商议对策。等真宗述说完事情的经过，王旦马上代表大臣表示：陛下仁孝爱民，与邻邦和睦，励精图治，五谷丰登，以至感化上苍，降下祥瑞天书。说罢，群臣跪拜，高呼万岁。随后，真宗亲率百官来到承天门下，先焚香拜谢一番，然后令内侍攀登上房顶取下天书。当天书被传到道场后，另一名知枢密院事陈尧叟奉命将天书启封，宣读了黄帛中的文字："赵受命，兴于宋，付于恒（真宗立为太子后，改名赵恒）。居其器，守于正。世七百，九九定……"云云。当天晚上，真宗又令王旦留宿于中书，其间天子与宰臣又同来到宫中道场，进行了长谈。[1]

随后，朝廷下达了一系列诏令，大赦天下，改年号为"大中祥符"，加群臣官爵，赐京师百姓欢宴等等。不久，泰山所在的兖州（治所在今山东兖州）父老千余人赴京请天子封禅泰山，又有各地进士八百多名到皇宫前呈递了请封禅的奏书。到三月下旬，请求封禅的呼声达到高潮，不仅有大批文武官员接连上书，而且还有各地的武官将校、少数民族首领、僧侣道士以及高龄老人二万四千多人，都不辞辛劳专程赴京请愿。面对如此众多赤诚的请求，天子深受感动，遂下诏答应举行封禅大礼。[2]

所谓封禅，本是君王举行的一种乞求和报答上天神佑的重

1　(宋) 李焘:《续资治通鉴长编》卷六八, 大中祥符元年正月乙丑, 第1518—1519页;(元) 脱脱等:《宋史》卷一〇四《礼志七》, 第2539页。

2　(宋) 李焘:《续资治通鉴长编》卷六八, 大中祥符元年三月甲戌、乙卯, 四月辛卯, 第1528—1531页;(元) 脱脱等:《宋史》卷一〇四《礼志七》, 第2527页。

要典礼。自秦始皇专程到被视为海内最高大的泰山之巅举办了封禅礼后,[1]后世历朝都将在泰山上行封禅礼看作最隆重、盛大的祭天典礼,称作"封禅大礼"。由于举办一场这样的活动耗资极为宏巨,对朝廷政务和沿线地方的影响也非常之大,在相当一个时期内国人的注意力都被集中到泰山之巅。所以,往往只有少数盛世天子才有能力从事这项活动,如汉武帝、唐玄宗等,[2]这又使其成为一种旷世大典。大宋开国四十多年,虽长期边疆不宁,但国内的气象却称得上"蒸蒸日上""国泰民安"。尤其是景德初南北休战之后,更出现了官方史家艳称的太平盛世的祥和气氛,此时举行一次隆重的封禅大典,正可以表达对天帝神佑的感谢,更何况苍天已降天书德音。

于是,在大中祥符元年(1008年)十月初,也就是秋冬转换的季节,真宗皇帝率群臣、大批护驾卫军离开京师赴泰山。在天子东巡之日,沿途黄沙铺路,地方官吏全部出动,父老百姓夹道欢迎,人数逾数百万之多。十月下旬,真宗在封禅大礼使王旦、封禅经度制置使王钦若、赵安仁和封禅礼仪使冯拯、陈尧叟等朝廷主要大臣的陪伴下,登上了泰山,举行了全套的祭祀大礼。据说,当日在举行有关礼仪过程的前后,泰山上空出现了五色祥云,放置天书的盒子周围紫气黄光缭绕。又据王钦若反映,泰岳山谷间突然生长出无数的灵芝草,仅他一次就采集

1　(汉)司马迁:《史记》卷二八《封禅书》,中华书局1959年版,第1366—1368页。

2　(汉)班固:《汉书》卷六《武帝纪》,中华书局1995年版,第191页;(宋)欧阳修、宋祁等:《新唐书》卷五《玄宗纪》,中华书局1987年版,第131页。

到三万八千余枝。真正是君王心诚,天降祥书,地生瑞草,至于报告醴泉涌流、苍龙显露以及猛虎遁入深山之类吉祥征兆的奏书,更是不胜枚举。[1]

从泰山下来后,真宗又特意在南返途中巡幸了孔子故里——曲阜县。在此停留期间,天子亲自拜谒了供奉孔子塑像的文宣王庙,参观了孔林,赐给先圣第四十六世孙孔圣佑奉礼郎的官位,同时对昔日先圣的七十二名弟子也分别加以祭奠,对周公、姜太公等名贤追加谥号,修立庙堂,等等。到十一月下旬,真宗才返回京师开封,当然,天书也被同时带回,供奉于深宫之内。年终时节,天子以封禅大礼完成大赏百官,王旦、王钦若以下群臣及宗室成员都被加官晋爵,甚至在外地的寇准也被冠以户部尚书的官衔。[2]

东封泰山之后,真宗还陆续亲临汾阴(在今山西万荣西南荣河)祭祀后土,抵西岳华山脚下祷告山神,赴亳州(治所在今安徽亳州)朝拜太清宫老子真迹,等等。并且不惜人力和财力,在开封城内大修玉清昭应宫,以供奉天书及安置祭祀天地的道场。可以说,一直到乾兴元年(1022年)真宗驾崩为止,前后十数年间,朝廷的中心大政全部集中在名目繁多的各种神道礼仪活动中,为此花费的资财已无法统计,[3]其中仅营造有二千六百一十楹的玉清昭应宫,便动员了三四万工匠,日夜赶修,历时七年左右才完工。

1　(宋)李焘:《续资治通鉴长编》卷七○,大中祥符元年十月戊申、乙酉、壬子,第1570—1572页。
2　(宋)李焘:《续资治通鉴长编》卷七○,大中祥符元年十二月辛丑、癸卯、辛亥,第1581—1582页。
3　参阅汪圣铎《两宋财政史》(下),中华书局1995年版,第495页。

以至于当时有人说:"竭天下之财,伤生民之命。"[1]以后的名臣王安石也指出,为了向天子献灵芝,各地官员责令农民入山寻觅,"以上至不测之高,下至涧溪壑容,分崩绝裂,幽穷隐伏,人迹之所不通,往往求焉"。[2]

不过,正如封禅活动的首创者王钦若所预想的那样,朝廷文武百官及社会各界的注意力都被吸引到这场声势浩大、时间持久的祥瑞运动中,从而使得澶渊之盟的耻辱化为烟云,从国人的视野中消失殆尽。甚至包括辽朝、西夏以及边疆部族的使者,也不时入朝庆贺祥瑞降生的喜事。

令人可悲的是,像寇准这样耿直明白的大臣,眼见天子沉迷于祥瑞一类的歌功颂德活动之中,为了自己能东山再起,也不得不于天禧三年(1019年)加入了这场轰轰烈烈的运动。这年三月,他在任职的永兴军(治所在今陕西西安)境内支持天子宠臣编造天书。据说,永兴军发现天书的消息传到京城后,人们多不相信。于是有大臣对天子说:寇准最不信天书,现在天书降在其任所内,如能让寇准献上天书,则天下百姓必然信服。就这样,三个月后,天子将出贬多年的寇准召入京师,恢复了他的宰相职务。[3]

然而,真宗朝君臣从事的上述各种活动,在明眼人看来不过是一场自欺欺人的骗局,有时连真宗本人也觉得有些过分。

1　(宋)李焘:《续资治通鉴长编》卷八五,大中祥符八年八月癸未,第1944页。

2　(宋)王安石:《王文公文集》卷三四《芝阁记》,上海人民出版社1974年版,第408页。

3　(宋)李焘:《续资治通鉴长编》卷九三,天禧三年三月乙酉、六月戊戌,第2142、2152页。

如在大中祥符初年的一天，一位宠臣入宫献新造的天书法物，一时竟飞来十余只预先准备好的仙鹤。眼见此景，天书扶侍使丁谓立即上奏称仙鹤降临于天书周围，"飞舞良久"，方才离去。次日，真宗对丁谓说：昨天朕亲眼看到仙鹤，不过在天书上飞过，如果说飞舞很久，妙则虽妙，但恐怕不真实，你还是重新修改奏文吧。[1]

据记载，性格刚直的文官张咏临终前曾留下奏言，对朝廷不惜民力营建与神道有关的宫观之举提出了批评，要求天子斩杀丁谓以谢国人。[2]而当时最勇敢的批评者还是一名在外地的将官石普。

石普从太宗朝就已带兵，曾在镇压四川农民造反和抗击西夏的战争中屡立战功。真宗即位初，他又戍守北疆，取得过几次御辽战斗的胜利。大中祥符中，石普已官拜河西军节度使，历知河阳（治所在今河南孟县南）、许州（治所在今河南许昌）等地。史称他有胆略，通兵书，又喜好阴阳及六甲等术，曾向朝廷上过《军仪条目》《用将机宜要诀》等兵略。[3]由此可见，石普是一位有相当头脑的将官。当朝廷上下日益沉迷于无止境的祥瑞迷信活动时，石普深为国防的松懈而忧虑，于是上书天子，请求取消各地的道场，每年因此可以节省七十多万缗钱，以补充军用。当时，真宗举办封禅祥瑞的兴致正浓，看了这位不知深浅的武将的奏

1　（宋）李焘：《续资治通鉴长编》卷七〇，大中祥符元年九月庚申，第1560—1561页。

2　（宋）李焘：《续资治通鉴长编》卷八五，大中祥符八年八月癸未，第1944页。

3　（元）脱脱等：《宋史》卷三二四《石普传》，第10474页。

言极为恼怒,只是暂时未予理睬。

大中祥符九年(1016年)冬,石普又上书反映天象变化和西北边防有警,请求加强守备力量。这一次,石普终于被打算惩治他的君臣抓住了机会。真宗先责怪他越职多言,接着枢密使王钦若又议论他企图以边关兵事惑乱朝廷。于是,天子震怒,立即下令派人前往许州收捕石普。结果,石普以私藏天文图籍之罪被下狱,有的文臣遂建议对其施以极刑。最终,真宗宽恕了石普的死罪,但将他撤职除名,发往远方服刑,并特别在流放地增设了百名士兵监管他的行动。[1]石普不过是对朝廷提了一些不同看法,既未损兵失地,又未图谋不轨,本来绝不至于遭此报复。他无非是大胆反对祥瑞运动,何况他不过是一名武臣而已。

然而,在天子的带头倡导下,帝国境内欺妄造假之风甚嚣尘上,以至于又产生了许多危言耸听的迷信传说,在天禧二年(1018年)夏末还发生了一件颇为严重的事件。据记载,这年夏末的一天,从西京洛阳传出了"帽妖"食人的传说,结果愈传愈神,一直扩散到京畿地区。一时间,百姓们惊恐异常,许多家庭都聚族坐在一起,通宵达旦地叫嚷,其景象在兵营中就更为过分。后来,朝廷下令严查,才获悉此事系子虚乌有的谣传,造谣者乃是一名僧人和一名术士。[2]

---

[1] (宋)李焘:《续资治通鉴长编》卷八八,大中祥符九年十一月戊申,第2027页。

[2] (宋)李焘:《续资治通鉴长编》卷九二,天禧二年六月乙巳,第2118页。

王旦晚年心绪欠佳，常常陷于不尽的烦恼之中。他眼见朝政荒于莫名的一场运动之中，欲劝谏天子，但想到自己已置身其中，只好作罢；想辞职逃避，又感到皇上对自己厚待无比，不忍离去，于是内心痛苦不堪。每每遇到神道之类的活动，他作为宰相都要担任其中最隆重的大礼使和仪卫使的职务，捧着所谓的"天书"走在队伍的中间，此时，他竟流露出"悒悒不乐"的神情。为了摆脱烦恼，王旦移情于佛教，以寻求安慰。

天禧元年（1017年）夏末，王旦终于病倒了。在弥留之际，他留下遗言，令家人在他死后为自己削发，并穿戴和尚衣装，棺木中绝去金玉器具，然后实行火葬。[1]显然，王旦是想通过此举表达自己对生前行为的追悔。当然，他的家人和官场的朋友们是不会按照他的遗言办理丧葬的，而是安排了空前规格的传统葬礼。[2]

真宗在位的后期，来自江南苏州的文士丁谓成为朝中最受宠的大臣。从有关丁谓的个人资料可以看出，他在早年已显露出超凡的文字功夫，被誉为自唐朝韩愈、柳宗元之后的奇才，与另一位才子孙何并称"孙丁"。[3]当他以科举甲科成绩入仕后，表现出的却是高超的政治权谋，所谓"机敏有智谋，险狡过人"，[4]尤其是在迎合上级官员乃至于天子方面，更为他人所不

1　（宋）司马光：《涑水记闻》卷七，第143页。
2　（宋）李焘：《续资治通鉴长编》卷九〇，天禧元年九月己酉，第2080—2081页；（元）脱脱等：《宋史》卷二八二《王旦传》，第9545页。
3　（宋）司马光：《涑水记闻》卷二，第39页。
4　（元）脱脱等：《宋史》卷二八三《王钦若传》，第9570页。

及。因此，丁谓从淳化三年（992年）步入政坛后，不到二十年便官至参知政事，参与了中枢大政。

在大中祥符年间，丁谓积极投身于各种祥瑞活动之中，既与王钦若相互配合，又时常彼此争宠。在此期间，每每遇到醮祭场合，丁谓必奏亲眼目睹到仙鹤飞舞。在东封泰山期间，他向天子反映，自己在黄昏时分见到无数只仙鹤盘旋于行宫之上。于是，世人讥称他为"鹤相"。[1]到真宗去世之前，丁谓已是朝中最有实权的大臣。真宗皇帝曾亲自写诗盛赞过他的才能，所谓"践历功皆著，咨询务必成"，"俾展经纶业，旋升辅弼荣。嘉亨忻盛遇，尽瘁磬纯诚"，"想卿怀感意，常是梦神京"。[2]

在真宗晚年，丁谓与刘皇后结成政治同盟，借天子多病的机会，形成把持朝政的局面。最终，当宰相寇准试图限制后宫干政时，丁谓伙同刘皇后出手，将寇准罢官流放。与此同时，他取而代之登上相位。天禧四年（1020年），丁谓将最大的对手寇准流放岭南之后，又巧妙而专横地将另一位新任宰相李迪驱逐出朝，随之安排老官僚冯拯接替次相之位。此时，真宗已重病缠身，时常陷于神志不清的地步，宫里由刘皇后主事，朝堂则唯丁谓马首是瞻。

正是在"一国君臣如病狂然"[3]的活动之下，大宋的政局变得扭曲起来，而国家的武备更被抛到一边，像石普那样稍有

1　（宋）魏泰：《东轩笔录》卷二，中华书局1983年版，第18页。

2　（清）厉鹗：《宋诗纪事》卷一，引宋真宗《又赐丁谓》诗，上海古籍出版社1983年版，第5页。

3　（元）脱脱等：《宋史》卷八《真宗纪》"赞论"，第172页。

头脑的武官将领只能受到无情的排斥和打击。当时，唯有崇儒重文的方针没有受到影响，反而因为大批文臣的竭力提倡，使天子和朝廷对文官集团的依赖进一步加深。大中祥符中，真宗皇帝曾亲自著述了《崇儒术论》等文章，颁示天下，以向全社会表明朝廷尊崇儒学的坚定决心。据记载，真宗在写作《崇儒术论》之前，曾对身边的近臣们说过写作的动机，其大致意思为：儒术渊深，当发扬光大，国家对它的尊崇，无可比拟。以往历代凡崇儒者则国运盛，凡抑文者则王业衰。本朝太祖、太宗"崇尚斯文"，才改变五代流俗。本人继承先帝遗业，"谨遵圣训，礼乐交举，儒术化成"。[1]还有一首流传甚广、影响后世近千年的《劝学诗》，据说也是出自真宗手笔。此诗全文如下：

> 富家不用买良田，书中自有千钟粟。
> 安房不用架高梁，书中自有黄金屋。
> 娶妻莫恨无良媒，书中有女颜如玉。

---

[1] （宋）李焘:《续资治通鉴长编》卷七九，大中祥符五年十月辛酉，第1798—1799页;（元）脱脱等:《宋史》卷二八七《陈彭年传》，第9664—9665页。

出门莫恨无人随,书中车马多如簇。

男儿欲遂平生志,六经勤向窗前读。[1]

这首诗语言通俗,内容极其富吸引力和鼓动性,使世人读了之后没有不动心的。可以说,此诗为年轻一代描绘了一幅诱人的前景,即通过苦读圣贤经典、练习文字,以博取科场功名,便可以享受一生富贵,包括良田、金玉乃至于美女等。难怪连当时的许多赳赳武夫也为之感化。史籍有这样的记载,真宗朝的殿前都指挥使高琼就曾向天子讨要过经史书,于是,宋朝史家就此评道:"上崇尚文儒,留心学术,故武毅之臣无不自化。"[2]

澶渊之盟以后,在祥瑞运动的冲击之下,宋朝犹如一艘巨大沉重的航船,驶入了完全无人知晓的航线,未来可能遇到什么暗礁或旋涡,已没有什么人在意了。用传统史家们常用的词解释便是"文恬武嬉"。到下一代天子继承江山时,终于遇到了灾难,特别是来自西北边防上的无穷祸患。

---

1 对于宋真宗《劝学诗》的影响,学界已有论述,其真伪也有考证,参见李启明《宋真宗〈劝学诗〉新论》,载于《广西师范大学学报》1990年第2期;廖寅:《宋真宗〈劝学诗〉形成过程与作伪原因考述》,《中国高校社会科学》2018年第3期。

2 (宋) 李焘:《续资治通鉴长编》卷六〇,景德二年六月乙未,第1347页。

四 仁庙岁月

1. 仁厚天子

乾兴元年(1022年)二月中，时年五十五岁的真宗皇帝病死于延庆殿内，遗诏太子继位。新天子便是大宋第四代皇帝，登基之日仅十三岁，其身后庙号为仁宗。考虑到继承人年龄幼小，所以大行皇帝在遗诏中又令皇后为皇太后，暂时管理国家大政。[1]

新皇帝本名赵祯，是真宗的第六个儿子。值得一提的是，他的五个兄长有四个都在幼年夭折，另一位在史书中也没有留下踪迹，很有可能也在未成年时病死。[2]因此，真宗的血脉唯有仁宗一人。仁宗的生母李氏是一位不幸的女性，她出身于一个低级武官家庭，少年时代便离开父母入宫，成为真宗皇后刘氏身边的侍女。李氏入宫后，一直默默无闻，以后，因一次意外的机会她才得到天子的幸临，遂怀下了日后的天子。但她却在产下儿子不久，就失去了对亲生之子的抚养权。

真宗先后有过三位正宫夫人。其中第一位是宿将潘美的女儿，但在端拱二年(989年)便已亡故，当时真宗尚处于藩王地位，所以她只是在身后多年才获得追封皇后的殊荣。真宗的续弦夫人郭氏也是武官之女，于太宗淳化四年(993年)进入藩邸。真宗即位后，她成为皇后，但并不很受宠。景德四年(1007年)，她

1　(宋)李焘：《续资治通鉴长编》卷九八，乾兴元年二月戊午，第2271页。

2　(元)脱脱等：《宋史》卷二四五《宗室传二》，第8707页。

在随天子结束洛阳之行不久，便因病亡故。[1]真宗的第三位正室刘氏，出身颇为离奇。据官方文献记载，刘氏原出身军官世家，后因父亲病故，她被母亲家族收养。[2]但当时更可靠的一种记录却透露，刘氏出身于蜀中的寒微之家。她自幼就善于击鼓歌舞，以后她随当地一个叫宫美的银匠来到京师。至于她与银匠之间是何关系，史家则避而不谈。据说，宫美曾因锻银器进入东宫，真宗当时已是太子，也许是对大家闺秀出身的品貌端庄、举止规矩的女子有所厌倦，遂对银匠说：听说蜀地女子多才慧，你可为我寻觅一位蜀姬。于是，宫银匠马上将刘氏献给了太子。真宗见到能歌善舞、年方十五岁的刘氏后，非常喜悦，宠爱无比。只是因为父皇及乳母的干预，真宗才暂时将刘氏寄养于亲信家。不久，太宗驾崩，刘氏也得以重新入宫。因为刘氏孤立无亲，真宗特将宫美改姓为刘美，使其与刘氏算作兄妹关系。[3]

当郭皇后病死后，真宗不顾众多大臣的反对，将刘氏立为皇后。[4]据说，真宗当时为了弥补刘后出身卑贱的弱点，曾打算让知开封府刘综与后家认作同宗亲戚，不料却遭到刘综的委婉拒绝。[5]刘后出身虽然低微，但却精明异常，在真宗朝后期已对

1　(元)脱脱等：《宋史》卷二四二《后妃传上》，第8611—86122页。

2　(元)脱脱等：《宋史》卷二四二《后妃传上》，第8612页。

3　(宋)司马光：《涑水记闻》卷五，第100—101页；(元)脱脱等：《宋史》卷二四二《后妃传上》，第8612页。

4　(元)脱脱等：《宋史》卷二四二《后妃传上》，第8613页。

5　(宋)张舜民：《画墁录》，影文渊阁四库全书印本，上海古籍出版社1987年版，第1037册169页。

朝政拥有了巨大的影响力。遗憾的是，刘后一直未能怀孕生子，这势必会对她自己及其家族日后的利益有所不利。于是，在大中祥符三年（1010年）四月中旬，当她听说宫女李氏产下一子后，便立即将男婴抱来养育，视为自己的儿子。当然，宫中任何人都不能将其真相透露出去。这位男孩长到九岁时，便被册封为皇太子，十三岁时又在做了皇太后的刘氏的监临下登上了帝位。

仁宗的幼年是在刘后的严厉教导下度过的，所谓"动以礼法禁约之"。据说，仁宗幼年常患病，刘后遂禁止给他的餐桌上放虾蟹一类海味。看到小皇子馋海味，杨淑妃就经常私下藏匿一些，偷偷拿给他吃。[1]长期生活于如此的环境之中，使仁宗在性格上形成了"仁孝宽裕，喜愠不形于色"[2]的特点。他当然不知道严厉的母后并非亲生母亲，学会的只是顺从和规矩。一直到登基称帝后的十余年里，仁宗仍然是在垂帘的太后安排下处理各种事务，包括他自己的婚姻。

仁宗称帝后，虽然尚在少年，但按照传统的观念，也应该为他选立皇后。据记载，大约在天圣二年（1024年）之前，少年天子已钟情于身边的张美人，很想立她为后。但刘太后却不喜欢张氏，遂按照她自己的眼光为天子选择了一桩亲事。太后挑中的人是昔日平卢节度使郭崇的孙女，[3]可谓门户显赫。

1　（宋）司马光：《涑水记闻》卷八，第153页。

2　（元）脱脱等：《宋史》卷九《仁宗纪一》，第175页。

3　（元）脱脱等：《宋史》卷二四二《后妃传上》，第8619页。

于是，在天圣二年（1024年）冬举办了隆重的皇帝娶亲大礼，这一切自然都是按照太后的旨意办理的。然而，天子婚后对皇后却颇为冷淡，只是因为不敢触怒太后，才不得不忍耐下来。郭后自恃有太后撑腰，也不免有些骄横，借太后旨意断绝天子与其他宫女的来往。[1]结果，双方之间不幸的种子就此栽种。

古代政坛的游戏，无论一时是多么热闹精彩，最终也脱不了"一朝天子一朝臣"的潜规则。对于热衷弄权的重臣而言尤其如此，因为以势压人，树敌过多，口碑欠佳，连新主子都有所忌惮，即使是同党及追随者也会心怀怨气，因此最终不免于众叛亲离的结局。

在真宗末年与仁宗初年时期，朝廷的政治风云瞬息万变，当时最善权谋又最受宠的宰相丁谓先后将寇准、李迪两位宰臣逐出中书，甚至几乎将此二人置于死地。[2]在年幼天子登基后的几个月里，丁谓的权力更达到了登峰造极的地步，凡军国大事几乎都由他做主，仅仅通过宦官首领雷允恭取得太后的恩准，其他大臣多不预闻。[3]然而，正所谓"机关算尽反误了卿卿性命"。丁谓权势熏天，引起了在朝大臣们的普遍怨愤，太后对此也不免有些反感。于是，在乾兴元年（1022年）六月，以参知政事王曾为首的朝臣对丁谓发起了一场惊心动魄的斗争，终于结束了丁谓专权的局面。

1　（宋）司马光：《涑水记闻》卷五，第84—85页。
2　（元）脱脱等：《宋史》卷二八一《寇准传》，第9533页、卷三一〇《李迪传》，第10174页。
3　（元）脱脱等：《宋史》卷二八三《丁谓传》，第9568—9569页。

王曾出生于青州益都（今山东益都）一个农家，幼年丧父，通过苦读取得了学业上的过人成绩。咸平中，王曾在几级科考中连获第一，以状元身份入仕，成为一时备受瞩目的俊杰。王曾步入政坛后，遇事颇敢直言，受到了宰相寇准的器重，也引起了真宗的注意。到大中祥符末，仅仅参政十几年时间的他已官拜参知政事。以后，王曾因对王钦若的所作所为不满，一度被贬为地方官。当王钦若罢相后，他才复位。[1]

当真宗驾崩之后，丁谓为了打击政敌，进一步将贬谪于道州（治所在今湖南道县）的寇准流放于雷州（治所在今广东海康），王曾对此提出了异议。据记载，王曾曾将自己的宅第借给落难时的寇准居住，于是，专横的丁谓对王曾威胁道：出借房子的主人恐怕不一定能幸免。听了此话，王曾颇为惧怕，遂不敢争议。[2] 如此一来，王曾也必然对专权者产生了强烈的仇恨。反攻的机会不久便出现了。

在为大行皇帝治丧期间，丁谓作为宰相依照惯例充当了山陵使，全面负责真宗皇帝陵墓修建的各项事务，而具体监督工程者则是宦官雷允恭。由于雷允恭不听别人劝告，擅自更改墓穴位置，结果在施工过程中遇到地下出水，使工程无法继续下去。消息传入朝中，太后指派官员对狂妄的宦官首领进行审判。王曾则抓住这样涉及大行皇帝丧葬的重大失误，

1　（元）脱脱等：《宋史》卷三一〇《王曾传》，第10182—10183页。

2　（宋）李焘：《续资治通鉴长编》卷九八，乾兴元年二月戊辰，第2274页。

对与雷允恭关系密切的丁谓进行清算。王曾暗中向太后揭露了丁谓长期专权的各种行为,当时丁谓恰巧又有几件事情违背了太后心意,于是,太后降旨将丁谓贬出京城。[1]不久,朝廷又通过审问女道士刘德妙,掌握了有关丁谓虚造祥瑞、欺骗先帝的大量证据,遂又将丁谓贬为崖州（治所在今海南三亚市西北）司户参军。[2]在丁谓被贬出朝的第二个月,王曾入主中书,成为主政的宰相。据记载,是年的九月,王曾等大臣奏请太后批准,将昔日的所有天书随大行皇帝入葬地下。[3]此举无异于向天下暗示祥瑞运动的终结。

当然,对于年方十三岁的仁宗来说,当时朝中发生的一切意义何在,他还弄不清楚,只是在年龄渐长以后,才明白朝廷因王曾这样一些忠臣的努力,停止了劳民伤财多年的祥瑞活动,使大宋避免了灾难的延续。他同样是在以后才明白了这样一件怪事:王钦若因为曾经为太后入居正宫出过力。[4]所以虽是祥瑞活动的罪魁祸首,王钦若却仍在天圣元年（1023年）重返相府,并且排名在王曾前面。而如此奸臣在三年后死去时,竟获赠太师、中书令这样隆重无比的官衔,其亲属家人被录用做官者达二十余人,用史家的话说则是"国朝以来宰相恤恩,未有钦若比者"。[5]恭顺的仁宗皇帝在天子的宝座上逐渐熟

1　（宋）李焘:《续资治通鉴长编》卷九八,乾兴元年六月庚申,第2283—2286页。
2　（元）脱脱等:《宋史》卷二八三《丁谓传》,第9569—9570页。
3　（宋）李焘:《续资治通鉴长编》卷九九,乾兴元年九月己卯,第2297页。
4　（宋）魏泰:《东轩笔录》卷二,第21页。
5　（元）脱脱等:《宋史》卷二八三《王钦若传》,第9563页。

悉了国政，并掌握了面前哪些大臣讨好太后，哪些大臣真心效忠自己，他只是无法当着太后的面公开表达自己的好恶。

王曾在中书之日，以力扫前朝积弊为己任，先有意对首相王钦若加以制约。此时的王钦若已失去了往日的威风，每每有所裁断，便遭到王曾等人的反驳，以至于不堪忍受。他曾对朝臣发牢骚道：王子明（王旦字子明）在政府的时候，谁都不敢这样。[1] 王曾在继王钦若做宰相之后，又对太后的一些有悖常礼的要求加以反对；在太后生日时，也只答应率百官在普通宫殿朝贺，诸如此类。总之，他不愿意接受太后明显僭越天子礼仪的行为。此外，王曾还对太后亲属的一些过分要求加以"裁抑"，[2] 这样做的结果，最终使王曾付出了沉重的代价。天圣七年（1029年）六月，玉清昭应宫在一场雷雨中被焚毁，太后借王曾上表请罪之际，将其贬出中央。[3] 其实这场天灾本与宰相无关。此后，取代王曾任宰相者便是吕夷简。

吕夷简出身于寿州（治所在今安徽凤台）一个官宦之家，他的堂叔便是历仕太宗、真宗两朝的宰相吕蒙正。吕夷简于真宗朝进士及第后，在地方和京师出任过多项官职，以勤于政事而出名。仁宗即位之初，他以权知开封府的身份参与了对丁谓的清算斗争，不久便升迁为参知政事。此后，吕夷简配合王

1　（宋）李焘：《续资治通鉴长编》卷一〇一，天圣元年九月丙寅，第2333页。

2　（元）脱脱等：《宋史》卷三一〇《王曾传》，第10185页。

3　（宋）李焘：《续资治通鉴长编》卷一〇八，天圣七年六月丁未、甲寅，第2515、2517—2518页。

曾力改真宗朝以来积弊，颇有作为。[1]然而，吕夷简也工于心计，眼见太后独断专行，遂竭力避免与太后发生冲突。当王曾罢相后，他出任宰相，开始对太后的各种要求尽可能予以满足，包括一些越礼的做法。[2]不过，吕夷简对已经成年的仁宗皇帝也没有忘记，他处处表达忠心，特别是通过几件事情给天子留下了深刻的印象。

明道元年（1032年）二月中，仁宗的生母李氏病死。这位亲眼见到儿子做了十年天子的母亲，因受到正在垂帘的刘太后的压制，既无法享受到"母以子贵"带来的殊荣，也不能母子相认，最终只有带着一腔痛苦的思念离开人世。她直到临死的那一天，才取得品位较高的宸妃身份，此时她不过四十六岁。[3]太后为了尽量减少众人对李氏之死的注意，原准备指派仆役将宫墙打开一个豁口，然后把棺木抬出去掩埋了事。不料，此事被细心的吕夷简获知，他遂入宫劝说太后按必要的礼仪规格下葬。在这件事情上，吕夷简不顾触犯太后忌讳，冷静讲明利害关系，终于圆满地解决了问题，使来年亲政后的仁宗感激不已。[4]

就在距李妃丧葬的事情处理完半年，皇宫内突然发生了一

1　（元）脱脱等：《宋史》卷三一一《吕夷简传》，第1026—1027页。
2　（宋）李焘：《续资治通鉴长编》卷一○八，天圣七年十一月癸亥；卷一一一，明道元年十二月辛丑，第2526—2527、2595页；（元）脱脱等：《宋史》卷三一四《范仲淹传》、卷二八六《薛奎传》，第10268页，第9630—9631页。
3　（元）脱脱等：《宋史》卷二四二《后妃传上》，第8616页。
4　（宋）李焘：《续资治通鉴长编》卷一一一，明道元年二月丁卯，第2577页；（宋）邵伯温：《邵氏闻见录》卷八，第76—77页。

场大火，竟将崇德殿及长春殿等八座大殿焚毁。火灾后的第四天，吕夷简率群臣赴皇宫请安，但宫门紧闭，仁宗登上城楼隔帘接见朝臣。此时，吕夷简望着高处帘子后面隐约的身影，不知天子是否安然无恙，便拒不下拜。仁宗派人问其缘故，他回答道："宫廷有变，群臣愿一望清光。"于是，在仁宗站出帘外的情况下，吕夷简才拜倒在宫门之下。[1]他的这一忠心举动，无疑令天子大为感动。

正是因为有吕夷简等大批朝臣的全力支持，仁宗才能稳坐帝位，个别人劝刘太后效法武则天的做法也未能实现。[2]到明道二年（1033年）三月下旬，年届六十五岁的刘太后终于驾崩，仁宗皇帝才开始亲政，此时天子已二十四岁有余。

亲政后的仁宗先对以往那些有奉承太后行迹的朝臣进行了贬逐，随后又在后宫的问题上实现了自己的愿望。据史籍记载，刘太后死后，仁宗摆脱了多年的禁锢，遂宠幸后宫，其中对尚氏和杨氏两位美人倍加宠爱。如此一来，便引起了郭皇后的强烈不满，这位据称性情好"妒"的皇后，还不明白形势已发生转变，依旧保持昔日作风，竟屡次当着天子的面与受宠者争吵。一次，郭后因受不了尚美人的讥语，冲上前用手扇打对方面颊，仁宗自然偏袒尚氏，便起身保护，不曾想却被郭后一掌击在脸上。此时，早已厌恶皇后的仁宗忍无可忍，便接受了

1　（元）脱脱等：《宋史》卷三一一《吕夷简传》，第10207—10208页。

2　（元）脱脱等：《宋史》卷二八八《程琳传》、卷二四二《后妃传上》，第9674、8615页。

亲信宦官的建议，马上将吕夷简等大臣召入宫中，以自己面颊上的手痕展示给大臣。[1]

说起来，仁宗实在是一位仁厚的天子，他受了郭皇后多年的气竟然不敢自己惩罚，还需要向臣下求助。眼见如此情景，曾经因郭后几句议论而一度被贬出朝的吕夷简，便乘机劝仁宗废黜郭后。当仁宗因惧怕遭人非议而犹豫时，吕夷简遂以后汉光武帝废黜皇后的先例说服天子。最终，仁宗在宰相的支持下将郭后废黜。但据说，以后因不少官员反对废黜皇后，仁宗又一度有将郭后从道宫召回的打算，只是因为宦官暗中药死了郭后，事情才算作罢。[2]然而，仁宗因此也失去了两位心爱的美人。郭后被打发到冷宫后，仁宗因过于宠幸尚、杨二氏，身体竟亏损不少，"或累日不进食"。一时，众多朝臣都归罪于两位后宫，视其为惑乱人主的妖孽，再加上对废除皇后事情的不满，遂一致要求将天子身边的尚、杨二氏驱逐出宫。仁宗在强大的压力下，被迫屈服，答应将尚、杨二氏打入道观。当宦官们强拉着两位美人出宫时，她们悲痛欲绝，哭着为自己辩说，但这一切都无济于事。[3]天子为了向朝臣表示自己虚心纳谏，只得违心地抛弃了心上人。

此后，仁宗在四十余年的皇位上始终保持了宽仁厚爱的

1　（宋）李焘：《续资治通鉴长编》卷一一三，明道二年十二月甲寅，第2648页；（元）脱脱等：《宋史》卷二四二《后妃传上》，第8619页。

2　（宋）司马光：《涑水记闻》卷五，第86页。

3　（宋）司马光：《涑水记闻》卷三，第59—60页。

原则，对百官的意见极为重视，唯恐遭人议论，可以说，一旦遇到分歧，他便倒向呼声高的一边。某次，仁宗在宫廷内设道场，请了一批僧人做法事。为了向和尚们表达谢意，他准备了一些紫色丝罗，但又怕台谏官员看见议论，只得亲自将东西藏在怀里，然后坐御辇赶赴道场。[1]在个人生活方面，他也常能节制欲望，一反真宗在位时穷奢极欲、好大喜功的做派。据说，有一天晚上，仁宗忽然感到饥饿，想吃一些烧羊肉，但转念一想，又怕御膳房的人从此宰杀牲畜，以备不时之需，所以告诉身边人不要向御厨索要烧羊肉。另有一次，仁宗到御花院内观赏春色。时间久了，他便频频回顾四周，众人不知天子何意，也不敢询问。等到返回宫中，仁宗立即吩咐宫女：渴得很，快拿些热水来。宫女一听感到奇怪，就问天子：官家为何不在外面要水，反耐了长久的干渴呢？仁宗答道：我多次观望，没有看见水壶，假如询问的话，必有受罪者，故忍渴而归。[2]

另有这样的记述：某次，正在做谏官的王旦之子王素，听说外面向仁宗进献女子，便劝谏天子远女色。仁宗笑着对这位谏官说：朕是真宗之子，卿乃王旦之子，彼此关系与他人不同，可谓世交。献秀女的事确实有，已在朕的身边，也甚为亲近，且留下来如何？王素却说：为臣所议论的目的，正恐怕太

---

1 （宋）邵伯温：《邵氏闻见录》卷二，第13页。
2 （宋）魏泰：《东轩笔录》卷一一，第125页。

亲近。天子听罢脸色都变了，赌气对宦官呼道：所献女子，各支给三百贯钱，现在就打发出门。言毕，仁宗不觉委屈地流下泪来。王素看到眼前一幕，只得委婉地劝道：陛下即便认为臣子的奏言有理，也不必如此快速发落，还是暂留内廷，慢慢打发出去。此时，仁宗才道出了内心的无奈：朕虽为帝王，但同样有常人之情。如果看到那些女子涕泣不愿出去，朕恐怕也不忍心将她们逐出，你留下来且听回音。等了相当长一段时间后，内侍才回来报告已将秀女放出皇宫。仁宗听罢，又不觉为之动容站起。[1]

还有这样一件事，颇能反映仁宗宽厚的性格。庆历四年(1044年)盛夏的一天，谏官余靖认为朝廷在西北边防上的安排不妥，就多次入宫当面向天子反映自己的看法。这位谏臣因素来有不修边幅的习惯，谈论起来又滔滔不绝。等到余靖高谈阔论完毕，仁宗立即返回内宫，并对身边人说：刚才被一个汗臭的汉子熏杀，唾沫都喷在我的脸上。[2]

不幸的是，仁宗废黜了自己不喜欢的郭皇后，却仍不能按照个人意愿再立一位心上人为皇后。景祐元年(1034年)，当尚、杨二美人被逐出宫后，仁宗又寄情于一位陈姓茶商的女儿，并打算将其扶为正宫皇后。此事传出后，宰相吕夷简、枢密使王曾及参知政事宋绶以下众多朝臣纷纷反对。他们认为商人之女

1　(宋)邵博：《邵氏闻见后录》卷一，中华书局1983年版，第3页。

2　(宋)李焘：《续资治通鉴长编》卷一五〇，庆历四年六月丁未，第3635页。

低贱，不足以母仪天下。仁宗最终只得向众人投降，接受了大臣们推荐的另一位大家闺秀，新皇后便是大将曹彬的孙女。[1]说起来，茶商之女比之于当初的蜀中歌舞女刘氏还是要体面得多，然而，仁宗连其父亲的胆魄也没有，自然不敢坚持己见，只能听凭臣子们为自己安排婚姻家事。

显而易见，自幼受到刘太后严格管教，直到二十四岁才摆脱傀儡地位的仁宗皇帝，在其成长的过程中已铸成了性格上仁厚的显著特点。其实，仁厚不过是臣子们的赞美之词，说穿了就是懦弱怕事。以后，王安石与神宗皇帝讨论过这位先皇的弱点，称他对待天下乃至于四邻的仁恩，"可谓深厚"，但却反受到西夏人的欺辱，所谓"陵侮仁宗最甚"。[2]于是，仁厚的天子被朝中的文官大臣所包围，又继承了祖宗以来"崇文抑武"的大政方针。仁宗留传后世的御诗很少，其中便有"寒儒逢景运，报国合如何"[3]"青春朝野方无事，故许欢游近侍陪"[4]等诗句，流露了他对文臣儒士的厚望，以及彼此之间融洽的关系。正如当时人所评说："仁宗圣性好学，博通古今"，自即位后，经常请翰林侍讲、侍读学士讲经史，"孜孜听览"，乐而忘倦。[5]于是，当他驾崩之后，文臣们为他选择了"仁宗"的庙号，既

1　(宋) 李焘:《续资治通鉴长编》卷一一五，景元年九月辛丑、甲辰，第2700页。

2　(宋) 李焘:《续资治通鉴长编》卷二三〇，熙宁五年二月癸亥，第5596页。

3　(清) 厉鹗:《宋诗纪事》卷一引宋仁宗《闻喜宴赐进士》诗句，上海古籍出版社1983年版，第7页。

4　(清) 厉鹗:《宋诗纪事》卷一引宋仁宗《幸后苑召宰执侍从台谏馆阁以下赏花钓鱼中舻赋诗》，第6页。

5　(宋) 魏泰:《东轩笔录》卷三，第31页。

体现了他一生的主要特征，也表明了士大夫对这位天子的高度评价。

2. 陈尧咨的遭遇

早在大宋灭亡后蜀之日，便收拢了当地的一批文官，在这些人中间有一位名叫陈省华的小县尉，也被安排到陇城（今甘肃天水）县做主簿，这仍然是一个低微的官职。许多年后，陈省华才在西北边陲熬到县令。然而，正是这位平庸的文官却养育出了三个声名显赫的儿子，他们或官至宰辅，或科场夺冠，成为真、仁两朝的名门巨族。在陈省华的三位后人中，又以陈尧咨的经历颇为独特，在当时被迫奏出了一曲文臣从武的不协和音，为自己留下了无穷的悔恨。

当初，陈家地位虽不高，却有一个崇尚诗书礼仪的家庭环境。因为教导有方，陈省华的三个儿子陈尧叟、陈尧佐和陈尧咨都才学出众。其中第三子陈尧咨更为奇俊，不仅文笔在两位兄长之上，而且酷好武艺，经过苦心练习，其射术名闻海内。据说，陈尧咨能百发百中，世人便送了他一个"小由基"的雅号。[1]这里所说的"由基"，乃是指春秋时著名射士养由基。有这样一段有关陈尧咨的流传千古的佳话：

陈尧咨对自己的射术颇为自豪。一天，他在自家园圃中

1　（宋）王辟之：《渑水燕谈录》卷九，中华书局1997年版，第113页。

射箭，有一个卖油老翁挑担观看。许久之后，老翁不过微笑点头而已。陈尧咨遂问道：你也懂射术吗？对方答道：没有别的技巧，只不过手熟罢了。骄傲的射手不服地对老翁说：你竟敢轻视我的射术？老翁从容回答说：我根据多年的打油经验获知这一道理。言罢，老人将一只葫芦放在地上，再将一枚内有方孔的铜钱置于葫芦口，然后舀出一勺油从高处慢慢滴下，竟然使勺中油流尽而小钱滴油不沾。表演结束后，卖油老翁说：我也无他妙法，只是手熟的缘故。于是，陈尧咨笑着送走了老人。[1]

具有如此文武双全的素质，本应让陈尧咨成为大宋政坛的栋梁之材，然而，出众的武功及尚武色彩不仅没有为他增添身价，反而使他被掌握朝政的文官集团看轻了。因为他身上透出的强烈的阳刚气息，令开国以来积淀了几代儒雅内向气质的文臣感到不舒服，也可以说，在陈尧咨果敢敏捷的品质对比下，文官士大夫身上柔弱的短处被暴露无遗。因此，即使是出自某种嫉妒的心理，也会使朝臣们将陈尧咨视为异己，将其从士大夫圈中排挤出去。

陈尧咨的两位兄长因为具有当日典型的文官气质，所以入仕后一帆风顺。其中陈尧叟在太宗朝端拱三年（990年）以甲科成绩扬名科场，历仕地方与中央官职，于咸平中官拜同知枢密院事，前后不过用了十余年时间。当景德初辽军大举南犯时，他

---

[1] （宋）欧阳修：《归田录》卷一，中华书局1997年版，第9—10页。

作为大宋最高军事组织的首脑之一，在抗击敌军方面提不出任何有意义的建议，而是与参知政事王钦若一起鼓动天子南逃。[1]好在澶渊之盟很快签订，西夏新首领李德明也放弃了进攻策略，周边战火随之熄灭，而天子的注意力又完全投向祥瑞活动。在这样的局面之下，陈尧叟有无领导军队与国防的才能，已显得无关紧要。

从南北停战后到天禧元年（1017年）陈尧叟最终病死为止，前后十数年间，他历仕知枢密院事、枢密使等军政要职，位极人臣，不过，其最突出的表现却是与同僚王钦若一同倡导祥瑞运动。他以自己擅长的文采和草隶书法，先后创作过《封禅圣制颂》等作品，替天子书写了《朝觐坛碑》《亲谒太宁庙颂》等碑文。当时，陈尧叟仅有的与本职工作有关的业绩，便是写了一篇洋洋洒洒的《监牧议》，对马政的方方面面进行了一番议论。大中祥符末，陈尧叟因身体虚弱不堪，只得从枢密使的职位上退下来，挂上颇为显赫的右仆射的虚衔，到地方赋闲休养。第二年，他病死于京师，获赠侍中之衔，谥号文忠。[2]

陈尧佐为陈门次子，与长兄同时进士及第，又同日踏入政坛。第二年，陈尧佐与父亲同时迁官，陈尧叟为此写下了骈体诗以纪念："蟾桂骊珠，连岁有兄弟之美；鱼章象简，同时联

---

[1] （宋）李焘：《续资治通鉴长编》卷五七，景德元年闰九月癸酉，第1267页。

[2] （元）脱脱等：《宋史》卷二八四《陈尧佐传附陈尧叟》，第9587页。

父子之荣。"[1]此后,陈尧佐也先后在地方和京师做官,历知制诰、同知开封府及翰林学士等要职,于天圣七年(1014年)迁任枢密副使。不久,他改任参知政事,参与中书大政。

景祐四年(1037年),陈尧佐终于踏入文臣们终生企盼的宰相府。但陈尧佐才能平庸,之所以能有如此鸿运,乃是当时宰相吕夷简与次相王曾斗争的结果。当多谋善断的吕夷简为了平息天子及朝臣的不满,在将王曾排挤出朝后,也主动辞职。不过,他为了日后自己能东山再起,遂向仁宗推荐了"非才"的王随与陈尧佐。结果,陈尧佐做宰相后,既与同僚失和,又遇事迁延拖拉,所谓"事多不举",而遭到朝臣们的弹劾。第二年,他便被罢相。[2]但是,陈尧佐毕竟是从相位上下来,朝廷特赐以使相名位,令他到地方挂名休养。陈尧佐临死之前,非常自满地为自己写了一段墓志铭:

> 年八十不为夭,官一品不为贱,使相纳禄不为辱,三者粗备,归息于先秦国大夫、仲兄丞相栖神之域。吾何恨哉?

的确,正如陈尧佐自述所称,他以科举入仕,一生享尽了荣华富贵,官拜宰相,而之所以能取得这一切,不过是凭

---

1 (宋)张世南:《游宦纪闻》卷二,中华书局1981年版,第17页。

2 (宋)李焘:《续资治通鉴长编》卷一二一,宝元元年三月戊戌,第2864页。

借舞文弄墨换来的。通观其生平，虽不曾像其兄那样积极从事迷信之类的劳民伤财活动，但也政绩平平。据说他有名于当世之处，则在于善写古体的八分隶书，因为用墨肥厚，世称"堆墨书"。[1]

与两位兄长相比，陈尧咨入仕要晚十年左右，但其科考的成绩却令天下举子们艳羡不已。咸平三年（1000年），陈尧咨以科场状元的殊荣步入仕途，当时，他留给君臣的印象是文采冠于一时，所以最初仕途通畅。仅仅数年间，他便从地方调入京师任右正言、知制诰，成为真宗身边的近臣。但陈尧咨性情直率，处理政事常常雷厉风行，加之偶有越权触法行为，遂与上下文官产生了某种隔膜，引起一些非议。如他在主管吏部事务时，大胆擢用寒士，而不依凭旧有惯例。[2]于是，他在途仕上开始出现几起几落的情形。

大中祥符六年（1013年），陈尧咨以工部郎中、龙图阁直学士的身份调任知永兴军府（治所在今陕西西安）。永兴军治所所在地长安，为关西名城，长期以来因多官宦人家，所以豪门子弟常常仗势横行，地方官大都难以抑制。陈尧咨到永兴军后，对纵横不法的官宦子弟痛加惩治，并亲手杖责了为首者，此人也是自己故旧之子。由此"子弟亡赖者皆惕息"。

但是，性情刚烈的陈尧咨有时也不免用刑过重，曾将赌

---

[1] （元）脱脱等：《宋史》卷二八四《陈尧佐传》，第9584页；（宋）王辟之：《渑水燕谈录》卷二、卷七，第14、92页。

[2] （元）脱脱等：《宋史》卷二八四《陈尧佐传附陈尧咨》，第9588页。

徒枷锁于死马之侧，当街示众。结果，犯人因染病身亡。不仅如此，他又将新捕获的囚徒系于死者身旁。[1]陈尧咨为了震慑地方豪强，还亲自带领卫兵出巡，并设置兵器库，检阅演武场等。他的这些尚刑崇武的举动，在以仁道、中庸为旗帜的文臣眼中不免显得粗鲁，并且是一种不法、越轨行为。[2]后来，陈尧咨又与负有监督地方之责的陕西路转运使乐黄目关系不睦。也许是因为陈尧咨看不惯性情柔和、遇事拖沓的乐黄目，[3]也许是他不满于这位转运使将自己的活动上报，于是他竟使气凌辱了对方。此事连同其他事情被反映到朝廷后，真宗遂削去陈尧咨的龙图阁直学士等兼职，将他改调邓州（治所在今河南邓县）。经过几次挫折，陈尧咨情绪颇为消沉，"忽忽不自乐"。[4]

大约在真宗朝后期，天子有感于辽国使臣每每自恃孔武高大，对朝廷派出接待的文官炫耀武功，于是考虑从文官中挑选善弓马又身材英武者，以充当陪伴辽使的官职。当时，具备这种条件的文官唯有陈尧咨一人。天子便派翰林学士晏殊向陈尧咨带话：如肯改换武职，可以授以节钺。陈尧咨听了此话，就回家告诉了尚健在的母亲。不料陈母听罢，竟指派家人用木杖责打儿子，并痛斥道：你科考第一，父子都以文章立身而为名

---

1 （宋）李焘：《续资治通鉴长编》卷八一，大中祥符六年八月己巳，第1844页。

2 （元）脱脱等：《宋史》卷二八四《陈尧佐传附陈尧咨》，第9588页。

3 （元）脱脱等：《宋史》卷三〇六《乐黄目》，第10113页。

4 （元）脱脱等：《宋史》卷二八四《陈尧佐传附陈尧咨》，第9588页。

臣。现在你竟为了获取厚禄,不怕见笑于士大夫,忍心吗?"经母亲一顿训斥,陈尧咨遂谢绝了皇帝的邀请。[1]有关此事的资料,因出自宋人笔记之中,所以未必句句真切。然而这段记录却反映了真宗、仁宗时代文人乃至于民间对武职的歧视,也就是说,纵然可以转换地位高、俸禄厚的武职官位,文臣们也大多不愿意。像太祖时虽不乐意,但仍很快接受转换武职的辛仲甫那样的文官,在真、仁两朝就颇为罕见了。

陈尧咨想不到的是,由于自己善武的名声已传遍朝野,最终仍被逼迫转到武官之列。仁宗朝初年,陈尧咨一度出任权知开封府、翰林学士,依照以往惯例,他下一步再升迁的话,很有可能获得参知政事或枢密副使之位,从而跻身朝廷执政大臣之中。然而,就在这时,垂帘听政的刘太后想到了昔日真宗曾有让陈尧咨换武职的想法,加之执政大臣对此人颇有成见,朝廷便在没有征求他本人同意的情况下,将陈尧咨工部侍郎的文职官衔换为宿州观察使的武职官衔,令他离开了令世人垂青的翰林学士之位,赴天雄军(治所在今河北大名东北)任地方官。面对朝廷如此意外的诏令,陈尧咨内心深感不平,就向天子上奏坚决要求辞去新官职。刘太后为了安慰这位颇有武名的文臣,遂特意召见了他,对其敦谕一番。最终,陈尧咨"不得已,拜命"。[2]从此,志向颇大的陈尧咨便与朝廷中枢告别,虽几年后获得了

1　(宋)释文莹:《湘山野录》卷中,中华书局1991年版,第39页。

2　(元)脱脱等:《宋史》卷二八四《陈尧佐传附陈尧咨》,第9589页;(宋)李焘:《续资治通鉴长编》卷一〇五,天圣五年八月丙戌,第2445—2446页。

节度使官衔，但却无缘参与朝政，只能守着优厚的俸禄，困顿于地方衙署，直到抱恨终天。而原来比他升迁略慢的次兄陈尧佐，却在他转任武职之后填补了他的空缺，随后便升任枢密副使、参知政事，最终官拜宰相。

陈尧咨以武官的身份赴地方任职后，虽也在修缮城池及开发水利方面做了一些事情，但总的说来却心灰意冷。此时，原本就刚直的脾性越发显得暴躁，所谓"多暴怒"，动辄便对属下吏民挥舞大棒，[1]这显然是他极度失望情况下宣泄积怨的一种方式。陈氏三兄弟在仕途上的不同结局，恰巧也说明了从军尚武的可悲下场。

自太宗朝全面推行崇文抑武国策之后，朝廷上下已日渐被轻视兵伍的观念所笼罩。真宗在位期间，歧视武人的风气更甚于以往，朝廷内外都熏染了浓厚的儒雅气息，从军无异于自甘沉沦。景德三年（1006年），有一位特奏名出身的进士李正辞，向天子谈论自己对文武先后轻重的看法，他说："文者本乎静，武者本乎动"，动以止乱，而终归于静。其谈论的用意无非是想说明"文重于武"的道理。真宗听了他的议论甚感满意，打算给其一个美差，却查知此人曾犯有前科，只得将其打发到他所瞧不上的武职行列。[2]

至仁宗朝，武官的地位继续下降，他们纵然位居枢密院

1　（元）脱脱等：《宋史》卷二八四《陈尧佐传附陈尧咨》，第9589页。

2　（宋）李焘：《续资治通鉴长编》卷六〇，景德二年五月己未，第1341页。

首脑之职，也依旧受到文臣的轻视。如天圣年间，宰相王曾便公然当着太后的面蔑称武将出身的枢密使张耆不过是"一赤脚健儿"。[1]有一次，禁军大帅、振武节度使杨崇勋在雨后赴中书议事。当粗心的武将穿着带泥的靴子登堂后，宰相王曾便阻止他继续向前，更不按常礼让座。杨崇勋退走后，王曾立即上奏弹劾他无礼。但王曾还算宽厚，他想到武夫生性粗鲁，所以又入宫请求释免其罪，用王曾的话说就是"崇勋武夫，不知朝廷之仪"。[2]

在当时，一名叫尹洙的文官竟然还抒发了如此惊人的看法：状元登第时的荣耀与威风，即便是统率数十万大军恢复燕云十六州后凯歌而还，报捷于太庙，也无法与之相比。[3]这种极端化的议论，正反映了仁宗朝文人地位的隆盛和武官地位的卑贱。事实上也确实如此，大宋开创数十年后，科场上的状元已成为一个时期朝野上下的风云人物，他们中的大多数人仅用十余年左右的时间，便可以进入京城的权力中心。如当时人所说：状元入仕，用不了五年即可成为替天子起草诏书的两制（翰林学士、知制诰），更"亦有十年至宰相者"。[4]于是，每当殿试最后宣布第一名时，开封城内自公卿以下，"无不耸观"，即使是贵为

1　（宋）李焘：《续资治通鉴长编》卷一〇七，天圣七年二月丙寅，第2495页。

2　（宋）李焘：《续资治通鉴长编》卷一〇三，天圣三年十二月甲寅，第2395页。

3　（宋）田况：《儒林公议》，影印文渊阁四库全书本，上海古籍出版社1987年版，第1036册，第278页。

4　（宋）魏泰：《东轩笔录》卷六，第67页；（宋）叶梦得：《石林燕语》卷六，中华书局1984年版，第84—85页。

人君的天子也多加"注视焉"。按照当时规矩，状元从举办殿试的崇政殿出来，要披挂打扮一番，然后骑上高头大马，在朝廷仪仗队的引导下到城内周游一圈，一时京城万人空巷，人们都纷纷前往围观，所谓"传呼甚宠，观者拥塞通衢，人肩摩不可过"。[1]正因如此，难怪状元出身的陈尧咨对朝廷的安排深感不公，为自己转为武职鸣冤叫屈，而当时绝大多数文臣也自然不会有从军的想法。

3. 西线烽烟

明道元年(1032年)十一月间，从西北边境传来了西平王赵德明的死讯，这个消息对大宋来说实在应是一个噩耗。赵德明自景德二年(1005年)主动停战后，不仅接受了宋朝加封的西平王的称号和定难军节度使的官职，而且接受了真宗皇帝赐予的皇家姓氏，近三十年没有在边境大动干戈。不过，赵德明之子元昊性情残忍好战，通番汉文书和兵略，野心极大。他曾带兵攻占了甘州(治所在今甘肃张掖)、西凉府(治所在今甘肃武威)等地。他还多次向赵德明提议取消对中原的臣服之礼。但据说赵德明每次都对其子说：我们用兵已久，徒劳无益。现在我们穿锦披绮，这都是大宋天子之恩，不可负心啊！谁知元昊却瞧不上眼前的小利，他认为，衣皮毛、牧牲畜，才是游牧人的本性，"英雄之生，

1　(宋)田况：《儒林公议》，影印文渊阁四库全书本，上海古籍出版社1987年版，第1036册，第278页。

当王霸耳，何锦绮为！"[1]当父亲病死兴州（今宁夏银川）王宫后，手持战剑的元昊继承了王位。西夏王位的如此变化，使宋朝西北的边防形势骤然紧张起来。

最初，朝廷还是派出了使臣携带大批礼品前往吊唁，同时代表天子将已故西平王的所有官爵名位都授予继承人。然而，就在接见朝廷使臣时，元昊已表现出"自尊大"的姿势，并以数百人锻造兵器的喧嚣声威吓使者。[2]此后的数年间，元昊积极扩军征粮，带兵拓展疆域，特别是对其西南方的吐蕃部族展开了一系列攻势，致使战火映红了大宋的西部边境线。

面对西夏咄咄逼人的态势，朝廷的反应却显得相当迟钝。在元昊继位的第三个年头，仁宗皇帝接受了执政大臣们的建议，向全国宣布了这样一个诏书：天下承平已久，四夷归顺，兵戈不兴，而边关戍兵尚多，从事农耕者缺乏。所以，他要求大臣们商议制定一项足可以为后世效法的制度。[3]这道诏书表明朝廷有考虑裁减边防军的意愿。但就在诏书下达的同一个月，元昊的军队已开始进入府州（治所在今陕西府谷）境内，这或许才引起了个别朝臣的注意。

知制诰李淑在向天子上书议论时政时便指出：承平三十年，国家武备松弛，"连营之士，不闻钲鼓之声"。他希望天子

1　（宋）李焘：《续资治通鉴长编》卷一一一，明道元年十一月壬辰，第2593—2594页。
2　（宋）李焘：《续资治通鉴长编》卷一一一，明道元年十一月癸巳，第2594页。
3　（宋）李焘：《续资治通鉴长编》卷一一四，景祐元年正月甲戌，第2660页。

能关注国防,亲临阅兵场讲武。[1]然而,朝廷并没有在西北采取什么对应的措施。这年七月间,环庆路驻军都监齐宗矩等将领在与元昊大军的一次冲突中战败被俘。当战俘被释放回来后,仁宗仅仅下诏对他们的失职责任进行了追究,[2]宝贵的时间便是在这样的情形下逐渐流逝。到景祐三年(1036年)时,京师之内又出现了宰相吕夷简与以权知开封府范仲淹为首的中青年文官的冲突,吕夷简利用权势将对方逐出开封,并给他们定上了"朋党"的罪名。[3]一时,朋党之争成为政坛的中心议题,边防日趋紧迫的形势与之相比,似乎无足轻重。

宝元元年(1038年)十二月,西北前线终于给天子送来了元昊称帝反叛的消息。面对这一不愿意相信的事实,君臣不免感到愕然。就在三个月前,朝廷才处理完一件涉及元昊谋乱的棘手事件。此事原委大致是这样:

这年九月中,元昊的一位堂叔父赵山遇派人到金明寨(在今陕西安塞东南)请降。据来人说,元昊不久前召集境内部族首领聚会,商议分兵三路进攻宋境,凡有人提出异议,立即就遭到杀戮。赵山遇因为几次劝谏元昊,惧怕被诛杀,所以打算归降朝廷,并愿意透露西夏的内情。随之,赵山遇又与驻守金明寨的守将李士彬约定,由他率妻儿亲属数十口及所属部落来归,并将自己积存多年的大量珍宝寄放在李士彬处。然而,当西夏降

1　(宋)李焘:《续资治通鉴长编》卷一一四,景祐元年二月乙未,第2666—2667页。

2　(宋)李焘:《续资治通鉴长编》卷一一五,景祐元年七月甲寅,第2691—2692页。

3　(元)脱脱等:《宋史》卷三一四《范仲淹传》,第10269页。

将举族来到保安军（治所在今陕西志丹）时，负责这一区域军政的知延州（治所在今陕西延安）郭劝却不敢做主，遂与武臣、当地钤辖李谓商议，最终两人都狐疑不敢接受。李士彬此时看到上司态度消极，也改变了主意，他为了私吞价值昂贵的珍宝，竟背信弃义地否认了与对方的协议。郭劝等人随即传令沿边守军不许擅自接受西夏降人，又向朝廷上奏反映了处理意见。于是，天子降诏陕北各地，如遇到赵山遇手下的人，当即令其返回，以免影响"边防安静"。接到诏书后，郭劝便要遣返赵山遇。此时，赵山遇告诉这位朝廷文官，自己出降前曾遭到许多亲属的反对，母亲为了不至于拖累他，竟让儿子烧死了自己，所以他无论如何不能再返回故乡。但是，郭劝等官员惧怕生事，又不愿相信元昊会撕毁数十年的议和条款，所以冷酷地拒绝了降将的恳求，最终还是派军队将他们押送出境。当赵山遇及家人被递解到西夏境内后，元昊率骑兵赶来，一阵乱箭将出逃者射杀。[1]

宋朝一味地遵守昔日的议和条约，处处采取忍让退缩的做法，并没有打消元昊的野心，反而刺激了他更大的欲望。在当众痛杀叛变者后不久，元昊终于在贺兰山下的兴州城竖起了大夏皇帝的旗帜，公开抛弃了作为宋朝附属藩臣的外衣。正所谓"天无二日，地无二主"。以往外臣骚扰边疆，甚至于烧杀抢掠，朝廷尚能容忍，以宽厚的态度对待这些不知礼仪的戎狄，而其一旦自命天子，便是对帝国君主权威及脸面的对抗和挑

1　（宋）李焘：《续资治通鉴长编》卷一二二，宝元元年九月己酉，第2880—2881页；（宋）司马光：《涑水记闻》卷一二，第220—222页。

战，这自然就无法再保持沉默。战争是政治的继续，宋朝与西夏的政治冲突既然到了不可调和的地步，剩下的解决办法唯有一条，这就是武力角逐。

开封城内的仁宗与百官得到元昊称帝的确切消息后，立即做出了强硬的表示：首先，朝廷调殿前都虞侯、环庆路副部署刘平为鄜延路副部署；任命户部尚书、三司使夏竦知永兴军兼永兴军路都部署，吏部侍郎、资政殿学士范雍知延州兼鄜延路都部署及鄜延、环庆路安抚使，同时授予夏、范两位文臣节度使军衔，令他们二人分别负责陕西地区的边防事务；其次，向陕西和河东地区下诏，断绝沿边与西夏的边境贸易；再次，向各地诏告搜捕西夏间谍，有捕获一人者赏钱十万；最后，授予吐蕃大首领唃厮啰节度使官衔，以激励其对元昊用兵。[1]第二年六月，仁宗再向天下传诏张榜，宣布削除元昊一切官爵，并招募人刺杀元昊，如有人能献其首级者，即授以定难军节度使之位；西夏境内各族首领有能归顺者，也予以推恩奖赏。[2]看到这一诏书的文字内容，不知葬送了赵山遇举族性命的官员做何感想。

此后，宋朝在西北前线与党项军队展开了长达五年之久的大战，其规模之大、持续时间之长以及作战之惨烈，又不下于此前与契丹人的战争。由于自太宗北伐失败后，宋朝长期推行

---

1 （宋）李焘：《续资治通鉴长编》卷一二二，宝元元年十二月癸酉、丁丑，第2887—2888页；（宋）司马光：《涑水记闻》卷一二，第239页。

2 （宋）李焘：《续资治通鉴长编》卷一二三，宝元二年六月壬午，第2913页。

全面、被动防御的国防政策，而存在时间更长的崇文抑武的方针影响日益深远，遂导致了宋朝武装力量的衰弱疲软，至真宗初年国防形势已恶化到了极点。澶渊之盟的订立与西夏的多年臣服，使大宋天子与决策层文臣产生了麻痹松懈的思想，视议和为解决边防危机的法宝，而对军事组织持蔑视的态度，从而形成了举朝上下一派"文恬武嬉"的景象，致使宋朝的边防能力进一步降低。正是在这样的背景之下，朝廷迎来了空前残酷的一场大战，于是在战场上出现接连失利、损兵折将的结局，自然便在情理之中。通览当时发生的一系列战役，军队指挥与组织的无能低下，实属罕见，以致在中国古代战争史上留下了惨痛的教训。

用兵作战，原本属于军事将领的专门职责，武将的社会角色要求其精于兵略、勇于拼杀，正如同文臣必须擅长行政管理一样。也就是说，文武官员有着不同的社会角色分工，而这种分工又是不可以彼此混淆的。自古以来，还从来没有过依靠不具备任何战场经验与军事头脑的文官取得战场上的胜利的。战国时代，赵国书生赵括凭着"纸上谈兵"的感觉，葬送了四十余万军人的性命，即是其失败的典型范例。然而在仁宗朝对西夏用兵的过程中，朝廷竟做出了由文官充当方面军指挥官的决定，这比之于太祖朝大将全权统军征灭各地割据者的情况自不用说，即使与太宗及真宗两朝武官出任统帅的事例相比，也相距甚远。

的确，几十年的和平环境使军队陌生了战场，长期的压抑、限制又使得大多数将领变得庸碌无能，可谓良将乏人。因此，当时的文臣自认为比武官高明，也当然应当指挥和调遣他们。于是，在安排西北几路统帅时，便先派出了夏竦、范雍，随后又以范仲淹、韩琦、庞籍及王沿取代。朝中的最高决策者则是宰相及枢密院的文人长官。至于大批的武将们，只能在前线文官的支配下行动，完全失去了独立作战的自由。值得一提的是，即使在当时正需要发挥他们作用之际，朝廷仍不免对他们持蔑视的态度。

宝元二年（1039年）九月，头脑清醒的文官富弼在上疏中指出：自西北交战以来，武将奔赴前线或从战场归来，每每求见天子，朝臣们多不许见。这些人或认为天子至尊，不得令小臣亵渎，或以为武夫粗鲁，不可随便接见。正当用兵之际，朝廷如此对待将领，实在令人不可思议。富弼接着提出自己的看法：既然使用武官，用为好人，就不应当继续歧视，而应该信任之、激励之。陛下在闲暇之余，何惜见其一面，以鼓舞军心，使他们勇于立功报国。富弼的这一建议却如泥牛入海，未被理睬。[1]

康定元年（1040年）初发生的三川口之战，明显地暴露出文官指挥的失误。据记载，正月初，元昊遣人向驻守延州的宋朝方面军指挥官范雍伪降，范雍竟轻易地相信了对方，他一方面立即向朝廷汇报此事，另一方面则放松了警惕。西夏大军于是

---

[1] （宋）李焘：《续资治通鉴长编》卷一二四，宝元二年九月丁巳，第2933—2934页。

利用范雍大意之际，从土门(在今陕西志丹东北)一路南下，声言攻保安军，却突然攻陷延州城北的金明寨等要塞，随之兵临延州城下。当西夏军围城之前，范雍命令驻守庆州(治所在今甘肃庆阳)的副手、武将刘平及部将石元孙率军赴土门阻击。之后，范雍看到延州有危险，他惊惧之下又火速将刘平、石元孙从土门召回。刘平率军昼夜跋涉，在三川口(在今陕西延安西)与西夏主力相遇。元昊用兵大胆巧妙，常常采取围点打援的灵活战术。这一次，刘平率领的万余步骑便正中元昊埋伏。结果，激战一天，宋朝军队除少数人临阵逃脱外，几乎全部覆没，刘平与石元孙被俘。西夏军进而继续围攻延州城，幸得一场大雪，才使其被迫撤军。[1]

刘平是当时一位经历颇为奇特的将官。他早年的出身与陈尧咨有些相似，其性情刚直，能文善武。真宗朝时，刘平通过科举入仕，成为一名朝廷文官。他在地方官任内曾多次带兵镇压过造反武装，因此得到过寇准的推荐。以后，他调入京师任御史，因直言敢谏受到权臣丁谓的打击。据记载，丁谓曾向真宗建议将刘平调到西北任军职，以泄私愤。刘太后听政初，想到丁谓曾经提出过的建议，就令刘平从接近天子的侍御史职位上退下来，改任武职，到邠州(治所在今陕西彬县)做地方官。刘平对朝廷的这一任命，并未表现出明显的不满。此后，他便在西北、河北等地任职带兵。到元昊起兵时，他官至侍卫步军副都

---

[1] (宋)李焘:《续资治通鉴长编》卷一二六，康定元年正月癸酉、戊寅，第2966—2968页；(元)脱脱等:《宋史》卷二八八《范雍传》，第9679页。

指挥使、静江军节度观察留后，[1]出任范雍的副职。刘平可以说是宋朝历史上第一位科举文臣出身的大将，但正因为他转为武官身份，所以不能独当一面，只能做文官统帅的副手，最终则被无能怯懦的范雍送上了死路。

三川口之战失败后，范雍受到处罚被调往内地任职，由武将赵振出任鄜延副都部署兼知延州，暂时接替范雍遗缺。这一任命公布后，陕西安抚使韩琦立即上奏提出异议，认为赵振乃一介"粗勇"武夫，难当重任，如朝廷觉得范雍无能，可以改调范仲淹到延州。[2]韩琦的这一奏言，正代表了当时文臣对武将的普遍不信任感。不幸的是，赵振以后的表现确实欠佳，终因不能增援分散各地的城堡而被贬官。[3]

4．"小范老子"

当西北前线出现一派残破景象时，朝廷开始起用声望颇高的范仲淹、韩琦等人到陕西任职。新人的到来，虽在某种程度上改变了原来极其被动挨打的局面，但并没有从根本上扭转失利的战况。

出生于苏州孤寒之家的范仲淹，是宋朝历史上极负盛名的政治家和文学家，并以"先天下之忧而忧，后天下之乐而乐"

1　（元）脱脱等：《宋史》卷三二五《刘平传》，第10501页。
2　（宋）李焘：《续资治通鉴长编》卷一二六，康定元年二月癸丑，第2981—2982页。
3　（元）脱脱等：《宋史》卷三二三《赵振传》，第10462页。

的一腔抱负名垂青史。范仲淹在进士及第后,长期履行的是一名文职官员的职责,历仕通判河中府(治所在今山西永济西)、右司谏、知苏州及权知开封府等职,以为政清廉、兴利除弊及直言敢谏而出名。在开封府任内,他曾对宰相吕夷简的专权行为进行了抨击,结果被以组织"朋党"的罪名贬到江南,直到宋夏交战时为止。[1]从有关范仲淹以往的从政经历来看,他并无取得战场经验的机会,应当说与用兵无缘。但他心头却有着"天下兴亡,匹夫有责"的强烈信念,并且不乏胆魄。当西北方的战火燃起时,他便像过去那样又急切地向朝廷上奏,就边防问题提出批评和建议。既然前线的局面混乱得不可收拾,而在士林中拥有相当声望的范仲淹又十分关注战况,于是主政大臣便正好成全了他,将其调往陕西应战。

宝元二年(1039年),范仲淹受命以陕西都转运使的身份来到前线,不久,另一位直言敢谏的朝官韩琦也来到陕西。随之,两人同时兼任陕西经略安抚副使,成为主帅夏竦的副手。在此期间,范仲淹经过不断的考察了解,大体掌握了朝廷在战场上失利的原因。在三川口之役结束后几个月,范仲淹向中央提出了自己的主张:目前沿边城寨与关中守备空虚,兵力分散,致使敌军有机可乘。所以,当务之急不是贸然出击,而应采取持久战略,即在各重要城镇中分别屯兵二三万人,相互支援;同时坚壁清野,以困厄对手,等到形势有利之时,再就势征讨。

1　(元)脱脱等:《宋史》卷三一四《范仲淹传》,第10275页。

范仲淹还特别对祖宗以来"将从中御"的做法提出了委婉的批评，要求朝廷能吸取汉唐时戍边出征的成功经验，委统帅以用兵和征赋大权，允许他们养猛士，聘谋士，不求立见功效，"如李牧之守边，可谓善破敌矣"。[1] 可以说，范仲淹因为没有南征北讨的大运动战的经验，便首先提出一套稳妥的应战办法，以解决当时因前线指挥官意识混乱而导致的攻守举止不定的问题，还是比较现实可行的策略。

在延州一带边防形势日益严峻的情况下，新派到延州任知州的张存却是一个怯懦的文臣。此人虽善议论，但不敢临战。在不得已挂帅延州后不久，他便对前来议事的范仲淹诉苦，称自己"素不知兵"，并提出自己的父母年已八十高龄，希望能调回内地。说来，张存有如此胆怯表现，正在于以毫无军事经验的文人身心应付激烈的战争，也就难怪他不愿意，也不敢留在前线。面对这一情况，报国心切的范仲淹毅然向天子请命，要求替代张存。范仲淹的申请很快就被批下来，他遂坐镇延州，成为御夏前线的一个重要方面军的统帅。他在上任伊始，就开始实施自己考虑成熟的防御措施，取消了以往临阵按军官级别高低出战的僵硬制度，将属下一万八千名士兵分为六支，分别由一名将官统管、训练，然后视来犯敌军多少而派出迎战。从范仲淹的安排可以看出，这仅仅是一种比较灵活的防御手段，距汉代卫青、唐代李靖主动出师塞外消灭对手的战法仍

1　（宋）李焘：《续资治通鉴长编》卷一二七，康定元年五月甲戌，第3012—3013页。

相差甚远,但即使如此,对改善处处挨打的局面也收到了一些效果。一时间,其他几路纷纷仿效。据说,当时党项人说过这样的话:不要打延州的主意,如今小范老子"腹中自有数万兵甲",不像大范老子那样可欺。[1]大范指的是前任范雍,小范则指范仲淹。这句话是如何从敌军处获得的,已无从考证,但在当时及后世却广为流传,成为范仲淹善于用兵的有力依据。无论怎么说,范仲淹以超乎常人的精力投身于国家的边防事业,完全可以称得上是鞠躬尽瘁,忘我报国,并在同时代文臣统帅中取得了突出的业绩。

此后,范仲淹在沿边修筑寨堡,组织屯田,招抚流亡,又与散居于边境线上的羌人部落密切了关系。[2]尤为难得的是,他还注意起用骁勇善战的军官。如日后成为著名将领的狄青,就是因为得到他的鼓励、提拔,才获得了施展才能的机会。[3]就在范仲淹全力从事坚壁清野等防守举措时,又出现了好水川战役的惨败,使朝廷又蒙受了一次耻辱。

庆历元年(1041年)初,朝廷内部在用兵方略上产生了分歧,有的主张防守,有的建议出击。其中韩琦力主几路征讨,他认为分兵防守,力量分散,便会导致"遇敌辄不支"的后果,不如集中兵力远征,可一举荡平对手。[4]而范仲淹则反对大举出

1　(宋)李焘:《续资治通鉴长编》卷一二八,康定元年八月庚戌,第3035—3036页。
2　(元)脱脱等:《宋史》卷三一四《范仲淹传》,第10270—10271页。
3　(元)脱脱等:《宋史》卷二九〇《狄青传》,第9718页。
4　(元)脱脱等:《宋史》卷三一二《韩琦传》,第10222页。

击，认为天气寒冷，不利行军，不如先期招降边境部落，以削弱西夏势力。[1]

正当朝廷举棋不定之际，当年二月间，元昊率大军攻打渭州（治所在今甘肃平凉），韩琦闻讯火速赶往镇戎军（治所在今宁夏固原），调集兵马迎战。这次出征的主将是环庆路副都部署任福，其官衔是侍卫马军都虞侯、贺州防御使。此人善使四刃铁简，颇为勇敢。[2]临行前，韩琦为任福面授了作战方略，大军上路后，韩琦又一次告诫主将遵守指令。[3]遗憾的是，作为主帅的韩琦并没有多少实战经验。他在就任陕西安抚使时，便曾在上奏中承认道：为臣我素昧兵机，没有在边关上任过职，"陛下不以臣不才，俾用安集"。[4]韩琦的性格与范仲淹有所不同，他少年得志，敢于决断，虽不很熟悉兵略，并且没有对部将和军队的战斗力与特点有充分认识，却坚信主动进攻是最佳的战略。于是，一场悲剧就此酿成。

任福率领一万八千多人的军队从镇戎军向西南方行军，打算在西夏军回撤途中予以打击。当这支朝廷大军抵达怀远城（在今宁夏固原西）一带时，与小部党项军队遭遇。其实，这些敌军士卒只是元昊抛出的诱饵，他们佯装溃逃，丢弃了许多牲畜和器械，以引诱宋朝将领。任福眼见获胜，便迅速率领部下追击，

1　（元）脱脱等：《宋史》卷三一四《范仲淹传》，第10270页。

2　（元）脱脱等：《宋史》卷三二五《任福传》，第10506页；（宋）司马光：《涑水记闻》卷一二，第226页。

3　（宋）李焘：《续资治通鉴长编》卷一三一，庆历元年四月辛巳，第3113页。

4　（宋）李焘：《续资治通鉴长编》卷一二六，康定元年三月癸未，第2994页。

就这样被一路引入六盘山下的好水川(在今宁夏隆德西)中。好水川乃是一条狭窄的山谷川道，不利于大队人马展开活动，于是，元昊便调集西夏大军在此处设下埋伏。当日，因川道两边土山上无草木遮掩，西夏军只能隐藏于稍远的山谷之中。

据史籍记载，元昊对这次战役做了充分的准备，为了准确地获得宋军到达伏击地的时间，他手下的人还出主意在川道中遗弃了几个装有鸽子的银泥盒子，以用来解破对方抵达的时间问题。就这样，朝廷先锋部队冲到好水川后，看到地上的银色盒子，又听到盒子中有鸟鸣声音，他们不明白此物有什么含义，遂不敢轻动。任福率后续队伍来到后，下令将盒子打开，只见一只只鸽子冲向天空，飞舞盘旋，这就等于向伏兵发出了信号。时隔不久，元昊指挥的大军便从四面冲了过来，任福虽率领部下拼死反抗，但最终寡不敌众，全军覆灭。战役结束后，元昊派人写诗，撒布宋朝境内，其文讥讽道：

夏竦何曾耸，韩琦未足奇。
满川龙虎辈，犹自说兵机。[1]

好水川战败的消息传入京城后，官员们纷纷上奏议论，对朝廷在边防上的失误加以批评，并提出了各自的主张。其中有一个叫张方平的文臣提出的意见，可以说颇中要害。张方平在

1　(宋)周辉：《清波杂志》卷二，中华书局1997年版，第71页。

向天子所献的《平戎十策》里指出：戍边千里，我分散而敌集中，故虽有数十万屯军，但每次临战却常以一对十，则必然失败。旷日持久，又劳师伤财。因此，他建议不如在河东聚集重兵，一旦西夏军南攻延州、渭州，其后方兴州势必空虚，此时河东大军便可乘机直捣其老巢，这便是攻其不备之道，敌军自然会撤军回救。宰相吕夷简看了张方平的奏议，非常赞赏，然而却未敢采取这一主动大胆的战略，只是将张方平从地方调入京师，以示器重。[1]

当时，另一位在陕西经略安抚司任判官的田况，也在论兵策中反映：自用兵以来，我师分守二百多处城寨，每每以寡敌众，"非万全策也"；此外，军队指挥权分散，大将无权威可言的问题也十分严重。如任福那样的大将，竟亲自冲锋陷阵，其忠勇气节可嘉，但其作用不过等同于一名士卒。至于韩琦、范仲淹及其他一些将帅的权威相埒，而陈执中、夏竦等儒臣身为大帅，却远离战场，无法统一军令、鼓舞士气；此外，长期抑制武将，使兵将分离，结果每每开战时，"诸军将校都不识面"，上下互相不熟悉，势必导致官兵关系混乱不堪的结局，诸如此类等等。田况在提出的一系列解决办法中，特别强调应从前线实战中提拔大将，树立权威，以集中兵力反击敌军。[2]田况的主张显然也有悖于太祖、太宗以来削兵权、抑武将的国

1　（宋）李焘：《续资治通鉴编》卷一三一，庆历元年三月丁卯，第3112—3113页。

2　（元）脱脱等：《宋史》卷二九二《田况传》，第9778—9780页；（宋）李焘：《续资治通鉴编》卷一三二，庆历元年五月甲戌，第3130—3138页。

策,所以不可能得到采纳。

就在好水川之战发生之前,元昊曾派人给驻守延州的范仲淹送来了议和书信,范仲淹想抓住这样的机会瓦解对方,于是也回书"戒喻之"。以后,元昊再来信时就出言不逊,范仲淹便当着其使臣的面焚烧了来信。此事被反映到朝廷后,范仲淹一度受到贬责。[1]

到庆历元年十月,朝廷不得不对西北混乱的指挥系统进行调整,将徒有虚名的两位主帅——夏竦与陈执中调回内地。其实,像夏竦、陈执中这两位无能的大帅早已应当撤职,特别是夏竦其人,写诗作赋还算擅长,但在战场上却"畏懦苟且",无所作为。党项人曾在内地散发传单,声称愿以三千文钱购买夏竦首级,[2]此事足以反映其受到敌方的何等蔑视。撤销夏竦、陈执中两人原来承担的指挥大权后,朝廷把前线的指挥权一分为四,分别设置秦凤路、泾原路、环庆路和鄜延路四个部署司。按照中央指令,范仲淹坐镇庆州(治所在今甘肃庆阳),主持环庆路军区的防务。除他之外,韩琦负责秦凤路,王沿负责泾原路,庞籍则主持鄜延路,四个军区的总兵力为二十余万。需要指出的是,这四位军区大帅都是文臣,武将们仍只是在他们手下效力。[3]

遗憾的是,虽然经过这次指挥系统及人员的调整,使西

1　(元)脱脱等:《宋史》卷三一四《范仲淹传》,第10271页。

2　(宋)李焘:《续资治通鉴长编》卷一四〇,庆历三年四月乙巳,第3364—3365页;(宋)苏辙:《龙川别志》卷下,第86页。

3　(宋)李焘:《续资治通鉴长编》卷一三四,庆历元年十月甲午、十一月壬子,第3191、3196页。

北前线防守混乱的情形有所改善，但总体上被动应付西夏进攻的局面却并没有扭转，至于士气低落、武将消极、供给不及时、兵器质量低下、盲目应战以及各级指挥官素质普遍低下等等老问题，更非一日可以解决。后世著名学者王夫之对范仲淹和韩琦当时的作为，有如是评语："忧国有情，谋国有志"，但兵略未能娴熟，军情不能尽知，"纵之而弛，操之而烦，慎则失时，勇则失算"。难怪范仲淹发出了"将军白发"的感叹，四顾无人，只得自告奋勇，勉为其难。[1]王船山在这里提到的"将军白发"之句，出自范仲淹《渔家傲·秋思》一词，其文如下：

塞下秋来风景异，衡阳雁去无留意。四面边声连角起，千嶂里，长烟落日孤城闭。　浊酒一杯家万里，燕然未勒归无计！羌管悠悠霜满地。人不寐，将军白发征夫泪。[2]

庆历二年(1024年)四月间，天子的一道诏书突然送到了西北前线，将范仲淹、韩琦、庞籍及王沿四位文臣统帅同时授以观察使的武职官衔，[3]其中范仲淹获得的是邠州观察使。此

1　(清)王夫之：《宋论》卷四《仁宗》，第93页。

2　(宋)范仲淹：《范文正集》补编卷一，影印文渊阁四库全书本，上海古籍出版社1987年版，第1089册，第809页。

3　(宋)李焘：《续资治通鉴长编》卷一三五，庆历二年四月己亥，第3241页。

项任命究竟出自何人建议，其用意又何在，因史籍没有直接记录而无法获知。但揆诸当时情形，大可以猜想此举表明了朝廷暂时有抬高武人地位的意图。当战场形势出现日益恶化的局面后，国防武装力量在宋朝政治生活中便显现出重要的地位，也就是说，如果不能有效地抵挡西夏的狂烈进攻，很可能导致西部防线崩溃的后果，而这一结局的产生，又势必会引发一系列可怕的反应。到那时，朝廷就面临生存危机，又何谈文治？所谓皮之不存，毛之焉附？很可能是基于这样的考虑，决策大臣向天子提出了让四位颇有名望的担任前敌指挥官的文臣改换武职，以此向守边将士传递中央重视武功的信息，以收鼓舞军心之效。然而，令朝廷想不到的是，这项诏令遭到了三位被任命者的拒绝，其中又尤以范仲淹的态度最为坚决。

据史书记载，范仲淹接到天子的诏书后，便接连向开封送去了三道奏表，坚决要求辞去观察使头衔。他在表中提出了这样的理由：观察使排班序时位列待制之下，为臣我守边数年，西陲羌胡人颇尊重为臣，呼我为"龙图老子"。如今突然改为观察使，则反居方荣、刘兴之下，恐怕被西夏人所轻视。而且我并无功勋，不应当增加厚禄。史称他言辞"甚切"。[1]

说起来，范仲淹谈到的一些具体情况完全属实，正反映了宋朝"重文轻武"国策在官制上造成的混乱。观察使对武人而

1　（宋）李焘：《续资治通鉴长编》卷一三六，庆历二年五月癸亥，第3266页。

言，本属于高级军衔，仅比节度使低一级，俸禄颇为优厚。按照真宗时有关规定，观察使的俸禄与参知政事及枢密副使基本相同，主要收入包括月俸钱二百贯、月禄米一百至一百五十石等。但在文武官员合班时，其次序却排在天章阁待制之下。范仲淹早在对夏开战之初已官至吏部员外郎，加天章阁待制。不久，他晋升户部郎中，加龙图阁直学士，更班在观察使之上。依照当时官制规定，范仲淹所任文职性的官衔，其俸禄要比武职性的观察使低，如他任户部郎中，主要收入有月俸钱三十五贯、禄米十余石，[1]但其实际社会地位反而比观察使高出许多。方荣、刘兴二人乃是当时的两位武臣，其军衔为节度留后，比观察使高半级。方、刘二人原来受到文官统率指挥，如若范仲淹等人转为观察使，则又在官位上比其逊色，形成下级指挥上司的奇怪现象。这种状况正是太宗以后保留武官俸禄不变，而降低其社会地位的奇怪产物。因此，在相关方面制度没有做出调整的情况下，范仲淹当然不愿意接受遭人轻视的武职官位。以后，经范仲淹等人再三恳辞，仁宗只得撤回已下达的任命，恢复了他们原来的文臣官职。[2]当时，唯有韩琦没有公开拒绝观察使的任命，但在范仲淹等人官复原职后，他也照例转回文臣队列。[3]

1　（元）脱脱等：《宋史》卷一七一《职官十一·俸禄之制上》，第4103页，并参阅张全明《也论宋代官员的俸禄》，载《历史研究》1997年第2期。

2　（元）脱脱等：《宋史》卷三一四《范仲淹传》，第10272页。

3　（元）脱脱等：《宋史》卷三一二《韩琦传》，第10223页。

5. 庆历和议

西北战场的硝烟一旦燃起，竟导致了始料不及的一场大战，习惯于用中庸及仁道的儒学法则调和各种矛盾的宋朝仁君、儒臣们，面对残酷的战事，不免焦头烂额，忧心忡忡。继承了祖宗几十年的基业，也沿袭了根深蒂固的崇文抑武方针，而这一方针对宋朝的边防能力产生了莫大的腐蚀作用，使原本实力有限的西夏成为朝廷最感棘手的劲敌，所谓"自西陲用兵，每战必败"。[1]宋朝为此背上了沉重的包袱，劳民伤财、损兵折将的事自不必说，而文弱的君臣经此旷日持久战火的折磨，其耐受力也几乎耗尽。于是，朝堂之上便出现了议和的议论。就在朝廷下达调整西北防线部署后的几天，知谏院张方平便向天子上疏反映：自用兵以来，"王师数出无功"，死伤不计其数，每年因此支出的军费达上千万之多，长此以往下去，国家将不堪忍受。因此，他提出这样的看法："自古以来，论边事者莫不以和戎为利，征戍为害。"阅罢张方平的奏疏，仁宗皇帝高兴地表示正合自己心意，随即将奏疏交给中书。宰相吕夷简看完奏疏，马上也对张方平拱手称道："公言及此，社稷之福也。"[2]正当朝廷有意通过议和手段解决与西夏的战争时，北方的辽国又乘机以武力恫吓，从外

1　（宋）李焘：《续资治通鉴长编》卷一三二，庆历元年五月甲戌，第3132页。
2　（宋）李焘：《续资治通鉴长编》卷一三四，庆历元年十月壬寅，第3194页。

部进一步促使宋朝走向谈判桌前。

庆历二年(1042年)二月间,辽国在幽州一带先聚集兵马,随后便派出使臣向宋朝索要关南之地。契丹人的这一举动,显然是一种趁火打劫的卑劣行为,因为有关关南的问题在澶渊之盟时已经解决,当时其君臣已表示不再纠缠后周收复关南的老问题。而今,契丹人重提旧事,无非是看到宋朝陷于对西夏战争的泥潭,无暇也无力顾及河北边防,遂不考虑双方多年的缓和关系,乘机要挟、敲诈。面对这一突如其来的打击,开封城内的君臣不能不大为紧张,如果真的与契丹人关系破裂,势必出现两面受敌的险境,其后果不堪设想,史称"朝廷为之旰食"。

为了对付辽国的要挟,仁宗立即给河北各地下诏书,要求广大军民修缮城地,加固堡寨,并紧急征召百姓入伍,组建"义勇军"。此外,天子又不断召见朝臣,商议选派使者赴辽国交涉。然而,眼见国家遇此危难,群臣们竟都不愿出使契丹,所谓"群臣皆惮行"。最后,还是由宰相吕夷简推荐了富弼,使臣的问题才算解决。[1]

富弼出生于洛阳一个平民之家,自幼受到传统教育,青少年时代已有相当的文名。他以制科出身入仕后,与范仲淹保持了密切的关系,曾对吕夷简贬逐范仲淹的行为表示了不满。朝廷对西夏开战后,富弼历官知谏院、知制诰等官职,并曾出使

1　(宋)李焘:《续资治通鉴长编》卷一三五,庆历二年三月己巳,第3230页。

过契丹。在此期间，他又因故引起了吕夷简的不快。正是在如此的瓜葛背景下，吕夷简举荐了富弼使辽。

据史籍记载，欧阳修为富弼的安全考虑，请求天子不要派富弼北上，但上奏未被理睬。于是，富弼入宫向仁宗表示愿以死相报。[1]以后，经过富弼的几次往返交涉，朝廷才明白契丹人无意交战，唯企图攫取更多的实际好处。据说，富弼当日受命携带了三个条件：其一，每岁增加二十万银绢；其二，每岁增加十万银绢；其三，出嫁公主。其中前两项条件又作如下处理：辽如能说服元昊休战议和，按第一项条件执行；如辽不答应此事，则按第二项条款执行。[2]谈判的最终结果是采取了第一项条件，即宋朝每年在澶渊之盟原岁币数额之外，再增加银、绢各十万。但在原来岁币名称之前加上"纳"字，事实上也就是使宋朝在与契丹人的交往关系中降低了规格。[3]如此一来，一场边防危机得以消除。大宋的决策层人物更对议和的手段产生了依赖感，依照他们看来，如能以付出一定数量的资财换得边关安宁，比之与耗费更多的军费还是要合算，更何况还不至于兴师动众，使朝廷避免陷于一场无谓的武事活动中去。

宋朝与辽国的新协议于当年九月生效。时隔不足一个月，西北战场的又一次重大失利，终于促使宋朝与西夏签署了议和

1　（元）脱脱等：《宋史》卷三一三《富弼传》，第10250页。
2　（宋）司马光：《涑水记闻》卷一一，第205页。
3　（元）脱脱等：《宋史》卷三一三《富弼传》，第10252页。

条约。是年九月中，元昊分兵两路大举进攻镇戎军，坐镇渭州的泾原路主帅王沿派副手、武将葛怀敏率万余军队前往阻击。不幸的是，这支军队的下场与三川口及好水川两次战役的结局如出一辙。

据记载，当葛怀敏率军队北上到达定川寨（在今宁夏固原西北）时，被优势党项大军包围。由于定川寨建于荒原之上，饮水全靠外面水泉提供，所以当西夏军切断饮水供应后，上万兵马便难以坚守。在几经突围未成的情况下，定川城寨遂被攻破，葛怀敏以下将领大多战死，阵亡的士卒超过九千人。西夏军获胜后，乘势南抵渭州，大肆烧杀掳掠，纵横六七百里。[1]当时，元昊原本还打算利用余威攻入关中，但当其攻打到潘原（在今甘肃平凉东）时，受到守军的顽强抵抗，范仲淹又领援军赶来增援，党项人只得撤军返回。

当年年底，在战场接连失败的局势下，宋廷"益厌兵"，遂动员前线守臣与元昊联系。而此时，西夏经过多年战争，虽屡屡获胜，但全民皆兵的结果，也使其生产受到极大的影响，加上近年不断遇到灾荒，粮食与物资颇为匮乏，部民们便传起"十不如"的民谣，[2]可见其境内已经出现民怨。于是，在辽国的调和之下，宋夏双方开始接触。以后，两方面使臣相互往来，讨价还价，大战基本停止。当时，为了能尽快达

1　（元）脱脱等：《宋史》卷二八九《葛怀敏传》，第9701—9702页；（宋）李焘：《续资治通鉴长编》卷一三七，庆历二年闰九月癸巳，第3300—3302页。

2　（宋）李焘：《续资治通鉴长编》卷一三〇引《正史·西夏传》，庆历元年正月戊寅，第3089页。

成协议，宋廷对西夏使者极为优待，沿途欢迎、宴请，连一些文臣都觉得过分。

庆历三年(1043年)四月，宋朝向西夏派出正式使臣，向党项人宣布了天子的诏书，诏书内容包括：册封元昊为西夏国主，恢复双方边境的榷场贸易，每年赐给西夏绢十万匹、茶三万斤等。[1]但元昊不愿公开称臣，并提出了更多的物质要求。在这种情况下，宰相晏殊等执政大臣因"厌兵"心切，打算答应对方的要求。然而，此时已就任枢密副使的韩琦却坚决反对，几次在天子面前争执不已。有一次，在御前会商是否接受西夏方面的议案时，宰执们大都主张满足元昊的条件，而韩琦又表示不同意见。于是，晏殊对仁宗说：众议相同，唯有韩琦一人异议。天子询问韩琦理由，他遂陈述了自己的看法，仁宗只得要求大臣们再度审议。众人来到中书后，韩琦继续坚持己见，晏殊恼羞成怒，竟变脸而起。以后，因谏官蔡襄、余靖及欧阳修等人也反对过分妥协，宋廷才不得不派出使者继续谈判。[2]

到次年十月间，经过宋夏之间漫长艰苦的谈判，议和条款最终为双方接受。和约内容主要包括以下诸条：（1）元昊取消皇帝称号，改由宋家天子册封为西夏国主；（2）宋朝每年赐给西夏绢153000匹、银72000两及茶叶30000斤，合计所谓

1　(宋)李焘：《续资治通鉴长编》卷一四〇，庆历三年四月癸卯，第3362—3363页。

2　(宋)李焘：《续资治通鉴长编》卷一四二，庆历三年七月癸巳，第3408—3411页。

"二十五万五千"之数;(3)双方禁止诱招对方人逃亡等。[1]此项和议被史家称之为"庆历和议"。此项和议生效后,双方在边境上虽不时仍有摩擦,乃至小的战斗,但大规模的冲突却暂时结束。这次议和的最终完成,使宋朝得以维持祖宗旧制,不必对弊窦丛生的国防体系做大的改动,对崇文抑武的传统国策也自然遵行不悖。

庆历八年(1048年)二月,西夏使臣来到开封城,向宋廷送上了元昊毙命的讣告。不久,元昊的死因也被侦获,据说,元昊因与自己的亲生儿子宁令哥争夺美女,结果被其子砍伤鼻腔,创伤发作而亡。[2]元昊死后,由其幼小的儿子谅祚即位,朝政却落入三位大将手中。于是,有些主战的官员建议乘西夏内乱之际,诱使对方三大将自立,以分化削弱其实力,从而根除西北边患。驻守延州的宣徽北院使、陕西安抚使程琳却上奏表示反对,他在奏疏中对仁宗说:"幸人之丧,非所以柔远人,不如因而抚之。"程琳的意思,是反对利用元昊丧葬的机会动手,以体现朝廷的光明仁厚。其实,这位文臣在昔日任御史中丞之时,曾向垂帘听政的刘太后献过《武后临朝图》,颇有暗示太后效法武则天改朝的用意。以后,他在任参知政事时,又有过贪赃枉法行为,故其为人名声并非甚佳。[3]

1　(宋)李焘:《续资治通鉴长编》卷一五二,庆历四年十月己丑,第3706—3707页;(元)脱脱等:《宋史》卷四八五《夏国传》,第13999页。

2　(宋)李焘:《续资治通鉴长编》卷一六二,庆历八年正月辛未,第3901—3902页。

3　(元)脱脱等:《宋史》卷二八八《程琳传》,第9675、9677页。

然而他给天子提出的理由却是再冠冕堂皇不过的，在以标榜仁孝治天下的仁宗看来，也是不能拒绝的。于是，朝廷派出了使臣，一方面对已故西夏国王加以吊唁，另一面则向幼主宣读了册立诏书。

6. 得宠大将

仁宗在位长达四十余年，前后任用高级将官何止千百！在这些将领中可以说相当一部分人又保持了以往傅潜、王超等人的作风，纵然无值得一提的功业，却仍能位列高官，封妻荫子，并且受到朝廷的长期恩宠。

仁宗朝初期地位最为显赫的将领当属曹利用。曹利用出身于宁晋（今河北宁晋）一个武官家庭，他在父亲死后以荫补踏入军门，成为一名下级军官。当景德初年朝廷与辽方议和时，曹利用受命前往谈判，是当日代表帝国与对方交涉的主要代表。澶渊之盟签约后，真宗对他十分感谢，不仅将他越级提拔，并且特别赐给这位昔日名不见经传的武臣一座京师宅第。此后，他平步青云。到大中祥符末，前后不过十余年间，他已官至枢密使、同中书门下平章事，成为帝国内部品位最高的军人。而曹利用最明显的功勋不过是在澶渊之盟中的谈判表现，其在战场上的活动却极为少见。他还因为参与丁谓等人主持的祥瑞活动，遭到人们的指责。

仁宗皇帝登基初，曹利用因得到刘太后的宠信，在原有官职之外又增加了侍中的头衔，并兼景灵宫使，竟排班在宰相之上，名位显赫一时。此后，王曾出任首相，才强行将其压制在首相之后。由于长期身居高位，曹利用不免做出一些骄横的行动，加上他又在几件事情上忤犯了太后，才终于倒霉。天圣七年（1029年）初，曹利用遭到贬谪，不久又被网罗罪名流放外地，他终于忍受不了侮辱而自杀身亡。[1]

与曹利用性情不同的张耆，也是历仕真、仁两朝的军界头面人物，通览其一生事迹，则更不如曹利用所为。张耆在少年时代已服务于真宗藩邸，以后因为一件意外的事情，遂使他终生享尽了荣华富贵。当时，正做太子的真宗将蜀姬刘氏引入东宫，备加宠爱。不承想，此事被太子乳母报告给父皇。在太宗皇帝的干预下，太子不得不同意将刘氏放出东宫。但因舍不得抛弃佳人，太子便让身边亲随张耆把刘氏带入其家。谨小慎微的张耆安排好刘氏的食宿后，再也不敢回到家中，以避免太子猜疑。[2]真宗登基后，刘氏被接入宫中，以后又成为皇后、皇太后。正因为有这样一段机缘，张耆官运亨通，不断得到升迁。

澶渊之盟后，张耆已官至侍卫马军都虞侯，授观察使衔。此后，他随天子东封西祀，历任侍卫马军副都指挥使、宣徽南院使兼枢密副使，屡迁诸镇节钺，并获得使相的高官显位。

1　（元）脱脱等：《宋史》卷二九〇《曹利用传》，第9708页。

2　（宋）司马光：《涑水记闻》卷五，第100—101页。

仁宗称帝后数年，刘太后又将张耆安排到枢密使的要职之上。以后，张耆继续得到升迁，甚至获得了邓国公的高爵。为了报答他早年的供养之恩，太后还在开封城内为其建造了一座庞大的府宅，内中竟有多达七百余间的房屋。[1]然而，张耆这样一个凭借攀附关系登上军界最高职务的大将，既无丝毫战功可言，又对帝国国防无任何建树，只会坐享厚禄，在中枢充当木偶而已。

据记载，张耆虽然富甲一方，但生性极为吝啬。他在家中竟设置店肆，家人奴婢所需百货，都要在自己的店铺中购买。也许他还懂得一些医术，所以又亲自为家人切脉看病，并出售药材，所谓"欲钱不出也"。像张耆这样一个人，竟能坐镇枢密院多年，真正能反映出宋朝对武将的价值轻视到极点，也难怪会遭到文人的耻笑。直到明道二年（1033年）刘太后驾崩后，张耆才离开枢密院，以护国军节度使的身份出判许州（治所在今河南许昌），之后历任六州长官，改封徐国公。最终，张耆在"安佚富盛逾四十年"的情况下寿终正寝。张耆死后，朝廷特赠以太师兼侍中的高官，但礼官们没有忘记给其选定了略含贬义的谥号"荣僖"。[2]

宋朝自太宗以降，经历类似张耆的将帅大有人在，而自澶渊之盟以后，这样的"福将"更充斥京城内外。正如庆历年间

1　（元）脱脱等：《宋史》卷二九〇《张耆传》，第9711页。

2　（元）脱脱等：《宋史》卷二九〇《张耆传》，第9711页。

朝臣贾昌朝所言：太宗朝所任诸将，"率多攀附旧臣、亲姻贵胄"，近年以来，"恩幸子弟，饰厨传，沽名誉，不由勋效，坐取武爵者多矣"。[1]仁宗朝还有一位叫杨崇勋的武官，其庸碌品性不在张耆之下。

杨崇勋出身军人世家，因早年在东宫追随过做太子时的真宗，此后日渐受到重用，短短十余年间便官至客省使兼领群牧使，授防御使衔。真宗晚年时，杨崇勋以密告寇准与内侍密谋拥立太子称帝这样一桩难辨真伪的事情，得到了正受宠的宰相丁谓及刘皇后的器重，超授观察使衔。仁宗初年，杨崇勋历仕殿前都虞侯、殿前都指挥使等军职，并很快获得节度使头衔，先后在河北等地统军。明道元年（1032年），杨崇勋出任枢密使。而他之所以能担当此要职，乃在于太后的推荐。据说，刘太后曾对仁宗说：先帝最信任杨崇勋，称其"可任大事"，于是遂有这一升迁任命。然而，杨崇勋除了在协助丁谓打击政敌寇准的活动中有突出表现外，从其以往的经历上看不出有什么"可任大事"的记录，以后直至其死去，也未有什么惊人的业绩。

刘太后死后，杨崇勋以使相身份外放。以后，当辽朝以武力要挟本朝增加岁币时，他被朝廷选为大将出镇定州（治所在今河北定州）。但史称他上任后，昏老无能，所以不久又被调回内地。[2]

1　（宋）李焘：《续资治通鉴长编》卷一三八，庆历二年十月戊辰，第3316页。

2　（元）脱脱等：《宋史》卷二九〇《杨崇勋传》，第9714页。

庆历五年(1045年), 杨崇勋病死, 朝廷赠给其太尉官衔, 谥号则为恭毅。当日, 史家在记述其死事时, 没有忘记将其脾性及生前的一件趣事告诉后世: 喜好中伤他人, "人以是畏之"; 性贪鄙, 曾役使属下兵士为自己打造"木偶戏人", 然后把这些木偶涂抹成红白两色, 运往京师市场出售。[1]

仁宗朝还有夏守恩、夏守赟兄弟, 也以真宗藩邸旧人出身, 分别历任禁军大将, 官拜节度使。但此兄弟二人同样庸碌无为, 或长期主管工役, 贪赃枉法; 或统率大军, 懵于用兵。在三川口之战惨败后, 夏守赟出任宣徽南院使、陕西马步军都总管兼经略安抚、缘边招讨使, 可谓集西北诸多指挥官职于一身, 同时还携带了尚方宝剑, 足见仁宗皇帝对其寄予了多么大的厚望。但是, 他来到前线后的表现却令朝廷大失所望, 所谓"性庸怯, 寡方略, 不为士卒所服"。实在是在不得已的情况下, 天子又将他调内地, 以后再将他提升为枢密院长官。[2]当日, 朝官富弼曾对这一任命给予了强烈的抗议, 指出枢密使掌天下之兵柄, "代天子之武威", 像夏守赟这样既无清名又乏才术者竟能入居枢密院, 势必遭天下人耻笑, 所谓"皆所轻笑"。[3]以后, 夏守赟虽离开了枢密院, 但仍在地方上充任军政要职, 直至最终死去。[4]

1　(宋) 李焘:《续资治通鉴长编》卷一五六, 庆历五年闰五月庚戌, 第3779页。(宋) 李焘:《续资治通鉴长编》卷一五六, 庆历五年闰五月庚戌, 第3779页。

2　(元) 脱脱等:《宋史》卷二九〇《夏守恩传附夏守赟》, 第9716页。

3　(宋) 李焘:《续资治通鉴长编》卷一二四, 宝元二年九月丁巳, 第2932—2933页。

4　(元) 脱脱等:《宋史》卷二九〇《夏守恩传附夏守赟》, 第9716页。

至于仁宗朝的李用和及郭承祐等人,其经历虽不尽相同,但所表现出的共同特征却与以上几位将帅如出一辙。李用和因有仁宗亲舅身份,于是从一名落魄之徒,在未具备任何战场阅历的情况下,很快就官拜使相,任居禁军大帅之职。[1]郭承祐则凭借年头资历,一步步升为高级将官。当郭承祐出任真定府(治所在今河北正定)和定州马步军都部署时,谏官欧阳修就激烈地向朝廷指出:像郭承祐这样的人,不过是"凡庸奴隶之材",但依照升迁惯例也能迁至大将。朝廷如要考虑其勋旧情况,大可以用闲官厚禄将其养起来,也不必委以重任。[2]

在仁庙时代,出现以上述诸将为代表的庸懦之辈掌管军队的现象,的确令人可笑,而这一局面的存在,又使帝国的军人蒙受了更大的耻辱。

7. 英雄末路

在仁宗年间,宋朝也涌现出了一些颇敢作为的将军,活跃于帝国的边防战场上,然而,这些人虽然不乏良将之材,甚至立下赫赫战功,但却屡遭打击、压制,历经磨难,以至抱恨离开人世。在当日这些将领中,又以狄青、王德用、种世衡及张

---

[1] (元)脱脱等:《宋史》卷四六四《外戚传·李用和》,第13565页。

[2] (宋)李焘:《续资治通鉴长编》卷一四二,庆历三年七月戊寅,第3401页。

亢等人的遭遇最为突出。

狄青被视为宋朝中叶最负盛名的战将,乃在于他有着不平凡的经历与功勋。狄青出生于民风剽悍的河东西河(今山西汾阳)。他在青年时代投军后,像其他士卒一样被在面部刺字,但他以后却因为异常的英勇善战,很快就脱颖而出。从有关狄青的个人记录可知,他在武艺上出众,"善骑射"。[1]最初,狄青在京师充当禁军卫士,朝廷与西夏开战后,他被选派到延州任军校,从而获得了施展才能的机会。

狄青来到前线后,参加了无数次战斗。据史籍记载,当日因朝廷军队在战场上屡屡失败,所以"士卒多畏怯"。而在此时,狄青却常常自愿充当先锋。每次上阵时,他都头戴铜制面具,披头散发,以一股不可阻挡的威猛气势冲锋陷阵,使蛮横的对手都望而生畏,所谓"敌人畏慑,无敢当者"。[2]据说,狄青在充当将官种世衡亲随之日,每到深夜,其他人都疲乏得睡去,只有他坚守军帐四周,"呼之即至"。[3]尤为难得的是,狄青不仅骁勇,而且颇有头脑,这样便逐渐受到文臣的注意。一次,狄青奉命去见经略司判官尹洙,喜好论兵的尹洙与他交谈之后,非常器重他的见识,便将他推荐给韩琦和范仲淹。两位文臣统帅接见狄青时,竟也"一见奇之"。此时,正是前线战事最艰难的时候,良将难得,于是狄青自然受到厚待。范仲淹

1　(元)脱脱等:《宋史》卷二九〇《狄青传》,第9718页。

2　(宋)江少虞:《宋朝事实类苑》卷五五,第727页。

3　(宋)张舜民:《画墁录》,影印文渊阁四库全书本,上海古籍出版社1987年版,第1037册,第163页。

还特别送给他一套《左氏春秋》，并告诉他："将不知古今，匹夫勇尔。"狄青接受了范公的指点，开始在作战之余悉心阅读史书、兵法，从此名声远扬。[1]康定初，他被举荐为泾州(治所在今甘肃泾川)驻军都监。

此后，直至庆历和议签订之时，狄青始终在西北前线作战，以战功屡迁至禁军四厢都指挥使、惠州团练使，出任泾原路副都部署、招讨副使等职。庆历二年(1042年)初冬，仁宗皇帝为了鼓舞前方将士斗志，下诏召狄青等有功将官入宫会面。但当狄青接到诏书不久，西夏大军突然进攻渭州(治所在今甘肃平凉)，他只得留下来继续守边。于是，天子特派画师到前线为他画像，然后将其画像送到皇宫，以一睹名将风采。[2]然而，狄青毕竟是行伍出身，其性情及作风与文臣有别，有时不免率直处理问题，于是，便引起了一些文官的反感和指责。

庆历四年(1044年)间，西北边臣在是否应当修筑水洛城(在今甘肃庄浪)的问题上发生了分歧。此时，已升任枢密副使的韩琦对修城持反对意见，认为徒劳无益，并撤销了力主筑城的陕西四路都部署郑戬的职务。但是，郑戬改任知永兴军后，继续上奏反映水洛城在防御上意义重大，支持武官刘沪与文臣董士廉赶修工程。当时知渭州的尹洙也反对修水洛城，遂下令终止工程。在这场争议中，狄青很可能是出自感情上的因素，便站在

1　(元)脱脱等：《宋史》卷二九〇《狄青传》，第9718页；(宋)李焘：《续资治通鉴长编》卷一二九，十一月丁卯，第3056—3057页；(宋)邵伯温：《邵氏闻见录》卷八，第83—84页。

2　(宋)李焘：《续资治通鉴长编》卷一三八，庆历二年十月己酉，第3311页；(宋)范镇：《东斋记事》卷三，中华书局1997年版，第28页。

韩琦、尹洙一边。他在奉尹洙之令率军前往制止修城工程时，竟将刘沪、董士廉二人抓起来，将他们戴上枷锁，押送别处监牢。狄青的这一举动立即引起了朝臣们的指责，特别是他竟敢以武职身份逮捕文官董士廉，更激起了强烈的不满。当日，枢密副使范仲淹为此特上奏天子，以调和此事。范仲淹称：刘、董二人坚持为边防修城，并无他意。刘沪乃边关有功将佐，而董士兼更属"朝廷京官"，竟被戴枷受审，这大约是因为狄青粗人，"未知朝廷事理"。所以，范仲淹希望天子下诏将刘、董二人送往别处看管，以免万一被杀，引起家属控诉和更多"臣僚上言，絮烦圣听"，并保全狄青、尹洙不至于陷于官司之中。[1]范仲淹的这一举动，显然是企图化解尖锐的矛盾，并有保护狄青的意思，但其言语之中也不免流露出对狄青粗率行事、枷押文臣的行动的不满。

当年六月，因为知渭州尹洙调往外地，朝廷乃任命狄青接替尹洙遗缺。诏令刚刚宣布，谏官余靖便接连上奏激烈反对。余靖在奏言中认为：渭州为西北重镇，昔日范仲淹尚不敢独自主持，如今岂能由狄青这样的粗暴武夫专任？他接着说道：本朝从来以武人粗暴，恐怕他们遇事不能"精详"，所以派文臣镇抚，控制其进退。狄青出自行伍，"名为拳勇"，未有奇功，如此快速提拔，将难以服众。况且其粗率武人，身处将帅之位，粗豪之气已经显露，前不久还因怒鞭打过戴

---

[1] （宋）李焘：《续资治通鉴长编》卷一四七，庆历四年三月甲戌，第3557—3558页。

京职头衔的医官,云云。[1]除了余靖的非议之外,其他谏官也提出了类似的上奏。在此情形之下,朝廷只得将狄青调往河东带兵。

在西夏称臣之后,狄青先后在河北及西北领兵,均以善于治军而出名,历迁侍卫步军都虞侯、副都指挥使和侍卫马军副都挥使等军职,并接连获得防御使、节度观察留后及节度使等军衔。皇祐四年(1052年)六月,正在以节钺身份任知延州的狄青,突然被宣布提升为枢密副使,这一消息的确出乎大多数文臣的预料。天子何以下此诏令,其缘由不得而知。可是,在众多文臣看来,狄青还是没有资格踏入帝国的中枢组织。在得知朝廷的这一任命后,御史中丞王举正首先向仁宗皇帝提出反对意见,其理由是:狄青以兵伍出身位居执政之位,乃本朝从没有过的事情,恐怕会因此引起四方对朝廷的轻视。接着,左司谏贾黯也上言道:国初宿将拥戴太祖登基、平定列国,有大功者不可胜算,但也没有谁是起自兵卒而入居枢密院。这位谏官还指出此举会导致四夷蔑视帝国、朝廷大臣耻于与其为伍及破坏祖宗成规等"五不可"的后果。此外,御史韩贽等人也纷纷发表了反对意见。不过,这一次仁宗却没有受到众多文官们的影响。[2]

狄青到枢密院任职后,明知朝中的文臣对自己抱有极大的

1　(宋)李焘:《续资治通鉴长编》卷一五〇,庆历四年六月癸卯,第3627—3632页。

2　(宋)李焘:《续资治通鉴长编》卷一七二,皇祐四年六月丁亥,第4153页。

成见，但为了给帝国的战士带来希望和荣誉，他保持了一个武士应有的气节。有这样一件事情颇能反映狄青这方面的举动：他做枢密副使后，脸上仍有早年当兵时留下的刺字墨迹，这在世人眼里无疑是耻辱的标记。仁宗见到狄青面部的刺字后，就劝他用药消除掉，但狄青却谢绝了天子的好意，他用手指着墨字对天子说：陛下以军功提拔为臣我，没有考虑出身阀阅，我能有今日，正是因刺字从军。我愿保留这一标记，以鼓舞天下士兵，所以不能遵旨将其消除。[1]据说，当日还有人向他出主意，建议他对外人声称自己是唐朝名臣狄仁杰的后裔。狄青听罢却自豪地说：我出身农家，少年从军，怎么敢与唐朝的狄公攀亲呢？[2]从狄青的以上举动，可以看出他保留了一个真正猛士所拥有的可贵的自尊与傲骨，而这些在同时代大多数武将身上已荡然无存。如此一来，便使他与张耆、杨崇勋及夏氏兄弟等人形成了鲜明的对比。

然而，可怕的世俗偏见却没有放过狄青，致使他常常遭受到无缘无故的歧视。当时，民间称军人为"赤老"，狄青在赴任之初就受到了"赤老"的对待。据记载，枢密院得知狄青将从延州来京师后，遂派出官员迎接，不承想一连多日也没有见到新任枢密副使。一天，迎候的官吏向一个过路人询问，却不知道此人就是狄青，遂谩骂道："迎一赤老，累日不来。"此事

---

[1] （元）脱脱等：《宋史》卷二九〇《狄青传》，第9719页。

[2] （宋）邵伯温：《邵氏闻见录》卷八，第83页。

自然很快就传了出去，于是文人们都贬呼狄青为"赤枢"。[1]听到这些无聊的讥讽，狄青的内心不能不泛起许多的苦涩与不平。事实上，他以往遭到类似的对待又何止一二次！

据说，狄青在定州任驻军指挥官时，过去的上司韩琦恰巧也在定州做知州。一天，韩琦设宴招待本地官员，狄青也应邀赴会。席间，一名人称"白牡丹"的官妓喝得有些醉意，竟当着众人面对狄青劝酒道：斑儿喝一盏。妓女称狄青为"斑儿"，即是嘲讽他面部有刺字。当着众多客人的面，久经沙场的大将没有发作，但到第二天，他却将"白牡丹"鞭笞了一顿。也许是因为此事得罪了韩琦，不久他便受到了残酷的报复。一次，狄青的老部下焦用带兵路过定州，狄青设宴为旧人接风。此时，士卒们反映焦用有克扣军饷行为，于是，韩琦下令将焦用逮捕。狄青赶往知州公署营救，然而韩琦并不理会他，他只能站在台阶下面恳求对方道：焦用是有军功的好男儿。不料想，韩琦却反驳道：京城东华门外唱出状元者乃好男儿，此人岂称得上是好男儿？说罢，韩琦当着狄青的面下令将焦用斩杀。[2]

当时，对待文臣的轻视和世俗的偏见，最好的反击就是以实际行动证明自身的价值。就在狄青就职枢密院之前两个月，广南出现了少数部族首领侬智高发动的反叛活动。这便又为狄

1　（宋）江休复：《江邻几杂志》，上海进步书局1911年版，第1页。
2　（宋）王铚：《默记》卷上，中华书局1981年版，第15—16页。

青提供了报效国家和施展才华的机会。

依智高原本是广源州（在今越南广渊）酋长的后裔，自其父被交趾（今越南）人俘虏后，广源州便受到交趾的控制。依智高成人后，因不满交趾国的欺压，屡次要求归附朝廷，然而，此时帝国西北的战事刚刚结束不久，大臣们惧怕在南疆再生事端，所以对依智高的请求未加理睬。于是，依智高愤恨之下遂组织起武装，筹划对宋朝发动进攻。当日，广州有两位不得志的黄姓进士投靠了广源州，成为依智高的谋士。皇祐四年四月，依智高率领五千多部族军北上，一路破关斩将，仅仅一个月时间就攻破帝国南疆重镇邕州（今广西南宁），俘获知州以下许多官员。随之，依智高在邕州称帝，建号大南国。[1]

当广南叛乱的战报送到开封后，朝廷的反应竟相当迟缓，直到同年六月才下诏任命正在守丧的文官杨畋与曹修为统帅，南下负责征讨事宜。而此时，依智高已连破横州（治所在今广西横县）、藤州（治所在今广西藤县）、梧州（治所在今广西梧州）及端州（治所在今广东肇庆）等州，守城文武官员或战死或被俘，或弃城逃亡。五月下旬，叛军进一步包围岭南中心城市广州，一时战火染红了两广地区。在此后的几个月里，朝廷的征讨军队屡战屡败，死伤的将士不计其数，先后被派去指挥的文官统帅都束手无措。[2]说起来，依智高起兵的班底不过五千余众，之后虽裹胁了更多的人，但毕

1　（元）脱脱等：《宋史》卷四九五《蛮夷传·广源州》，第14216页；（宋）李焘：《续资治通鉴长编》卷一七二，皇祐四年五月己巳，第4142—4143页。

2　（宋）李焘：《续资治通鉴长编》卷一七二，皇祐四年五月辛酉、壬戌、丙寅，第4144—4146页。

竟都不是训练有素的正规军，其装备简陋，组织不严，全凭一股血气和冲动作战，其实力比之于契丹、西夏相距甚远。可是，帝国的军队竟不是其对手，一旦看到对面冲来的杂乱人群，几乎都望风披靡，这实在令人难以置信。

是年九月，朝廷任命孙沔和余靖取代无能的杨畋和曹修，负责镇压侬智高势力。但在孙沔、余靖出发后，仁宗皇帝仍忧心忡忡，实在是对两位文臣缺乏信心。于是，天子便又问宰相庞籍谁可以出任大帅，庞籍乃推荐了狄青。此时，狄青正想摆脱京城内外人们对自己的无聊议论，再看到那些自以为是的文官在前线的无能表现，也主动向天子请战。他对仁宗表示自己起自行伍，唯有通过征伐来报效国家。就这样，朝廷任命狄青为宣徽南院使、荆湖南北路宣抚使及提举广南东西路经制贼盗事，全权负责南征行动，原先派去的孙沔和余靖遂成为其下属。据记载，天子当时本打算派内侍任守忠出任狄青副职，但有一名谏官上奏指出：唐朝宦官出任监军，常牵制主将，此不足效法。又有朝官向天子反映："狄青武人，不可独任。"于是，仁宗征求宰相庞籍的意见，曾经出任过西北战场方面统帅的庞籍，对有关战地指挥的事还多少有一定的经验，懂得文臣牵制武将的弊端。所以他劝天子道：狄青出身士卒，如用文官任副职，他必然会受到压制，"而号令不专，不如不遣"。[1]

1　（宋）李焘：《续资治通鉴长编》卷一七三，皇祐四年十月辛巳，第4175—4176页。

当年十月间，狄青率军出征。据文献记载，狄青所率军队，人数不过万余，都是他所熟悉的西北边军，其中又有一半是由西陲少数部族士卒组成的骑兵。就在狄青尚未抵达前线时，坐镇桂州(治所在今广西桂林)的余靖向朝廷报告交趾愿出兵相助，他本人也主张与交趾联合进攻侬智高。天子接到余靖的报告后，表示同意。不久，狄青得知这一消息，马上上奏反对。他指出交趾声言出兵并不可靠，况且对付一个小小的侬智高，也需要外人相助，此必将促使交趾骄狂，难保其以后不成为边患。朝廷觉得狄青的认识更有远见，又采纳了他的意见，拒绝了交趾的出兵请求。[1]

狄青于第二年正月抵达前线，会合孙沔和余靖两人率领的军队开至宾州(治所在今广西宾阳东北)。不久前，因为广南西路钤辖陈曙指挥不当，朝廷军队刚被打败，致使士气不振。于是，狄青下令诸将不得随便行动，以便重整军容。不料，无能的陈曙不愿狄青独获大功，加上余靖也暗中指使其出兵，陈曙遂乘狄青未到之际发兵八千多人攻敌，结果在昆仑关(在今广西宾阳南)大败而归。狄青为了严肃军令，在败将逃回的第二天早晨，将所有将领召集到中军大营。他先宣布了陈曙及其手下临阵溃逃的袁用等三十二名将校的违令之罪，随后下令将他们推出军门斩首。宋朝自太宗以来，天子对失职的军官还很少开过杀戒，像太宗时逼死杨业，又临阵逃跑的王侁一类将

1　(宋)李焘：《续资治通鉴长编》卷一七三，皇祐四年十二月戊子，第4183页。

领,也不过免官流放,此后又遇赦东山再起;真宗朝逗留避战,甚至不顾天子安危的大将傅潜、王超等人,也罪不至死;宽厚的仁宗皇帝对败军之将就更少追究。而狄青不过是一名武将,竟敢独断专行,一次便斩杀数十名军官,这不能不使在场的孙沔和余靖两位文臣感到震惊,史称二人"相顾愕然"。此前狄青出任知渭州时,余靖曾连上四章向天子表示反对,指责狄青一介武夫,粗暴无礼。此时,余靖因自己曾指使过陈曙出兵,不得不替部下求情,表示自己也有责任。然而,狄青听罢只冷冷地说道:你是文臣,"军旅之责,非所任也",还是把抗令将佐斩首示众。一时,包括文臣在内的军中各级指挥官无不为之畏惧。[1]

狄青通过诛杀陈曙等人,树立了主帅的权威,严明了军纪。此后,他先按兵不动,调集军粮,既做战前准备,又麻痹敌军。随之,他突然带兵急行军一天,赶至昆仑关。第二天黎明时,狄青下令大张旗鼓,准备出击。而此时,他本人却已经微服领前锋暗中先出了昆仑关。他在占据了有利阵地的情况下,才派人传令大营诸将率军出关。[2]据说,狄青当日为了出敌不意,每天都要与诸将饮酒一杯。出关前一天,诸将在大帐外等候召见聚饮,直到中午时仍不见主帅身影。正当他们惊疑之时,传令兵赶来通知众人出关吃饭,大家这才

1　(宋)李焘:《续资治通鉴长编》卷一七四,皇祐五年正月丁未,第4190页。

2　(宋)李焘:《续资治通鉴长编》卷一七四,皇祐五年正月丁巳,第4192页。

明白狄青已微服先行。[1]

狄青突然的行动，使朝廷大军抢先占领了有利地形，令对方措手不及。交战之初，由于侬智高手下的军队以往连续获胜，所以气势凶猛，朝廷前军不免稍稍后退。此时，孙沔等文臣毕竟缺乏战场经历，不觉大惊失色。就在这时，狄青亲自挥动令旗，指挥由西北带来的"蕃落"骑兵从两翼包抄敌军。史书这样记述了当日战场的情况：剽悍的北方骑兵以闪电般速度冲向对手后方，却并不马上发起进攻，他们在狄青白色旗帜的调动下，不时变阵势，令侬智高的人马感到疑惑和惊恐。当对手阵势出现混乱状况时，狄青下令发起总攻，遂大败敌军，连追五十多里，斩首数千级，侬智高手下的许多重要首领也被击毙。侬智高本人先退回邕州城，随之又纵火焚烧了城市，最后率少数随从逃入西部的大理国（以今云南大理为中心的少数民族政权）。

值得一提的是，在此次昆仑关战役中，有两位武官根据自己部下的实际特点，临时修改了主帅的命令，主动出击，对取得战役的成功起到了一定的作用。战后，这两位将领深知狄青素来重视军令，便主动来到大营请罪，狄青却拍着他们的后背说：违令而获得成功，是抓住了战场上的机会，何罪之有！这又反映了狄青对善战武将的鼓励。[2]

昆仑关大捷之后，狄青率大军进入侬智高曾经占据的大本

1　（宋）魏泰：《东轩笔录》卷四，第40页。

2　（宋）李焘：《续资治通鉴长编》卷一七四，皇祐五年正月丁巳，第4192—4193页。

营——邕州城。入城之日，他采取了恩威并施的举措，一方面将敌方重要人物的首级割下来，在邕州城北筑起了数千颗头颅的小山，即所谓"京观"，以收震慑之效；另一方面，狄青又释放了七千二百多名被胁迫者，通过他们招抚各地部落。[1]

平定侬智高之乱，无疑是本朝自统一海内以后在边疆上取得的最大胜利，此足以告慰列祖列宗和天下百姓，帝国的尊严和天子的脸面也借此得以恢复不少。所以，仁宗皇帝一得到广南传来的捷报，大为喜悦，马上要把功臣狄青擢为枢密使，以表达自己的谢意。然而，举荐狄青出征的宰相庞籍，此时却表示反对。他提出的理由是：太祖时，慕容延钊、曹彬等大将剪灭敌国，也不过迁官加爵、赏金帛而已。狄青之功与他们相比差得远，如若授以枢密使、同平章事，则名位达到极点，日后万一再立大功，又如何奖赏？当时，朝中唯有参知政事梁适要求授以狄青枢密使之职，而据说梁参政之所以如此积极，则完全在于他想通过推举武人出身的狄青，以挤去文臣身份的现任枢密使高若讷，从而排除高若讷在相位上对自己构成的潜在威胁。辩论的结果，梁适的意见暂时被否定。天子遂下诏宣布：狄青以战功从彰化军节度使改护国军节度使，在原枢密副使职位之外，保留出征时所授宣徽南院使头衔。此时正是皇祐五年的二月上旬。[2]

1　（元）脱脱等：《宋史》卷二九〇《狄青传》，第9720页。
2　（宋）李焘：《续资治通鉴长编》卷一七四，皇祐五年二月癸未，第4197页。

看了当日对狄青的奖赏内容，明眼人不难发现其并无多少实际价值。狄青仍在原枢密副使的职务上停留，宣徽使乃出征前所授，并非新加官爵，唯一含有奖励性质的内容仅在于转换了节度使驻节地，而此时的节度使早已失去了与驻地的联系。这正是朝堂上决策大臣们抑武举措的又一表现，即不能让那些武臣自以为立了功，就可以摆威风。并通过此举昭告天下，帝国崇文的国策不会改变。就在发布对狄青的奖赏诏令不久，朝廷又下达了对参与平叛的两位主要文官的赏功诏书，孙沔和余靖在原官职上同时被提升为给事中，[1]这要比他们原来的右谏议大夫和秘书监的官衔高出许多。

然而，有些事情往往因缘于诸多次要的根由，而发生出人意料的变化。同年四月间，狄青凯旋而归，天子在宫内设宴款待了这位功臣。很可能是出自对昆仑关大捷场面的浓厚兴趣，仁宗皇帝又特别将狄青手下的一些士兵召入宫中，为自己表演了当时作战的阵势和动作。在强烈的英雄气氛熏染下，仁宗也不能不受到感动。此时，为了达到个人目的参知政事梁适乘机向天子密奏，称狄青功勋赫赫，而所赏却极薄，无法鼓励后人。同时，梁适又将自己的意思告诉狄青和宦官石全彬，让他们向天子鸣不平。石全彬也参加了南征行动，本来就对奖赏不满，便经常在皇上身边诉苦，仁宗听得多了，"不能无信"。于是，在当年五月上旬的一天，中书与枢密院

1　（元）脱脱等：《宋史》卷二八八《孙沔传》、卷三二〇《余靖传》，第9688、10410页。

两府大臣入宫议事，突然间，仁宗对庞籍说：平南之功，以前赏得过薄。现今任狄青为枢密使，孙沔为副使，石全彬也先按观察使待遇对待，来年实授。现任枢密使高若讷，可迁官加级，改任他职。仁宗为了避免宰臣们再有异议，说着说着，竟颇为罕见地表现出"声色俱厉"的神情，以至于庞籍等人都感到惊愕不已，遂要求回中书商议，第二天再给以答复。没想到，素来仁和的天子这次反常地固执，他命令宰辅们立即在大殿外的房间内决定，"朕坐于此以俟"。直到大臣们依据圣意递上了奏言，仁宗的脸色才缓和了过来。[1]就这样，狄青出任了枢密使，成为宋朝开国以来完全凭借军功而由士卒升至军政首脑的第一人。

狄青做枢密院长官的事公布后，立即遭到保守文臣的一片非议，以往曾不同意狄青任枢密副使的御史中丞王举正，这时再次上奏提出非议。仁宗一面将王举正调离朝廷监察机关首长的位置，一面派人给其送去三百两白银，对他的业绩给予夸赞。[2]如此一来，公开的反对遂暂时偃旗息鼓，但通过其他方式的敌意却不时袭向帝国的英雄。当日，在发布狄青任命书时，负责起草诏书的官员还运用小聪明在礼仪细节上压制狄青。按照宋朝传统惯例，书写任命枢密使诏书的纸张应当是经久耐用的专用麻纸，枢密使罢任时所用纸张则较为随便，而宰相无论

1　（宋）李焘：《续资治通鉴长编》卷一七四，皇祐五年五月乙巳，第4207—4208页。
2　（宋）李焘：《续资治通鉴长编》卷一七四，皇祐五年五月癸亥，第4211页。

任免,都使用专用麻纸,[1]这本已体现了某种重文轻武的意思。但是,为狄青起草任命诏书的翰林学士却利用职务之便,故意使用保存时间较短、在礼仪等级上低下的草纸,以表达对这位行伍出身者的蔑视和妒忌。[2]说起来,以往诸如张耆、杨崇勋一类昏懦武将也没有遇到如此的对待,因为他们的出身还是要比狄青高贵一些。

狄青前后担任枢密使职务四年时间,从有关他的各种资料记载来看,自其升任枢密院正职以后直到死去,他的活动明显减少了,个人记录也远不如以往在西北时和南征之时多。可见在文官大臣主掌权柄的情况下,狄青根本无法有所作为,既没有南征北伐的机会,也不可能从事重振军备的事业,因为大宋的军政方针业已由在朝大臣奏请天子裁定,任何一个武官都不可能对此加以更改,而每项有关建设国防的倡议,又必须经过以宰相为首的执政大臣赞成后才能付诸实施。狄青自然没有足够大的气魄和能力,能够向自祖宗以来强大无比的文官集团挑战。于是,他只能在无聊的案牍公文中消磨时光,并且还要不时提防他人对自己的无端诽谤和攻击。

据记载,狄青入居枢府期间,有关他的议论常常不胫而走。据说,有人宣称看见狄青家养的狗,头上竟长出角来。[3]又

---

1 (宋)吕希哲:《吕氏杂记》卷上,影印文渊阁四库全书本,上海古籍出版社1987年版,第863册,第218页。

2 (宋)叶梦得:《石林燕语》卷三,第33页。

3 (元)脱脱等:《宋史》卷二九〇《狄青传》,第9721页。

有人发现狄青家院落在夜晚多次发出奇怪的光亮,而这种奇光恰与当年后梁太祖朱温称帝前的情景惊人的相似。[1]嘉祐元年(1056年),京师遇到洪水,狄青率全家逃至城中地势较高的相国寺避水。当日,狄青曾在寺庙大殿中的椅子上坐过,一时此事便被传得沸沸扬扬,意喻他有坐龙椅的企图。[2]文臣刘敞、吕景初等人遂不断上奏,称天象恶变,间难免有奸人做乱,坚决要求将狄青逐出京城,欧阳修也提出武臣不应掌握军事机密的意见。在如此复杂难辨的议论之下,同年八月,朝廷罢免了狄青的官职,令他到陈州(治所在今河南淮阳)任地方官。[3]

说起来,当日有关的谣传议论固然对狄青不利,但真正导致他罢官的原因恐怕还不在此。据记载,狄青步入枢密院后,不仅广大士兵们将他视为自己的英雄,对外人夸耀,[4]而且开封城内外的百姓们也深为其人其事所折服,广为传颂其"材武"精神。甚至于每当狄青出门,总能引来许多人观望,常常还因此造成道路拥挤不通的后果。[5]狄青以一介武人身份,竟赢得如此之高的社会威望,既让众多文臣感到不快,也使朝廷产生了忧虑。[6]如果一旦狄青式的军功业绩成为世人崇拜的模式,那么太祖以来耗尽心血和付出惨痛代价营造起来的温文儒雅的气

1　(宋)魏泰:《东轩笔录》卷一〇,第117页。

2　(元)脱脱等:《宋史》卷二九〇《狄青传》,第9721页。

3　(宋)李焘:《续资治通鉴长编》卷一八三,嘉祐元年七月丙戌、八月癸亥,第4426—4428、4435页;(元)脱脱等:《宋史》卷三〇二《吕景初传》,第10021页。

4　(元)脱脱等:《宋史》卷二九〇《狄青传》,第9721页。

5　(宋)李焘:《续资治通鉴长编》卷一八三,嘉祐元年八月癸亥,第4435页。

6　(宋)欧阳修:《欧阳修全集》卷一〇九《论狄青札子》,中华书局2009年版,第1655—1657页。

象，岂不是要毁之于旦夕之间？而假若尚武之风真的兴起，天子和文官集团又岂不是要受到武夫的左右？因此，当执掌国柄的文官大臣意识到这些可能存在的风险后，当然会毫不留情地把狄青驱逐出朝。

狄青满怀无奈和悲愤的心情告别了京城，远离了曾给自己带来殊荣和苦恼的地方。新的任所对他而言，更大意义上不过是赋闲的地方，实际职事自有其他官员料理。这样一来，无异于宣告他军政生涯的终结。于是，在极度孤独和伤感的情况下，狄青到陈州不久便患上了疾病。第二年三月，也就是狄青被贬外地不过半年左右时间，他便病死于陈州，时年正好是五十岁。死讯报到开封，仁宗在深宫中表示了对昔日良将的哀悼，朝臣们会商后决定赠予亡人中书令的官职，负责有关礼仪的官员给他选定了"武襄"的谥号。[1] 后世史家对狄青有这样的评说：为人谨密寡言，深思而后行；明赏罚，严军纪，又能与士卒"同饥寒劳苦"；喜推功部属，南征时计谋都出自于他之手，但战毕却将余事让于孙沔。于是，孙沔先佩服其勇气，随后又"服其为人"。他还极重义气，对曾经举荐过自己而后来被贬死的尹洙家人，经常给以帮助。[2]

在狄青死前一个月，有一个叫王德用的高级武官也在开封去世，此人的遭遇与狄青颇有相似之处。

---

1 《续资治通鉴长编》卷一八五，嘉祐二年三月庚子条，记载狄青卒于三月，第4473—4474页。而《宋史》卷二九〇《狄青传》则记录死亡时间为二月，这里采纳了前者的说法，第9721页。

2 （元）脱脱等：《宋史》卷二九〇《狄青传》，第9721页。

王德用是历仕太宗、真宗两朝极受宠信而又懦弱的禁军大帅王超之子。在太宗朝后期，王德用以父荫补为军校，曾在随父出征西夏的战争中显露头角，当日他仅十七岁。以后，他屡获升迁，终太宗之世，官至禁军厢都指挥使，加团练使衔。在此期间，他曾以机智生擒过河北大盗，[1]其骁勇敢战的作风与其父形成了鲜明的对比。

　　仁宗登基之初，王德用历迁殿前都虞侯、侍卫步军副都指挥使等军职，加观察使衔，先后在京师、河北和河东等地带兵。王德用志向高远，性情刚直，不像同时代贵胄子弟那样完全依赖攀附关系坐享其成。据记载，刘太后垂帘之时，曾要求他为某人补军校之职，但他却拒绝了太后这一不合理的旨意。枢密使张耆宅第附近起火，张耆令王德用派兵保护其家，他也没有破例服从。仁宗皇帝亲政后，因赞叹其为人，遂将他提升为签书枢密院事。[2]在对西夏开战之前，边防无事，王德用在仕途上也颇为通畅，迁任知枢密院事兼宣徽南院使，拜节钺，在枢密院任职达六七年之久。当元昊反叛的消息传入京城后，他主张对处理边事不当的延州军政官员处以死刑，并向天子请战，表示愿意带兵征讨，但这些要求都未被获准。就在西北战事一触即发的危险时刻，王德用却被朝中的文臣们排挤了出去。

1　（元）脱脱等：《宋史》卷二七八《王超传附王德用》，第9466页。

2　（宋）李焘：《续资治通鉴长编》卷一一二，明道二年四月己未，第2614页。

据史籍记载，王德用相貌英武，身上透着一股强烈的刚毅之气，尤为奇特的是，他面容虽黑，但脖颈以下却是白皙色。按照相术观点，王德用的长相属于一种大贵之相，所以"人皆异之"，而王德用的住宅又坐落于皇宫北角外的泰宁坊内，这些原本寻常的事情，一旦被附加上联想，便会导出令人可怕的结论。于是，开封府推官苏绅向仁宗上疏称：王德用家正枕在都城的乾冈线上，其相貌又很像太祖皇帝。苏绅的用意明显是警告天子，王德用有夺天下的可能。仁宗看了这道奏疏，最初并没有在意，而是将它压制下来。然而不久，也就是宝元二年（1039年）五月，御史中丞孔道辅再向天子递上了类似言辞的奏章，又附加了几句：王德用很得军心，不宜长久掌握机密。这一次，仁宗动了心，便立即解除了王德用的职务，令他赴节镇所在地的徐州（治所在今江苏徐州）赋闲。无端的一场议论使王德用罢官，他还根本无法抗议，只得将压迫了龙脉风水的宅子献给朝廷，然后悄然离开京城。不久，在河北前线任职的葛怀敏，因为是王德用的妹夫，也被贬到内地做官。[1]据说，王德用曾给天子上奏谢罪，其中有这样的表白："宅枕乾纲，乃朝廷所赐。貌类艺祖（即太祖），乃父母所生。"[2]

王德用被贬到地方后，祸事却并没有结束。不久，在河

1　（宋）李焘：《续资治通鉴长编》卷一二三，宝元二年六月乙亥，第2910页。

2　（宋）彭乘：《墨客挥犀》，中华书局2002年版，第393页。

东任职的一名文臣又向仁宗反映，王德用曾指令府州（治所在今陕西府谷）的军官私下向边外部落买马。[1]这一指责又暗示王德用有私自招兵买马之嫌。王德用听说此事后，便将向商人买马的契约连同马匹一起交给朝廷，以驳斥恶意的诽谤。不过，执政大臣们仍以此为名罢免了他的节度使头衔，将其贬调他州，并"特置判官一员"，以监督他的行动。面对如此处置，家人们都极为惊恐，王德用却镇静自若，仅仅断绝了与宾客的来往。[2]看起来，他除了拥有相当的胸怀气量之外，还颇有政治经验，采取了以不变应万变的对策来化解一些文臣的敌意和猜忌。在王德用被贬出开封的第二年，攻击他最激烈的孔道辅死去，当有人告诉他这一消息时，他还表示："朝廷亡一忠臣，可惜也！"[3]

直到庆历二年（1042年）二月，契丹人陈兵北境以武力要挟时，仁宗君臣才想到王德用威望甚高，具有镇守一方的能力，于是先起用他知青州（治所在今山东益都），加节度观察留后。时隔仅数日，又召他坐镇京城以北的门户——澶州，同时恢复了他节度使的军衔。当王德用应召入宫时，他对天子的知遇之恩深表感谢，说到昔日所遭误解，不觉流下泪来。仁宗则对他说，现在河北边防有警，朝廷想借你的威名镇抚啊！[4]

1　（宋）李焘：《续资治通鉴长编》卷一二四，宝元二年七月己巳，第2921页。

2　（宋）李焘：《续资治通鉴长编》卷一二四，宝元二年七月己巳，第2921页。

3　（元）脱脱等：《宋史》卷二七八《王超传附王德用》，第9467页。

4　（元）脱脱等：《宋史》卷二七八《王超传附王德用》，第9467—9468页。

王德用调任知澶州后，加强了当地的守备力量。不久，朝廷派出使臣赴辽，暂时缓和了与契丹人的紧张关系。在此背景下，王德用又被调往河北统军。当朝臣们抨击庸将杨崇勋没有能力镇守北边重镇定州时，中央遂调王德用出判定州兼三路都部署。他到定州后，加紧训练戍边士兵，很快就收到明显成效。契丹的间谍潜入定州窥视军情，其踪迹被驻军察知，有人建议将其捕杀，王德用则想利用这些耳目向其主子传递自己练兵的消息，所谓"是服人之兵以不战也"。第二天，他在城郊举行了大规模的阅兵仪式。据说，那些间谍忙回去汇报，称王德用组织兵马，准备北征。[1]随后，朝廷与辽国议和成功，而契丹人之所以能够降低条件并很快签约，除了与宋朝使臣富弼的外交才能有关外，恐怕更大的原因还在于王德用等将领练兵的后盾影响。

在当时边防形势颇为紧张的情形下，王德用还非常注意解决军队内部的问题，以过人的机智化解了一些矛盾。

某日，军兵们到仓库领粮，结果获得的饷粮都已陈腐变黑。其实，这种现象在当时相当普遍，各级将校与监仓官相互勾结，常常通过以次充好、减少分量等等手法克扣军粮，然后中饱私囊。因此而导致哗变、造反事件，可以说此起彼伏，甚至在对西夏作战之日也未曾消失。[2]这一次，士兵们又

1　（宋）李焘：《续资治通鉴长编》卷一三六，庆历二年五月丙寅，第3268页。

2　（宋）包拯：《包孝肃奏议集》卷四《请重坐举边吏者》，影印文渊阁四库全书本，上海古籍出版社1987年版，第427册，第119页。

喧闹起来，仓官因惧怕而逃亡，于是四名军人手捧黑米代表众人去见主帅。王德用一看情况危急，便冷静地对士卒代表说：你们随我入仓察看。同时，他又有意对身边的副官们问道：我昨天不是传令分发二分黑米、八分白米吗？副官一听自然答是。王德用随即训斥道：既然知道这样，为何不先发白米后给黑米？军兵们见到了黑腐之米，以为全都如此，当然要喧哗。副官立即表示自己未能遵令行事。于是，主帅令卫士将副官每人杖打二十下，以示惩罚。然后，他又对四位代表说：黑米也是公物，不发给你们，难道可以丢弃了吗？你们怎么敢因此喧哗！几位士兵相互看着说：我们原来并不知还有八分白米，我们都该死。王德用乘机也指派卫士对他们各杖打二十棍，又将他们所在的营官召来痛骂道：你如何敢这样做，难道想遭到发配吗？指使士兵请愿的营指挥使顿时吓得跪倒在地，王德用这才将他们打发走。一场即将产生的哗变就这样处理下去了。[1]

在庆历和议订立之后，王德用先后出判相州（治所在今河南安阳）、澶州等地，加官使相，封祁国公。他因长期带兵，又多次在西北、河东及河北沿边镇守，不仅深得军心，所谓"善以恩抚下，故多得士心"，而且在外族人中也有相当的声望，被世人称为"黑王相公"。王德用还针对制约将帅的天子阵图的问题，向仁宗提出了自己的看法：先帝时，赐诸将阵图，人皆死守

---

[1]　（宋）司马光：《涑水记闻》卷四，第63页。

战法，缓急不相救，因此屡败。所以他希望天子不要再赐阵图，使带兵者能够随机应变，以获战效。据说，王德用虽年近七十，但依然善射，曾在宫中连射二箭，皆中靶心。[1]皇祐三年（1051年），年逾七十的王德用致仕，返回京城，但仍获得参加宫廷大朝的权力。

似乎本来应在平静的开封家中度过晚年，告别多年的公务生涯，但就在退休不久，他又再度被朝廷起用，缘由仅在外人的一句话。据记载，王德用致仕不久，正碰上仁宗过生日，他依据有关规定也来到宫中，与大臣们一同参加寿宴。朝廷与辽、西夏议和后，为了表示相互间的友好关系，每逢重要节庆之日，都要互派使臣祝贺，皇帝的生日自然也不例外。当辽国使臣看到王德用又坐在大臣们中间后，这位沉不住气的使者便问身边的朝廷翻译：黑王相公又复职了吗？辽使的这句话很快就被天子获知，看来北面的劲敌对王德用有相当的戒心，这在当时文武官员中十分罕见。于是，仁宗立即重新起用这位老臣，让他以使相身份出判郑州（治所在今河南郑州）。至和元年（1054年），王德用又以七十五岁高龄重返久别的枢密院，出任枢密使一职。[2]

王德用再入枢密院后，实际上已被架空，他与另一位枢密使狄青只能在朝堂上起到一种陪衬作用。朝廷中枢的大权完

1　（元）脱脱等：《宋史》卷二七八《王超传附王德用》，第9468页。

2　（元）脱脱等：《宋史》卷二七八《王超传附王德用》，第9469页。

全掌握在陈执中、文彦博及富弼等宰臣手中。嘉祐元年(1056年)初，仁宗皇帝突然身患重病，时常出现神志不清的情况，甚至一度连接见辽国使臣的礼仪活动都无法参加。[1]眼见天子不能正常处理朝政，臣僚们都忧心忡忡，深为大宋的前途担心。这种状况持续到夏末时，文彦博与富弼遂考虑设立皇储，以备仁宗驾崩后继承帝位。但处理如此重大的政事，枢密院两位武人出身的枢密使却无权参与，而说起来，他们与宰相地位相同，都负有安邦定国的职责。不久，王德用听说此事，颇感不平，遂发了牢骚。

据史籍记载，王德用闻听宰臣谋立太子的事后，有一次合起双手放在额头之上，对身边人说：置我这一尊菩萨于何地？王德用的这句牢骚话很快就被人转告给翰林学士欧阳修，欧阳修听罢便不屑地说道："老衙官何所知？"随即在上疏议论立储问题时要求罢除狄青的职务，称武将掌握国家机密，非朝廷之福。[2]欧阳修之所以只提狄青，乃是因为狄青正当壮年，而通过驱逐狄青也能收到牵连王德用的效果。果然，这年八月，狄青被贬往外地，三个月后，王德用也遭到御史的弹劾。面对罗织的诸多罪名，年迈的王德用已无力辩解，回首以往屡屡受到的诽谤打击，愈发感到心力交瘁，于是他向天子递上了辞呈。当仁宗依照传统惯例没有马上批准时，王德用接连提出要求，这

1　(宋)李焘:《续资治通鉴长编》卷一八二，嘉祐元年正月甲寅，第4394页。

2　(宋)李焘:《续资治通鉴长编》卷一八三，嘉祐元年七月丙戌，第4424—4427页。

样朝廷遂解除了他的职务，令其致仕。

翌年二月，王德用病死于京师。令他的家人略感安慰的是，仁宗皇帝亲临灵堂，对效忠朝廷一生的老将表示了哀悼。[1]也许是天意的安排，时隔一个月，狄青也病死于外地。在文官集团的排挤打击之下，最杰出的两员将星先后陨落，大宋武士的心头不免再度泛起一丝悲哀。

在宋朝历史上，像狄青、王德用这样遭遇的武将相当普遍，可以说，当时富有作为的将领身上大都染有不同程度的悲剧性色彩。像柳开、陈尧咨那样具有尚武精神并最终转为军职的文士，其生平也同样坎坷。仁宗时代的种世衡和张亢正是当时这方面的代表。

种世衡是真宗朝著名隐士种放的兄弟之子，自少年时代便崇尚气节，并喜好读书。以后，他借助叔父种放的官位荫补入仕，开始了文官生涯。从有关种世衡的个人资料可以看出，在仁宗朝初年，他做泾阳（今陕西泾阳）知县时，曾惩治过贪赃的奸吏。出任通判凤州（治所在今陕西凤县东北）之时，因得罪了刘太后的亲属，一度遭到流放。发生在种世衡身上的这些事情，反映了他具有敢作敢为的直率品性。[2]以后，种世衡洗去了冤屈，重返仕途，继续任地方官。

种世衡不同于当时大多数文臣，他对边防问题颇为关注。

1　（宋）李焘:《续资治通鉴长编》卷一八五，嘉祐二年二月壬戌，第4469页。

2　（元）脱脱等:《宋史》卷三三五《种世衡传》，第10741页；（宋）司马光:《涑水记闻》卷九，第170页。

在任鄜州(治所在今陕西富县)判官期间，他对陕北的地理形势进行了深入的调查，掌握了大量有价值的资料。就在这时，宋朝与西夏发生了战争。由于朝廷长期不重视武备，所以开战后陕北便出现了防守不足的严重问题。此时，种世衡根据自己了解的情况，向朝廷建议在延州东北二百里处修筑城堡。

种世衡提议的城址乃是昔日宽州城所在地(在今陕西青涧)，正当西夏军往来要冲，右可以拱卫延州，左可以获得黄河以东的支援，向北则可以接近银州(治所在今陕西横山西)和夏州(治所在今陕西横山东)故地，战略地位十分重要。种世衡的建议很快获得批准，于是他受命组织兵夫在故宽州城废墟上施工。因为此地战略价值不同寻常，所以，当西夏人看到种世衡修城时，便不时派兵前来争夺。他一面指挥作战，一面加紧赶修。在施工的过程中，还遇到这样一个难题：城堡位置虽然险要无比，但内中却无水源。有人建议放弃，但种世衡不愿放弃所选地点，遂下令打井。据说，凿井深至一百五十尺时遇到岩石，石工们表示无法再挖下去，他就立下重赏，凡挖凿出一簸箕石料，即付给一百钱。这样，水终于被打了出来，城垣也告完工。此事被报送京师后，仁宗特赐以"青涧城"之名。与此同时，朝廷将种世衡转为内殿崇班的武职，任命其驻守青涧城。[1]

当时人有这样的记载，种世衡最初守城时，因城堡孤悬于

1　(元)脱脱等：《宋史》卷三三五《种世衡传》，第10742页。

边境之上，人烟稀少，军粮缺乏，故难以长久驻守。种世衡为了解决面临的问题，便把掌握的官钱借贷给商人，鼓励他们向青涧城贩运粮食和其他物资，不久就充实了仓廪。他又组织军民开垦周围土地，获得了二千余顷营田，从而使青涧城拥有了足够的物质力量。为了提高城防能力，他还对全城百姓，包括僧人、妇女进行军事训练。据说，他以白银做靶子，凡有射中者便可以将银块拿走。时间久了，能射中的人越来越多，他却并没有减少银块的重量，而只是将白银变得小而厚。甚至在处理其他事情上，种世衡也常常以射术为诱饵，如人们争夺徭役中的好差使时，便以射箭水平高低决定；有人犯了过失，只要能将箭镞射中目标，也可以释而不问。如此一来，"人人皆能射"。此外，士卒病了，他必派自己的一个儿子前往照料，直到病人痊愈为止。

种世衡在驻守青涧城时，还非常重视招抚周围的羌人部落。他经常亲往对方帐篷探望，与剽悍的游牧人结交朋友，并常常将身上所佩金质腰带或正饮用的银酒器赏给他们，从而招抚了一支有力的附属武装，增强了抗敌能力。[1]有关种世衡结交游牧部族的记载颇多，如有一个叫奴讹的部族首领，素来倔强，并不把延州长官放在眼里，但对种世衡却极为敬佩，每当听说他来到，便赶往大路上迎接。一次，种世衡与这位酋长约定第二天亲往犒劳，但当天夜晚突然天降大雪，平地雪深达三

1　（宋）司马光：《涑水记闻》卷九，第171页；（宋）李焘：《续资治通鉴长编》卷一二八，康定元年九月庚午，第3043页。

尺。于是，身边人都劝他不要去了，他却说：我刚刚与诸部落结下信义，绝不能失约。种世衡遂冒险上路。奴讹看到天气出现恶劣变化，猜想种世衡必定不会来，就卧于大帐中休息。当种世衡突然间出现在眼前时，他顿感极为惊愕，深为对方的诚信所感动，便率部下归顺朝廷。

某次，羌人中实力最强的部族首领慕恩应邀来青涧城。晚间，种世衡设酒宴款待他，并命令一名美女劝酒。酒喝到一半时，种世衡借故离开酒席，然后从墙壁缝隙向里窥视。当然，一切都在他的预料之中，带有醉意的慕恩乘他不在就调戏美女，于是，他突然跨入室内抓住对方，慕恩只能惭愧地请罪。这时，种世衡却笑着说：你想要她吗？对方点头，他当即将劝酒的女子送给酋长。通过预先做好的布置，种世衡将慕恩收为得力助手，不仅用于对西夏作战，而且还用来征讨羌人中的反叛部落，"使讨之，无不克"。经过一段时间的艰辛努力，种世衡终于在沿边各部落中遍设了烽火台，形成了快速报送敌情的通讯系统，由此，每次都能在西夏骑兵入境之前就做好应战准备。[1]

种世衡虽出身文官，但悉心戍边，他在驻守青涧城时采取的以上诸种措施，很有战国、秦汉时名将治军的风范，当时朝廷武将中还很少有人能做到这一点。所以，后世学者提出了仁宗朝"种氏以外，无一人之可将"的看法。[2]

1　（元）脱脱等：《宋史》卷三三五《种世衡传》，第10742页。

2　（清）王夫之：《宋论》卷四《仁宗》，第93页。

正是在种世衡全身心的经营之下，青涧城成为延州以北一座坚固的要塞，相当大程度地遏制了党项军队南攻延州一路的势头。在此基础上，种世衡还成功地对西夏上层展开了离间活动，使元昊与其国内的大贵族野利刚唛、遇乞兄弟产生了隔阂，由此而对以后元昊息兵议和也起到了一些作用。[1]

庆历二年（1042年），范仲淹来到环州（治所在今甘肃环县）巡视边防，看到当地羌人与西夏人关系密切，时常与西夏军共同南攻，便向朝廷建议：青涧城现已巩固，而种世衡在羌人中威望极高，因此可以改任他为知环州，以镇抚周边部族。坐镇延州的方面统帅庞籍却舍不得将种世衡调走，希望范仲淹另外选人，但范仲淹向朝廷坚持自己的请求，指出招抚羌部非种世衡不可。就这样，种世衡又来到环州，继续采取以往在青涧城采用的方式，一面加强对部属的训练，一面密切与羌人部族的联系，很快便提高了环州地区的防御能力，致使西夏军"不敢复近环州"。[2]

在环州与原州（治所在今甘肃镇原）之间活动的明珠、密藏及康奴三支羌族部落，颇为强悍，实力也不小，但对朝廷的招抚措施持对立态度，与西夏有一定的来往，从而对这一带的边防构成了相当大的威胁。范仲淹为了加强当地的防御力量，最终收服三部势力，又于庆历四年（1044年）年底上奏天子，要求在环、原

1　（元）脱脱等：《宋史》卷三三五《种世衡传》，第10743—10744页；（宋）司马光：《涑水记闻》卷九，第175—176页。

2　（宋）李焘：《续资治通鉴长编》卷一三五，庆历二年三月庚午，第3231—3232页。

二州之间修建细腰城。朝廷批准了范仲淹的建议，指令种世衡与知原州蒋偕共同主持施工。当时，种世衡正患病卧床，但一接到上司的公文，当天就立即调发兵夫行动。

种世衡冒着严寒，带病来到工地现场，亲自督促军兵昼夜赶修城垣。与此同时，他又以计谋麻痹西夏人和羌人部落，结果在短短不到一个月的时间里就完成了城堡工程。然而就在细腰城耸立在边防要冲之日，种世衡却病死于工地的帐篷内。噩耗传出，环州和青涧两地的军民都极为悲痛，纷纷在家中挂起种世衡的画像，许多羌族首领也一连数日赶到灵堂前吊丧。[1]就是这样一位鞠躬尽瘁、死而后已，献身国防的杰出军事人才，死时身份仅居东染院使这样的中下级武阶官位，官品不过为正七品。朝廷也没有给予任何抚恤及加官待遇，可谓身后一片凄凉。以后，他的长子种古赶往京师上书为父鸣不平，但却受到文臣枢密使庞籍的抑制。种古颇有其父不屈的精神，接着继续上书。也许大臣们也觉得有些过分，在会商后赠给亡故英雄团练使的头衔，并指令有司考虑给其子种古安排一个县尉或县主簿的职务，但同时又下令将这位好上书者先押回原籍。[2]目睹了种世衡的生平事迹和最终结局，广大将士谁又能不为之扼腕、痛心呢？

然而，正是从种世衡从武开始，种氏一门三代为将，涌现

1　（宋）李焘：《续资治通鉴长编》卷一五三，庆历四年十二月乙卯，第3728页。

2　（元）脱脱等：《宋史》卷三三五《种世衡传》，第10744页。

出名闻西北乃至天下的多位名将，这或许又是种世衡献身国防精神感召下的必然结果。

张亢也是仁宗朝一位经历复杂的从军文臣。张亢出生于临濮(在今山东鄄城西南)，据说是五代后唐时著名大将张全义的七世孙。他或许是受祖上从武遗风的影响，少年时代便形成了豪爽的性格。在进士及第后，张亢先任内地州郡属官，后调任镇戎军(治所在今宁夏固原)通判。当日，镇戎军正当对西夏前线，他来到此地后自然对边防问题产生了浓厚的兴趣。

当元昊继承西夏首领之位后，张亢根据自己的调查，向朝廷先后上过十余章奏议，认为元昊野心极大，朝廷应当尽快加强西北防御力量，并提出了许多攻守策略，引起了仁宗皇帝的注意。就在这时，他因母亲过世，按照惯例卸官回家守丧。不久，因河北边关一度出现紧张形势，张亢转为如京使的武职，调任知安肃军(治所在今河北徐水)。

元昊称帝后，张亢因为曾经在西北任过职，并且预测党项人必将反叛，于是朝廷将他调到对抗西夏的前线，先出任泾原路兵马钤辖，之后又改调延州路，军衔则迁至忠州刺史。[1]康定元年(1040年)七月，张亢根据自己在延州地区作战的经验、教训向天子上了两道奏章，他认为朝廷在战场上失利的重要原因有这样几个：其一，指挥权分散，如每路设有部署、钤辖及都监十余名，"权均势敌，不相统制，凡有议论，

1　(元)脱脱等：《宋史》卷三二四《张亢传》，第10483页。

互执不同";其二,兵力过度分散,常常以寡敌众;其三,主将与军队经常调换,上下不熟悉;其四,通讯联系不畅,各处将士难以及时了解战场情况的变化;其五,训练不精,每营军人中大约只有四五分之一者具有战斗力;最后,将校往往贸然出击、盲目作战等等。因此,他提出了统一指挥权、集中优势兵力及其他相应的解决措施。据记载,他的一些建议在日后得到了部分采纳。[1] 此后,张亢升任鄜延路都钤辖,驻守延州。在新的任所,他继续向朝廷反映边防上存在的各种问题,特别指出夏竦、陈执中两位文官大臣名为西北主帅,实际上不过是"主文书,守诏令"而已,其下各路缺乏配合,攻守策略前后变化不一。但他这次有关边防的议论,并没有得到答复。[2]

庆历元年(1041年)夏,西夏军队攻陷丰州(治所在今陕西府谷西北),其游骑往来麟州(治所在今陕西神木北)、府州(治所在今陕西府谷)之间,致使两州联系中断,只能各自困守孤城。由于长久失去外援,麟、府二州城内物资匮乏,一杯水竟可以换得一两黄金。于是,朝廷中有人建议放弃两地,南守保德军(治所在今陕西府谷南)。就是在如此危险的形势下,这年九月,张亢受命出任并代钤辖,负责经度麟、府地区防务。

当时,张亢携天子敕令,单骑进入府州城。他以过人的

1　(宋)李焘:《续资治通鉴长编》卷一二八,康定元年七月癸亥,第3025—3028页。
2　(宋)李焘:《续资治通鉴长编》卷一三二,庆历元年七月己酉,第3146—3149页。

胆识抛弃了前任怯懦困守的做法，打开城门，派百姓出外采伐草木、汲取涧水，以解燃眉之急。随后，他又在府州城周围修筑堡寨，以巩固边防。在此基础上，张亢采取各种措施来调动军队的斗志，一举偷袭拔掉了敌军城堡，暂时解除了府州所受到的威胁。在取得了以上成功之后，张亢又率军运送物资支援麟州。当他带领三千余名部下从麟州返回时，党项军数万人在中途设伏拦击。面对敌众我寡的紧张形势，他以兵书中"置之死地而后生"的道理激励士兵：你们已陷于死地，向前厮杀还有生还的希望，后退或者逃跑只会遭到屠杀。于是，他带领勇气百倍的部下，利用突然出现的顺风机会，一路拼杀，斩杀对方六百多人，最终冲出了重围。[1]一时，西夏视张亢为劲敌，又组织军队前来进攻，遂发生了兔毛川之战。

张亢在返回府州之后，继续在通往麟州的交通线上修筑城寨，而此时，西夏大军已迅速出击，前来争夺要塞。当时，朝廷为补充西北战场的兵力，在开封内外招募了一批所谓的"市井无赖子弟"，组编为"万胜军"。但这些士卒因训练不够，加之素质上存在许多问题，所以送到陕西前线后以怯战而出名。张亢在应付这次战役时，便利用敌人轻视万胜军的心理，令精锐的虎翼军穿戴起万胜军的服装，然后他率领包括这些伪装过的士兵在内的部队与西夏军对阵，同时派勇将率领数千名弓弩

1　（元）脱脱等：《宋史》卷三二四《张亢传》，第10489页；（宋）李焘：《续资治通鉴长编》卷一三六则记载此役斩杀西夏军六万余级，显然夸大了战果。庆历二年五月甲辰，第3247页。

手埋伏于制高点上，于是一场恶战便在预先设计好的一处叫兔毛川的川道中打响。战斗开始时，西夏军依据昔日的经验向万胜军阵地发起猛攻，然而这一次他们却遇到强手，屡攻不下。正当双方僵持之际，埋伏在山上的射手从侧后翼向敌军发起进攻，遂大败党项人，取得了斩首两千余级的重大胜利。战后，张亢乘机又修筑了五处堡垒，终于打通了麟、府二州的通道。此时，他向朝廷进一步提出了扩建防御工事、开发土地与畜牧生产的设想。然而在这些建议尚未讨论决定时，大臣们便因为要防备契丹南下，将张亢调到河北任职，同时迁其军衔为果州团练使。[1]

张亢在任权知瀛州（治所在今河北河间）兼本路部署司事期间，通过以重金招募间谍的办法，掌握了辽军的动向。有这样一个记载：某日，有一个人来见张亢，要求他屏退侍从再告以要事。张亢先将其谩骂一番，然后才打发走身边随从。来人对张亢说：你使钱如粪土，但所用非人，不如用我。张亢又对其胡乱骂了一顿，佯装不懂，此人只得告诉内情。原来，其外甥女不仅容颜秀美，而且能歌善舞，自被契丹人掠去后便受到国主的宠幸。最近，其外甥女派人到宋朝境内买东西，他便想借机了解辽军动向。张亢非常重视这一关系，不仅赏给大量金钱，而且将自己用的一条"紫竹鞭"也给了这位间

---

[1] （宋）李焘：《续资治通鉴长编》卷一三六，庆历二年五月甲辰，第3247页；（元）脱脱等：《宋史》卷三二四《张亢传》，第10489页；（宋）范镇：《东斋记事》卷一，第6页。

谍，"自是敌中动静必告"。[1]的确，为了搜集重要情报，理应舍得花费资财。然而，张亢的这些做法未必能获得文臣们的理解，以后他便因此而倒霉。

当朝廷军队在定川寨之役中惨败后，因西北边防吃紧，张亢被火速调任泾原路经略安抚招讨使、知渭州(治所在今甘肃平凉)。不久，他因与文臣主帅郑戬不和，被改调河东任职。以后，张亢又先后被调往河北、陕西等地前线负责防务，可以说，哪里出现险情，朝廷便将他调往那里，而他也确实勇于任事，甚至不顾上司的阻挠。如他出任知代州(治所在今山西代县)兼河东沿边安抚事之时，在范仲淹的支持下实施此前扩建堡寨的计划，但顶头上司明镐屡次下文制止，他将这些公文都压置下来，却加紧了修建的速度。等到工程都结束后，他才打开公文，并向天子请罪。由于这些堡寨构成的防线加固了河东的防御能力，减少了戍卒的压力，朝廷才没有追究其责任。张亢重返瀛州后，又不顾上司夏竦的反对，对狭小的州城进行了扩建。诸如此类等等。如此一来，张亢便在文臣眼中留下独断专行的恶劣印象，而他在大胆犒赏部下、筹措经费方面的措施，终于成为朝臣打击他的罪证。

庆历二年(1042年)，定川寨战役失败后，西夏大军乘势进攻。在边防形势异常危险的局面之下，新任知渭州的张亢将朝廷所赐估价过高的财物，按平价计算价值，然后犒赏给将士

1　(宋)李焘:《续资治通鉴长编》卷一三六，庆历二年五月丙寅，第3269页。

们，所谓"均其直，以便军人"。结果，当危险消失后，就有官员借此事弹劾他。[1]

当时，还有一位叫滕宗谅的边臣也碰到了相同的遭遇。滕宗谅在知泾州(治所在今甘肃泾川)之日，为了安稳定川寨之败后不安的军心，便打开官库，用公使钱犒劳军士，又招募民兵以弥补守城力量的不足，从而巩固了所辖地区的防务。事后，朝堂上也有许多官员弹劾他擅用官钱，派去调查的人又肆意夸大数额。滕宗谅与张亢同时下狱。

庆历三年，已升任参知政事的范仲淹竭力为张亢、滕宗谅二人辩护，称前线情况异常艰苦，非重赏不能鼓励军心，戍边官员"岂同他处臣僚，优游安稳，坐享荣禄"一样！深知边关生活的范仲淹，并表示自己以往在前线时也利用公使钱犒军，如果这两位边臣因此得罪，则自己也应同时受到贬黜。[2] 尽管范仲淹做了许多工作，两位边臣虽免于刑狱之苦，但还是受到了贬谪，其中张亢因为从前与文臣主帅夏竦关系不睦，受到已升任枢密使的夏竦的打击报复，不仅被贬到内地做官，而且防御使的军衔也被剥夺。不久，朝中又有御史诬陷张亢在陕西任职时，曾派手下人用官银贸易，侵吞所获利润。于是，张亢进一步遭到贬官。直到以后经过陕西转运司的调查核实，证明张亢将贸易所获的收入全部用于犒军，

1　(元)脱脱等：《宋史》卷三二四《张亢传》，第10490页。
2　(宋)李焘：《续资治通鉴长编》卷一四三，庆历三年九月戊子，卷一四六，庆历四年正月辛未，第3456—3459、3527—3530页；(元)脱脱等：《宋史》卷三〇三《滕宗谅传》，第10038页。

他才洗去了身上的不白之冤。

张亢的后半生是在继续遭受打击中度过的。他在被证明无罪后，先改换文职，出知和州（治所在今安徽和县），但以举荐失察贬官。以后，他又转回武职，逐渐恢复了原来的防御使、引进使官衔，赴河北前线带兵。再之后，他以足疾调任知卫州（治所在今河南汲县）、怀州（治所在今河南沁阳）。在怀州任内，张亢因与邻州官员议论治河之事，又被以越权议事罪遭到朝臣的弹劾，被贬为曹州钤辖。最终，张亢在徐州总管任上溘然长逝。[1] 直到他死去多时，因为一名官员为其鸣不平，朝廷才给予他观察使的赠衔。[2]

通过狄青、王德用、种世衡及张亢等虎臣猛将的生平遭遇，可以清楚地看出在宋朝仁庙岁月里军事将领所受的不公待遇和摧残，比之以往又更为过之。也可以说，在北宋一百六十七年的历史上，武人的地位在仁宗时代沦落到了极

---

[1] （元）脱脱等：《宋史》卷三二四《张亢传》，第10490页，并参见陈峰《宋朝儒将的角色与归宿——以北宋张亢事迹为中心考察》，北京大学中国古代史研究中心编《邓广铭教授百年诞辰纪念文集》，中华书局2008年版，第513—521页。

[2] （宋）李焘：《续资治通鉴长编》卷一九五，嘉祐六年十月辛巳，第4725页。

点。如当时某官员指出：现今用人皆以"文词进"，执政大臣为文士，侍臣为文士，钱谷之司为文士，边防主帅为文士，四方长吏也都是文士。[1]至此，将领们不仅仅受到文臣的指挥、调遣乃至蔑视，而且进一步受到明显的打击，特别是对那些敢作敢为、赢得军心和立有大功的将军，文官集团的极端分子更不惜以诬陷和中伤的手段加以迫害，必欲置之死地而后快。于是，历经近百年的刻意压制，尚武精神在中原大地沦丧，民族的阳刚气质遭受了严重的腐蚀。于是，世人的内心不时地咀嚼着对外失败带来的耻辱，发出了如下的叹息：

> 无战王者师，有备军之志，天下承平数十年，此语虽存人所弃……
>
> 守者沮气陷者苦，尽由主将之所为。地机不见欲侥胜，羞辱中国堪伤悲！[2]

1　（宋）蔡襄：《端明集》卷二二《国论要目》，影印文渊阁四库全书本，上海古籍出版社1987年版，第1090册，第512页。

2　（宋）苏舜钦：《庆州败》诗，（清）吴之振、吕留良、吴自牧选《宋诗钞》，中华书局1986年版，第119页。

五 振武与衰亡

亘古以来，"物极必反"的历史法则循环往复地调节着失衡的社会机制，这便是变革。然而，当一个社会的弊病深入根基，达到积重难返的地步时，调节的法则固然也应运而生，但却难以收到明显的效果。而一旦变革失败，积存的痼疾必将恶化，最终导致惨剧发生。上苍并不偏爱那些保守、怯懦而又一意孤行的病态者。宋朝自仁宗以后展现出的演化轨迹，大体便不幸而如此。

1. 英宗天子与濮议

嘉祐八年(1063年)三月间，仁宗皇帝在君临天下长达四十一年后，因病驾崩于皇宫的福宁殿内。[1]令这位以宽仁出名的天子引以为最大遗憾的是，作为先帝独子的自己，身后未能留下骨肉血脉，以继承九五之尊的帝位。[2]于是，皇位便由濮王之子，也就是仁宗的堂侄继承。新天子即是宋朝第五代皇帝赵曙，以后议定的庙号为英宗。

英宗是一位颇为不幸的天子，在位仅有四年时间，而在入居宫廷的数年间又因为出身旁支，受到仁宗遗孀曹太后的猜疑，精神极度压抑。据记载，英宗在刚登基不久，就一度神志失常，以至于不能参加大行皇帝的大敛之礼。[3]因此，曹

1　(元)脱脱等:《宋史》卷一二《仁宗纪》，第250页。

2　据《宋史》卷二四五《宗室传》记载，仁宗曾有过三个儿子，但都很早夭折，第8708页。

3　(宋)李焘:《续资治通鉴长编》卷一九八，嘉祐八年四月己卯，第4795页。

太后取得了垂帘听政的大权。从有关英宗的个人资料来看，这位天子原本还是很想有所作为，并有革除昔日积弊的打算，用以后著名理学家朱熹的话说就是："有性气，要改作。"[1]然而，曹太后并不放权，她身边的宦官及追随者又从中挑拨，遂形成了太后与皇帝不和的局面，所谓"两宫遂成隙"。[2]据说，英宗在怨愤之下曾出口伤过太后，太后因此向宰臣哭诉，遂对天子愈加不满。[3]

以后，在宰相韩琦等人的不断劝解下，两宫关系有所缓和，太后也表面上还政于天子。可是，英宗面对满朝浓厚的保守气氛和太后的暗中牵制，深知无法作为。于是，心气甚高的天子，便在为亲生父母争取最高礼仪的活动中表现出极大的韧性，以此向太后示威，并向大臣展现出自己的个性。

从治平二年(1065年)开始，有关英宗生父——濮王究竟使用何种典礼的问题，在朝廷内部出现了所谓"濮议"之争，前后持续了一年左右的时间。在此过程中，朝中官员分成两派，各执己见。其中参知政事欧阳修等人主张应按对待已故皇帝那样尊濮王为皇考；而以天章阁待制司马光、翰林学士王珪等人为代表的一派坚决反对行皇帝之礼，认为英宗既然继承的是仁宗之位，便只能以仁宗为皇考，而生父只有称皇伯。一时，朝政

1　(宋)黎靖德编：《朱子语类》卷一三〇《自熙宁至靖康用人》，中华书局1986年版，第3095页。

2　(宋)李焘：《续资治通鉴长编》卷一九八，嘉祐八年六月癸巳，第4815页。

3　(宋)李焘：《续资治通鉴长编》卷二〇二，嘉祐八年十一月甲寅，第4838页；(宋)邵伯温：《邵氏闻见录》卷三，第21页。

的中心议题便围绕"濮议"展开,其他军国大政退居次要地位。直到治平三年(1066年)初,太后、大臣们才略作妥协,提出了这样的建议:尊濮王为皇、濮王夫人为后,英宗称父母为亲。随之,英宗也做出退让,保留称父母为亲的称呼不变,但放弃皇与后的名称,仍用濮王之礼。此后,御史吕诲、范纯仁等官员继续要求取消称亲之礼,结果遭到贬黜。[1]

经过一番激烈的"濮议"之争,英宗虽为自己挽回了一些尊严,对依附太后的朝臣力量有所抑制,但虚弱的身心却受到了相当大的影响。这年十一月间,天子的疾病发作,一连多日不能临朝。到第二个月,宰执大臣们在祈祷天地和宗庙之后,立英宗长子、颍王赵顼为太子,以备不测。再过了一个月,即治平四年正月间,英宗终于撒手人世,时年不过三十六岁。[2]

治平年间,朝政一仍旧制,大宋的武备依旧无法受到重视。当时,河北沿边虽然比较安宁,但西北边关上的狼烟却不时燃起。治平初,西夏国主谅祚曾指挥大军横扫秦州(治所在今甘肃天水)、渭州(治所在今甘肃平凉)一带,"掳掠焚烧,数百里间,扫荡俱尽",而宋朝驻军却不敢予以反击,致使朝廷"威沮国辱"。[3]

1　(宋)李焘:《续资治通鉴长编》卷二〇五,治平二年六月甲寅,卷二〇七,治平三年正月壬午,第4973—4974、5023—5037页;(元)脱脱等:《宋史》卷三三六《司马光传》、卷三二一《吕诲传》,第10760、10428—10429页。

2　(元)脱脱等:《宋史》卷一三《英宗纪》,第260页。

3　(宋)李焘:《续资治通鉴长编》卷二〇四,治平二年正月癸酉,第4940页。

2. 神武皇帝与变法

大宋第六代天子赵顼，在许多文臣眼里颇有喜功尚武的印象，据说，他曾身披铠甲对曹太后问道：娘娘，你看我穿这副甲胄好不好？[1]所以，在以后驾崩之日，臣子们为其选下了"神宗"的庙号。此庙号含有神武的意思，而按当时的价值观衡量的话，神宗的庙号要比仁宗逊色些，其实这正反映了当时文官集团对神宗皇帝的一种评价和看法。

神宗的确与前几代守成君王的风格有所不同，在登基之初，他就因误信了几位御史的状词，几乎斩杀了参知政事欧阳修。当然，不久在了解了事情的真相后，新天子贬黜了诬告者。[2]以宋朝的传统，自太祖刻石禁杀士大夫以后，文臣全无刀斧之忧，纵然贪赃枉法，甚至触怒天颜，也不过贬黜流放而已。庆历时，还发生了这样的极端事例：一群造反的武装强盗出现于淮南地区，由于朝廷不注重武备，所以当地许多州县遭到打击。当这些叛逆者即将抵达高邮军（治所在今江苏高邮）时，高邮知军晁仲约自知无力抗衡，竟向辖区内的富户们征集了许多金帛、牛酒，然后派人携带这些东西上路迎接强盗。于是，在宴请款待一番后，绿林强盗们倒也豪爽，绕开高邮转往别处。晁仲约此举虽有以怀柔手段保护本境用心，但作为朝廷命官干出

1 　（宋）蔡絛：《铁围山丛谈》卷一，中华书局1983年版，第7页。
2 　（宋）李焘：《续资治通鉴长编》卷二〇九，治平四年三月乙巳，第5079—5080页；(宋）司马光：《涑水记闻》附录司马光《温公日记》，第348—349页。

此事，无异于通匪。枢密副使富弼要求对晁仲约正法，以警告天下，但包括参知政事范仲淹在内的大部分朝臣却坚决反对，仁宗天子也不同意杀人，晁氏遂仅受到贬谪的处分。[1]这样的现象在其他王朝历史上确实极为罕见。而神宗在入居宫廷仅几天之后，就要大开杀戒，这一举动就明显地表明了他颇为果敢的个性。

神宗之所以能有不同于真、仁两代天子的性情，很可能与他来自宗室旁支的出身有关，也就是说他在少年时代没有繁文缛节的约束，能够更多地获得个性的发展空间，对现实也可以有更多的了解。神宗最初对朝中老臣寄予厚望，他在即位不久曾问富弼有关国防的问题，没想到三朝老臣却说，愿陛下"二十年口不言兵"。这不免使血气方刚的年轻天子大为失望。[2]这样，神宗便将希望寄托在一些要求改革的普通官员身上。

神宗早在颖王藩邸之日，就受到身边有变革思想的官员，如韩维等人的影响，并听说了王安石的变法主张。当时，韩维在给正做颖王的神宗讲解经书时，每每讲到精妙处，神宗便加以赞叹，但韩维却告诉皇子：这不是我的看法，而是我的朋友王安石的主张。[3]如此一来，神宗在十九岁登基时，已对王安石产生了深刻的印象。

祖籍临川（今江西抚州）的王安石，是宋朝历史上最著名的改革

1　（宋）李焘：《续资治通鉴长编》卷一四五，庆历三年十一月辛巳，第3499页。

2　（元）脱脱等：《宋史》卷三一三《富弼传》，第10255页。

3　（宋）邵伯温：《邵氏闻见录》卷三，第25页。

家。[1]他出生于一个地方官家庭。早年时,他一方面受到敢于作为的父亲的影响,另一方面,则在博览群书的过程中熟悉了古代以来仁人志士的报国事迹,这些都使他立下了宏大的志向。可以说,王安石不同于当时的大多数文人学子,他没有完全沉溺于应付科考的程文学习之中,而是怀着一种探索治国之道的精神读书,他曾直言不讳地说:善学者读书,在于求其道理,"有合吾心者,则樵牧之言犹不废;言而无理,周、孔不敢从"。[2]

庆历二年(1042年),王安石进士及第,步入政坛。在地方做官时,他日益接触了严酷的现实,朝政的保守、腐败及效率低下,边防的脆弱、无能及被动挨打,使大宋陷入了"积贫积弱"的困境之中,这些都不能不引起他的极大忧患。宋人有不少关于王安石的记述,颇能反映其性格及为人。如有这样的记载:王安石寡于言笑,酷好读书。他在常州(治所在今江苏常州)任知州时,有一次宴请客人,倡优照例表演歌舞。忽然,王安石大笑起来,属官们都感到很奇怪,以为演艺者能使长官开颜,便给以厚赏。但座中有人对此表示怀疑,遂找机会问知州何以发笑。王安石告诉询问者,自己刚才思考书中遇到的一个问题,猛然间领悟了其中的奥妙,所以不觉失声发笑。[3]显然,他对应

---

1 漆侠先生对王安石变法已有深入、详尽的论述,参阅漆侠《王安石变法》,上海人民出版社1979年版。

2 (宋)释惠洪:《冷斋夜话》卷六《曾子固讽舒王嗜佛》,影印文渊阁四库全书本,上海古籍出版社1987年版,第863册,第261页。

3 (宋)彭乘:《墨客挥犀》,中华书局2002年版,第318页。

酬取乐一类的事并无多大兴趣。又如，王安石与司马光同在群牧司任判官期间，一次正逢本衙署院内牡丹盛开，群牧使包拯便召集属僚饮酒赏花。司马光素来不喜饮酒，但在长官的劝导下也勉强饮了几口，而王安石自始至终滴酒未沾，"包公不能强也"。司马光事后评说道：我以此知道王安石刚直不屈。[1]类似的记载还有许多，都从侧面说明王安石与当时以中庸之道为处世原则的传统文臣有所不同，志向高远。

嘉祐三年（1058年），王安石迁任三司度支判官，有机会了解更多的现实问题，其中包括边防形势。他在出使辽国途中，曾遗憾地写诗叹道：

白沟河边蕃塞地，送迎蕃使年年事。
蕃使常来射狐兔，汉兵不道传烽燧。
万里锄耰接塞垣，幽燕桑叶暗川原。
棘门灞上徒儿戏，李牧廉颇莫更论。[2]

此诗反映了王安石对朝廷屈服契丹的政策，内心是极为不满和引以为耻的。

大约在任职三司那一年的年底，王安石向仁宗皇帝上了一道著名的万言书，系统地提出了自己的改革主张。在这道万言

1　(宋)邵伯温：《邵氏闻见录》卷一〇，第108页。
2　(宋)王安石：《王文公文集》卷三七《白沟行》诗，上海人民出版社1974年版，第440页。

书中,王安石也对宋朝危害巨大的崇文抑武方针进行了批判,他尖锐地指出,当今培养人才的学校体制,全教授科举考试的程文,"使其耗精疲神,穷日之力以从事于此"。及其为官,能够为国家所用的地方极为少见。而古代时,士人学习的内容包括"文武之道"两方面的知识,故其优秀分子入可为公卿大臣,"出则为六军之将也";其次者也能够或任地方官吏,或为军队将校。于是,戍边、宿卫的将领皆由文武双全者充任。然而遗憾的是,时下将文武两者对立起来,文士唯知"治文事而已",至于军队则交于行伍出身者,而这些人又大都是天下无赖之流,因为他们若才行足以自立,是肯定不会远离亲人应募投军的。其实,国防"乃天下之重任",天子必须慎重对待。古时候,士以掌握射术和御乘为急,其他技能倒在其后,"于礼乐之事,未尝不寓以射",所谓"居则以是习礼乐,出则以是从战伐"。从王安石的这些认识及观点,可以看出他将文武两者摆在同等重要的地位,甚至强调士人应先习武,以便具有必要的勇武精神和能力,来捍卫朝廷。但他不能不痛心地向仁宗反映道:如今无人不知道军队将校非才,不足以依赖,但因为天下学士以执兵为耻,又不习骑射、布阵之法,只能迁就于招募的卒伍。因此,王安石提出了重整军备的构想。[1]

然而,正如王安石在万言书中担心的那样,在朝大臣"莫肯为陛下长虑后顾",他的一腔肺腑之言遭到了冷遇。好在万

1　(宋)王安石:《王文公文集》卷一《上皇帝万言书》,第2—15页。

言书传播出去后，受到了世人的关注。自仁宗庆历年间范仲淹主持的短暂"新政"失败后，内外各种矛盾愈益激化，"积贫积弱"的时局已越来越受到有识之士的抨击。到仁宗末年，社会上要求改革的呼声逐渐高涨，王安石也一时成为变法派的代表人物，就连日后成为政治对手的司马光也承认：无论认识还是不认识王安石的人，都认为王安石不起则已，"起则太平可立致，生民咸被其泽"。[1]

后来，王安石因母丧卸去知制诰一职，返回家乡，一度又在江宁府（治所在今江苏南京）讲学著述。终英宗朝四年，他没有返回政坛，这也许是因为他看清了当时政局不可为的缘故。等到"锐意求治"的神宗登基后，各种改革的条件成熟，王安石终于踏入朝廷的中枢要地，展开了宋朝开国以来影响最大的一场变法运动。

神宗皇帝君临天下没几天，就下诏起任王安石知江宁府。时隔几个月，天子因急于见到王安石，又将他召为翰林学士兼侍讲。就这样，熙宁元年（1068年）四月，王安石来到了京师，君臣可谓相见恨晚。据记载，神宗因钦慕唐太宗的功业，便向王安石问道："唐太宗如何？"满腔抱负的王安石则鼓励年轻的皇帝向更高境界的尧舜看齐。翌年二月，王安石出任参知政事，再过一个年头，便升任宰相。王安石从进入中书之日起，就开始实施自己思考已久的"富国强兵"措施。其中富国方面的

---

1 （宋）司马光：卷六〇《传家集》、卷六〇《与王介甫书》，影印文渊阁四库全书本，上海古籍出版社1987年版，第1094册，第532页。

内容包括推行农田水利法、青苗法、均输法、免役法、市易法及方田均税法等新法，旨在通过兴修水利，向农民发放低息贷款，改善东南上供运输管理，实行以钱代役制度，政府参与商业贸易活动及清理隐匿农田税等重要手段，以增加政府收入，并压制大地主与大商人势力的过度膨胀。[1]

在实施各项财经制度改革的同时，王安石在神宗皇帝的大力支持下又对国防进行了较大范围的改革，即实行所谓"强兵"策。当时，朝廷推行的强兵策内容颇多，概括起来主要有如下几项：

其一，精简军队。王安石针对长期以来存在的军队人员冗滥，而战斗力低下及军费开支庞大的诸问题，采取了合并与裁汰相结合的手法，将大量兵额不足的禁厢军番号撤销，并将老弱无力的士卒清除出军营。按照新的规定，用于作战的禁军中马军一营（或称指挥），编制为300名军兵，步军一营有400名定员。改革之后，全国禁军编制由872营减为625营；另外，对原来规定61岁退役的旧制加以改变，规定凡50岁以上的士兵一律裁减为民，45岁至50岁之间体弱者也令其离开军队。[2]与此同时，对承担工役性质的厢军也实行裁减老弱人员的措施。经过数年的努力，到熙宁八年（1075年）时，全国军队总数为796315人，其中禁军人数为568688人。军兵总额比仁宗朝减少了

1　(元)脱脱等：《宋史》卷三二七《王安石传》，第10544—10545页。
2　(宋)李焘：《续资治通鉴长编》卷二四七，熙宁六年十月庚寅，卷二二五，熙宁四年七月辛亥，第6028、5496页；(元)马端临：《文献通考》卷一五三《兵考五》，商务印书馆1936年版，第1333页。

四十五万多人，比英宗朝也减少了三十六万多人。裁减冗员之后，不仅提高了军队的整体素质，而且节省了大量的军费，据现代学者估计，每年因此节省的军费大约为千万缗。[1]

其二，将兵法。为了解决开国以来沿袭已久的"更戍法"的积弊，宋廷在变法期间逐渐取消了各路军队互相更换防区的传统做法，通过设立比较固定的将领和指挥机构的制度，以加强对本地区军队的训练，并密切武官与部属之间的联系，从而提高各地驻屯军队的战斗力，以消除昔日"兵不识将，将不识兵"带来的恶果。[2]值得指出的是，将兵法的起源乃在于昔日范仲淹在延州地区带兵时的经验。[3]将兵法推行后，北方地区的将官通常可以统管六千至一万名士卒，并配有副将以下部署将校；南方地区将官管辖的兵员则少得多，大约不过四五千人。[4]

其三，保甲法。自中唐以来，募兵制逐渐取代了以往兵农合一的兵制，至宋朝创建后，募兵成为军队的主体。由于全社会长久歧视军兵，加上刺字等耻辱性制度的存在，使军营里充斥着失业流民，甚至形形色色的罪犯，即所谓"无赖奸猾之人"。久而久之，军旅中往往存在着一些不良的兵痞风气，对军心和战斗力都产生了消极影响。同时，募兵制的存在，还对

1　参阅漆侠《王安石变法》，第114—115页。

2　(宋)李焘：《续资治通鉴长编》卷二一八，熙宁三年十二月己未，卷二四五，熙宁六年六月甲申，卷二四六，熙宁六年八月壬申朔，第5292—5293、5968、5988页。

3　(元)脱脱等：《宋史》卷三一四《范仲淹传》，第10270页；(宋)徐ističes：《却扫编》卷上，影印文渊阁四库全书本，上海古籍出版社1987年版，第863册，第762页。

4　参阅王曾瑜《宋代兵制初探》，第100页。

朝廷财政造成了巨大的压力，曾任仁宗、英宗两朝三司使的蔡襄指出：当时军费负担常占朝廷财政支出的十分之六七。[1]有鉴于此，王安石早在给仁宗皇帝的"万言书"中就提出了以民兵替代募兵的构想。他在主持大政之后，遂推行了保甲法，以便逐渐培养出一支新型军队。按照这一新法规定，民间每五户编为一保，由其中一户强干者做保长；每五保编为一大保，选择一人为大保长；每十大保编为一都保，委任其中两名强干及有财力者做正、副都保正。[2]在保甲制之下，民户有两丁以上者，选一人为保丁，自备弓矢，平时由大保长监督训练、巡警，防止民间暴动，而在河北、河东及西北沿边的保丁，在战时也投入战场。从熙宁四年（1071年）以后，各地陆续在农闲时集中训练保甲兵。经过一段时间的操练，保甲兵的武技往往超过禁军，特别是骑兵的表现更为突出。[3]

其四，保马法。针对宋朝官方养马成本高而收效低下的老问题，由朝廷下令在北方五路保甲户中鼓励民户养马，以节省开支，并提高战马的成活率。依照相关制度，民户如自愿养马，马匹由政府提供，或由政府提供买马资金，养马户因此可以减免一些赋税负担。[4]通过推行保甲中养马的办法，不仅减少

1　（宋）蔡襄：《端明集》卷二二《论兵十事》，影印文渊阁四库全书本，上海古籍出版社1987年版，第1090册，第516页。

2　（清）徐松辑：《宋会要辑稿》兵二之五、二之七，中华书局1957年版，第6774、6775页；（宋）李焘：《续资治通鉴长编》卷二四八，熙宁六年十一月戊午，第6045页。

3　（元）脱脱等：《宋史》卷一九二《兵志六》，第4768页。

4　（元）脱脱等：《宋史》卷一九八《兵志十二》，第4947页。

了朝廷的开支，而且还训练了一批善骑的保甲兵。

其五，创设武学。开国以来，培养文官的各级学校和科举制度已日臻成熟，但在抑制武夫方针的影响下，有关培养武官的体系却长期无法得到正常培育，从而进一步制约了军队将领素质的提高。在仁宗之前，天子虽也在边防危机的情况下，亲自在宫中测试一些军官乃至于上书论兵的文人，并当即授以军职，然而这些始终属于一种权宜做法，还没有相应的制度加以保证。天圣七年（1029年），朝廷实施武举制度，允许文武官员举荐人才参加武科考试。但这项制度延续到皇祐元年（1049年），便在一些文臣的非议中被取消。到英宗即位初，在枢密院的呼吁请求下，朝臣们经过近一年时间的讨论，武举才获得恢复。不过，考试的内容主要侧重于"弓马武艺"，而不注重策论及兵略等，体现了对武官头脑水平的轻视。[1]至于培养武学人才的学校，最早创设于边防危机加剧的庆历三年（1043年）五月间。武学的校址就选择在京城内供奉武成王（姜子牙）像的武成王庙内。遗憾的是，这年八月，当宋朝与辽、西夏关系缓和后，仅仅存在数月的武学便被解散。[2]

为了提高武官的素质，就必须建立一套选拔培养制度。熙宁五年（1072年）六月，神宗首先批准了设立武学的建议，校址仍选择在武成王庙内。按照有关规定，武学设一百名生徒名额，

1　（宋）李焘：《续资治通鉴长编》卷二〇二，治平元年八月丁巳，第4093页。
2　（宋）李焘：《续资治通鉴长编》卷一四二，庆历三年八月戊午，第3423页。

招收无职事的武职使臣、官员子弟以及民间人士,当然,入学还要有一定的考试限制。在这所学校里,教官们主要讲授古代各家兵法、历朝用兵例证及许多忠臣的事迹,另外,也分给学校一些士兵,以用于操练阵法。三年学习期满后,原有使臣出身者可以马上获得巡检、监押一类军职;原无官衔出身的士子,则须在军队中见习三年,才能取得巡检等职务。[1]

在恢复武学的同时,宋廷又对原来的武举考试条例进行了改革。据记载,在恢复武学之前,枢密院对参加武举"不能答策"者,改考兵书墨义。所谓墨义,乃是当时科考中对儒经的一种考试方式,它要求应试者将经书的原文及注疏全部背熟,以回答有关问题。王安石素来对墨义之类死记硬背的考试方法极为反感,他入主中书后,已在科举考试中废除了此法,自然不会同意在武科中再加以实行。王安石向神宗指出:考试武艺本已不难,如果再只要求背诵一些章句,便很容易通过。但假如"收得如此人作武官",又能对世事有何补救?于是,在王安石的坚持下,武举除了考试武艺外,并要测试应试者回答策论的水平。

此外,王安石还要求天子打破按部就班选拔武将的旧规,大胆任用有才略的将领,以激励将校勇于进取的精神。[2]

最后,设立军器监。在变法期间,朝廷在中央设置了军器监的机构,专门负责制造各种兵器。据时人反映,以往兵器

1　(宋)李焘:《续资治通鉴长编》卷二三四,熙宁五年六月乙亥,卷二三六,熙宁五年闰七月壬子,第5689、5729—5730页;(清)徐松辑:《宋会要辑稿》崇儒三之九,第2212页。

2　(宋)李焘:《续资治通鉴长编》卷二三四,熙宁五年六月乙亥,第5690页。

制造由各地承担，因为各地官府或不经心，或偷工减料，致使生产出来的武器多令人失望。甚至于有的地方提供给军队的甲胄，竟用纸与麻缝制而成，根本不能抵挡流矢的射击；还有的地方粗制滥造的刀枪，用不了多久就破朽不堪。[1]因此，军器监通过招募天下的能工巧匠对兵器的制造进行专业化和规范化，来解决长期悬而未决的兵器质量低劣的问题。可以说，军器监的设置，对改善军队的装备发挥了重要的作用。

经过以上深入广泛的改革，宋朝的实力有明显的增强，不仅极大地加强了中央的经济实力，而且在国防上也取得了超越以往的发展。之所以能取得如此成果，自然是与神宗皇帝的大力支持分不开。据记载，每次王安石遇到阻力表示辞职时，天子都真诚地加以挽留，同时将反对派赶出朝堂。[2]神宗甚至还把王安石比作辅佐阿斗的诸葛亮。[3]尤为难得的是，此时，带兵将领得到了神宗皇帝和主政大臣的有力支持，可以独立作战，于是出现了前所未有的一场罕见的大胆远征活动。

3. 王韶与熙河拓疆

王安石的独子王雱，不仅头脑机敏，而且颇有胆识，史称

1　（宋）李觏：《盱江集》一七《强兵策第五》，影印文渊阁四库全书本，上海古籍出版社1987年版，第1095册，第134页。

2　（元）脱脱等：《宋史》卷三二七《王安石传》，第10545—10548页。

3　（宋）李焘：《续资治通鉴长编》卷二三四，熙宁五年六月丙子，第5692页。

他"气豪，睥睨一世"。在十三岁那年，王雱从一位西北老兵口中得知了河州（治所在今甘肃临夏）、洮州（治所在今甘肃临潭）一带的地形和边族的情况，便对父亲叹息道：这里应当通过招抚的办法控制起来，如为西夏获得，国家就会受到强敌的压迫，边患就会坐大了。据说，少年的一席议论，对乃父日后产生了颇大的影响，[1]而最终实现这一设想的则是一名叫王韶的官员。

王韶出生于江州德安（今江西德安），原本是一名书生。他在青少年时代，曾来到家乡附近的庐山上读书。在这里，他目睹了窗前一株苍老不屈的古松，遂咏出了这样的诗句："绿皮皴剥玉嶙峋，高节分明似古人。解与乾坤生气概，几因风雨长精神。"[2]透过这些诗句，可以看出王韶早年对献身精神的崇拜。

大约在仁宗朝后期，王韶通过科举入仕，出任州县佐贰之职。他因对平庸的地方衙署生活没有太大的兴趣，所以参加了朝廷举办的特科考试——制科，打算通过这一途径获得施展才华的机会。然而，制科的失败，使他未能如愿。此后，志向高远的王韶遂抛弃官职，客游陕西。史称其"访采边事"。[3]也就是说，他选择了与大多数文臣不同的奋斗方向，将投身边防视作自己未来的发展道路。

在以往宋朝与西夏激烈交战之时，也有个别胸怀豪气的文

1　（元）脱脱等：《宋史》卷三二七《王安石传附王雱》，第10551页。

2　（清）厉鹗：《宋诗纪事》卷二一引王韶《咏裕老庵前老松》，第533页。

3　（元）脱脱等：《宋史》卷三二八《王韶传》，第10579页。

士表达了投笔从戎的志向，但由于当时宋廷并无远征拓地的宏大构想，所以这些人不免困顿于文案之中，最终一事无成。如仁宗朝的姚嗣宗，诗风威猛，号称关右"诗豪"。此人曾在驿站的墙壁上题写了两首诗，其中有"踏碎贺兰石，扫清西海尘。布衣能效死，可惜作穷鳞"的诗句。韩琦看了诗句后，深感惊奇，及至与本人见面后，又发现对方"喜谈兵"。于是，韩琦将姚嗣宗推荐给朝廷。然而，朝廷并没有给他施展抱负的机会，仅仅授以关中某县县官之职，使他老死于平静的衙门里。同时代人曾叹息说：姚嗣宗，"人杰也，竟不达以死"。[1] 幸运的是，王韶出没西北边地考察时，力图有所作为的神宗皇帝开始统御天下。

熙宁元年（1068年），王韶从西北来到开封，将自己深思熟虑过的解决西北边防的构想，整理成《平戎策》三篇献给天子。王韶在策议里提出了这样的看法和建议："西夏可取。"要取西夏，当先收复河、湟，以对党项人构成腹背受敌的压力。当时西夏不断进攻青唐（即以今青海西宁为中心的吐蕃族势力区），万一攻克青唐，他们便能够渗入陇蜀地区，从而对本朝构成更大的威胁。当时吐蕃势力四分五裂，莫相统一，朝廷正可以出师，恩威并用。诸部既服，其大首领也不能不降。如此一来，我有侧翼之助，而西夏人失去同盟，"此乃策之上也"。神宗阅罢策书，深为所动，就马上召见了王韶。随后天子便任命王韶为管干秦凤路经

1　（宋）释文莹：《湘山续录》，中华书局1984年版，第76页；（宋）邵伯温：《邵氏闻见录》卷一六，第175页。

略司机宜文字，派其赴西北开展活动。[1]

王韶来到西北后，经过一段时间的艰苦努力，先招抚了青唐部的一个重要首领俞龙珂。为了赢得对方的信任，王韶曾仅率数骑亲赴其腹地大帐。俞龙珂以十余万口归附后，宋廷赐其名为包顺，并封以官职。[2]在此期间，王韶因为主持开发渭源(在今甘肃渭源)至秦州(治所在今甘肃天水)一带荒地和边境贸易，与上司李师中发生了矛盾，枢密院首脑文彦博等大臣也对他加以压制，于是王韶一度被贬官。后在王安石的保护下，他才恢复原职，几位意见不合的上司也被调走。[3]当时，还有官员诬告王韶有贪污行为，同样也是在王安石的辩护下，他才洗清了这些不白之冤。正是因为得到了王安石的有力支持，王韶能够排除各方面的干扰、牵制，全身心投入到招抚边族的事务中去。[4]

熙宁五年(1072年)上半年，王韶为了向西部纵深发展，遂向朝廷建议扩建古渭寨(在今甘肃陇西)。古渭寨原是唐朝渭州治所之地，战略地位非常重要。神宗与宰相王安石讨论后，认为可借此地逐步恢复对河陇地区的控制，于是下诏将古渭寨升为通远军，任命王韶为知军。不久，王韶便向王安石写信汇报所取得的战果：拓地一千二百里，招抚蕃部三十万口。[5]与王韶共同从

1　(元)脱脱等：《宋史》卷三二八《王韶传》，第10579页。

2　(元)脱脱等：《宋史》卷三二八《王韶传》，第10579页；(宋)李焘：《续资治通鉴长编》卷二一四，熙宁三年八月辛未，卷二三三，熙宁五年五月庚寅，第5205、5653页。

3　(宋)李焘：《续资治通鉴长编》卷二二四，熙宁四年六月丙子，卷二二九，熙宁五年正月己亥，第5458、5571页。

4　(宋)李焘：《续资治通鉴长编》卷二三〇，熙宁五年二月癸亥，第5594页。

5　(宋)李焘：《续资治通鉴长编》卷二三三，熙宁五年五月辛卯，第5654页。

事这一活动的主要助手,乃是武将高遵裕,他们互相配合,一边招抚边族,一边修筑城寨,还要不时迎击各种敌人。在这一年的七月间,王韶率军继续向西推进,在渭源等地修筑堡垒,并征服了蒙罗角等部落。在这场战斗中,王韶也充分显示出高超的用兵胆略。

史书记载,王韶从渭源堡一带领兵开赴抹邦山(在今甘肃临洮南)时,当地部族凭借有利地形予以对抗。对此,众将都要求在开阔地带布阵以等待对手,而王韶却认为:大军远道而来,应以速战为上策,假若对方据险不出,则我军势必因缺乏供给而撤军。危险的地段固然对我军不利,但如能借此吸引敌军出来,激发士气,又可以变被动为主动。可以说,这样作战是冒有很大风险的,需要有高超的指挥才能与百倍的勇气,才能获得成功。于是,王韶率军翻越了一座山岭,突然在对手面前列开军阵。此时,他对部下传令:"兵置死地,敢言退者斩!"果然如王韶所料,敌军纷纷冲下制高点来袭。当士兵们稍稍有所退却时,王韶亲披盔甲,指挥后备军从侧翼发起猛攻,遂大破对手,一时"洮西大震"。

就在王韶刚刚取胜不久,吐蕃首领木征领兵渡洮河声援,原来败退的吐蕃军队也会集于抹邦山中。面对如此形势,王韶不仅没有就势退军,反而认为出现了袭击对手后方的大好机会。他命令勇将景思立领一部分军队在山岭下大张旗鼓,以吸引敌军注意;他自己则率领其余将士迅速从偏路奔袭武胜(在今甘肃临洮),一路斩杀对方少量守军后,直抵武胜城下,驻守这里的吐蕃首领瞎乐仓皇逃走。王韶在招抚了武胜的一些边民后，在当地修建起城寨，使朝廷的影响进一步深入洮河流域。不久，朝廷将武胜改为镇洮军，任命高遵裕知军事。战后，王安石与神宗皇帝议论了战役的情况，充分肯定了王韶的成绩，并对前方将士给予了奖赏。[1]

克服武胜的战斗结束几个月后，朝廷又将镇洮军改为熙州，又以此为中心，成立包括河州(治所在今甘肃临夏)、洮州(治所在今甘肃临潭)、岷州(治所在今甘肃岷县)及通运军等地在内的熙河路，任命王韶为龙图阁待制、熙河路都总管、经略安抚使兼知熙州，全权负责开拓西部边疆事务。[2]值得指出的是，当时的熙河路人烟稀少，朝廷直接掌握的只有分散于关隘要道上的一些城寨，广大山区和草原地带则由归附大宋的边族首领实际控制，而河州及洮州等地，名义上虽属于熙河路管辖区，但实际上还远没有进入官方的影响范围之内。此时，经过王韶恩威并施的攻势，吐蕃一些重要首领如瞎乐、结吴延征等人陆续投降。朝廷特赐瞎乐"包约"之名，以与其弟包顺之名相连，同时分别赐以降将官爵。[3]

熙宁六年(1073年)二月中，王韶指挥军队先攻破香子城(在今甘肃和政)，又一度占领河州城，迫使割据河州的木征不得不出逃，

1　(宋)李焘：《续资治通鉴长编》卷二三七，熙宁五年八月丁亥，第5767页；(元)脱脱等：《宋史》卷三二八《王韶传》，第10580页。

2　(宋)李焘：《续资治通鉴长编》卷二三九，熙宁五年十月戊戌，第5818页。

3　(宋)李焘：《续资治通鉴长编》卷二三八，熙宁五年九月丙午朔，卷二四〇，熙宁五年十一月癸丑，第5786、5825页。

其妻子被俘。不久，王韶班师，河州遂被木征收复，但香子城等地却已成为朝廷西进的桥头堡。由于前方又取得了如此重大的战果，于是群臣都入朝祝贺，神宗高兴地对王安石说道：如果没有你在朝中主谋，不可能有此收获。颇为难得的是，神宗与王安石一致认为王韶既作为大帅，就不应当受到其他人的制约，包括天子派去的亲信宦官李宪也必须服从主帅调遣。[1]朝廷还明确将原属秦凤路百分之六十的军队划归王韶麾下，这些部队包括29722名战士、3278匹战马，士兵中的一多半是战斗力极强的西北土兵。[2]战后，王韶与手下将士都得到了厚赏，其中有3527名有功军人，凡斩首一级者，获得5匹绢；王韶本人除了受赏3000匹绢外，还迁任礼部郎中、枢密直学士。王安石认为士气自此愈益高涨，朝廷应当积极予以保护，切勿伤害。[3]

自河州之役成功后，王韶在西陲声名大振，此后，他用兵更为主动、大胆。在河州之役两个月后，王韶又派出军队在踏白城（在今甘肃东乡西）大败边族势力。根史料记载，此次前线的指挥官王宁，原本是一位庸将，却能取得如此重大的胜利，这实在应归功于当时高涨的士气。神宗得到这一战报后，便对宰臣说，作战的泾原士兵精勇，"故虽王宁庸将亦能克获"。王安石则指出，人无勇怯，关键在于调度安排如何。的确，自太宗以后，由于皇帝在各方面的猜忌、压制及束缚，像曹

1　（宋）李焘：《续资治通鉴长编》卷二四三，熙宁六年三月己未，第5920页。
2　（宋）李焘：《续资治通鉴长编》卷二四二，熙宁六年二月丁酉，第5904页。
3　（宋）李焘：《续资治通鉴长编》卷二四四，熙宁六年四月己亥，第5945页。

彬那样曾平定过江南等地的名将，也不免兵败幽州城下，如杨业、郭进及狄青辈猛将均死不得其所。在极不正常的政治环境、气候下，也只能塑造出以王超、傅潜、张耆及杨崇勋为代表的大批怪胎式的庸懦武臣。所以，王安石又告诉天子这样的道理："治军旅有方，则数无不可使治，形无所不可使强，势无所不可使勇。"[1]

熙宁六年（1073年）七月间，王韶派将军景思立率领一支军队从熙州正面开往河州，声言要修筑河州城，自己则统领八千士卒南下翻越露骨山（在今甘肃渭源县西南与漳县、卓尼县交界处），利用对手主力被景思立吸引住的机会，一方面开拓洮州疆域，另一方面绕道夹攻河州。当王韶将自己的用兵部署送达京城时，神宗因不完全了解战场形势和王韶的行军路线，颇为忧虑，认为王韶应当直接支援景思立的行动。而王安石则对这样的大胆行动深表赞赏，马上给王韶回信建议击敌以不备。王安石同时安慰天子，指出王韶极有智谋，"举动必不妄"。王安石还以下棋为例，向神宗说明王韶的动机，即用兵如弈棋，如果只考虑一着棋，必然无法取胜，只有出一着而收二三步的效果，才可以稳操胜券。如今王韶支援河州，却从南面山区行动，"乃是弈棋一著，应三两著之类也"。

王韶果然如王安石所预料的那样行动。但在翻越露骨山的过程中，行军颇为艰难，常常只能牵着马步行。不过，当大军

1　（宋）李焘：《续资治通鉴长编》卷二四四，熙宁六年四月己亥，第5946页。

进入洮州境内时，当地部族势力却根本没有任何防备，遂一举略定山南各部，留守此处的木征之弟巴毡角只得匆忙出逃。消息传到河州，木征为了夺回大后方，便留下一部分人守河州，自己亲率精锐军队尾随王韶身后，伺机发动进攻。在这样的复杂形势下，诸将都请求直接开赴河州。然而，王韶却认为，如此兵临河州城下，木征必然尾随而至，成为守城者的外应，而周围的部落因受到鼓舞，也会赶来参战，其结果将不堪设想。于是，他暗中派手下一部分军队支援景思立，令他们立即对河州发动进攻，他自己则引诱木征出战，随之大败对手，迫使木征败逃。在取得了如此成功之后，王韶才赶往河州，与景思立部会合。这样一来，绝望的守城者只好开门出降。之后，王韶指挥士卒对河州城进了扩建，[1]以便日后作为重要的屯兵据点。从此次战役的全过程来看，王韶采用了声东击西以及围点打援的战略战术，以积极、主动的行动在运动战中大败对手，可谓深得兵法妙处，这在宋朝用兵史上尚属罕见。

王韶在完成了河州城防工事之后，马上率军向东南方向征讨，连下宕州（在今甘肃宕昌东南）、岷州（在今甘肃岷县）、叠州（在今甘肃迭部）及洮州等地，除了少数对抗者被镇压外，大多数首领、头人都被招降。史称，王韶行军五十四日，跋涉一千八百里，收服了东西千余里的地域和大小蕃部三十余万帐。通过上述用兵活动，使河州东南方向的广大地区归顺了宋朝，并与阶州（治所在今甘肃武都）

1　（宋）李焘：《续资治通鉴长编》卷二四六，熙宁六年七月己未，第5983页；（元）脱脱等：《宋史》卷三二八《王韶传》，第10581页。

和成州（治所在今甘肃成县）连成一片。当时，王韶带兵深入地形复杂、气候恶劣的少数民族地区后，因多日没有音信，朝中官员们都以为全军覆没。所以，当神宗最终接到捷报后，极为惊喜，当王安石率百官入宫庆贺连续取得的胜利时，天子兴奋地将自己身上的玉带解下赐给王安石。神宗还打算授给王韶节度使的高位，不过，王安石却建议暂不授予节钺，而是先提拔官职，"节钺宜待后功"。天子遂传旨：王韶迁官左谏议大夫，加端明殿学士及龙图阁学士之职。此外，随征作战有功的将官张玉等人也都获得升迁，其中张玉从刺史衔越三级迁为观察使。[1]

西陲的形势虽然出现了前所未有的大好局面，但战争的残酷性却从未减弱。熙宁七年（1074年）正月间，王韶暂时离开前线，赴朝商议未来对付西夏的有关战略。神宗皇帝因对这位智勇双全的统帅极为欣赏，特授予他资政殿学士，而这一职衔以往仅仅是曾任过执政高位的大臣才能获得。同时，天子又在京城内赐给其一座宅第和许多银绢。就在王韶踏上返程的途中，景思立战死踏白城的消息传入内地。原来，朝廷设立河州后，吐蕃大将鬼章时常前来骚扰，又故意写信挑逗守城将官景思立。于是，景思立不堪忍受，贸然率数千军兵出击，结果在踏白城被优势敌军打败，景思立以下众多将士阵亡。[2]随后，鬼章指挥大军围攻河州城，一时相邻各州也都大为震惊，纷纷闭关自守。

1　（宋）李焘：《续资治通鉴长编》卷二四七，熙宁六年十月辛巳，第6023页。
2　（元）脱脱等：《宋史》卷三二八《王韶传》，第10581页；（宋）李焘：《续资治通鉴长编》卷二五〇，熙宁七年二月甲申，第6098页。

王韶在兴平(今陕西兴平)获悉战报后,立即赶往前线。

王韶来到熙州后,迅速调集各地军队二万多人,准备实施反击。在会商作战计划时,大多数将领都建议直接赶往河州解围。但王韶提出了避实就虚、迂回作战的主张。经过一番战前准备后,他率大军来到定羌城(在今甘肃广和),先北渡洮河,以断对手通往西夏的道路;再进军宁河寨(在今甘肃和政),分兵南下露骨山,斩杀数千敌军,以切断对手逃路。如此一来,围攻河州的敌军便不敢停留,只得拔营撤退。王韶在完成了以上战略包围后,才向鬼章发动进攻,在踏白城以西连续大破敌军,不仅拔除了对手的许多堡寨,而且进一步分兵北上黄河沿岸,并向西扫荡山区,于是将河州四周的部族大都征服。在用兵的同时,王韶又在新占领的关键地段建立了城堡,以巩固战果,压迫敌手。在宋军如此强大的攻势之下,这一带的吐蕃大首领木征无计可施,只得率领手下八十余位酋长来到王韶的营门投降。[1]以后,这位剽悍的游牧族领袖被送往开封,天子赐给其赵思忠之名,又封赏他本人及其家族许多成员官爵,以作为朝廷招抚边民的助手。[2]

当景思立兵败踏白城之初,因为吐蕃兵势再度兴起,朝廷中便有许多文臣建议放弃熙、河地区,神宗为此寝食不安,多次派宦官持诏书赶往西线,指令王韶保住熙州,持重勿出。但

---

[1] (宋)李焘:《续资治通鉴长编》卷二五二,熙宁七年四月丁酉,第6179页;(元)脱脱等:《宋史》卷三二八《王韶传》,第10581页。

[2] (宋)李焘:《续资治通鉴长编》卷二五四,熙宁七年六月丁亥,卷二五八,熙宁七年十二月丁卯,第6212—6213、6295页。

王韶却没有采取被动、死守的办法应战，而是依旧通过主动、灵活的进攻战法，不仅扭转了不利的局面，而且又取得了更大的战果。战后，神宗皇帝对王韶给予了高度评价，并特意派人给他带去了这样的鼓励："将在军，君命有所不受。"[1]可以说，神宗的这一表态，恰与太祖以来先帝们实行阵图、监军一类的"将从中御"的做法形成了鲜明的对比，而这又是王韶能够屡屡获胜的关键所在。

在熙宁七年（1074年）大败吐蕃军并收降木征后，王韶在西陲的拓疆活动达到了顶峰。当年年底，王韶被调入京师，出任枢密副使，此前他已加官至礼部侍郎兼观文殿学士。从他上书议论边事到此时为止，前后不过七年时间。可以说，作为儒将的王韶步入了一生最辉煌的岁月。

通览上述王韶事迹，可以看出他是宋朝历史上最善用兵也最具胆魄的军事统帅之一，其作为在一定程度上已足以与古代名将相媲美。王安石曾有这样的诗句赞扬王韶取得的功绩：

熙河形势压西陲，不觉连营列汉旗。
天子坐筹星两两，将军归佩印累累。
称觞别殿传新曲，衔璧宁王按旧仪。
江汉一篇犹未美，周宣方事伐淮夷。[2]

---

1 （宋）李焘：《续资治通鉴长编》卷二五二，熙宁七年四月丁酉，第6180页；（元）脱脱等：《宋史》卷三二八《王韶传》，第10581页。

2 （宋）王安石：《王文公文集》卷五三《次韵王禹玉平戎庆捷》，第595页。

后世史家在修《宋史》时,对王韶有如是评价:起于孤寒书生,而"用兵有机略"。每次临阵前,他对诸将仅授以机宜,便不再过问。在异常紧张的交战之夜,侍卫皆恐惧颤抖,他却能安然入睡,"鼻息自如"。[1]与其相比,甚至如杨业、狄青等大将也略显逊色。但是,王韶能取得如此巨大的成功,并为大宋的振武事业做出突出的贡献,不能不承认与王安石以及神宗皇帝的支持有很大关系。天子急于雪祖宗以来边关耻辱,所以能以前所未有的积极态度支持武备,这自然为王韶的活动创造了有利的大环境。而作为宰相的王安石的支持,又显得尤为重要。自太宗以降,文官集团中的很多人对用兵都持怀疑、消极态度,对武将和崇尚军功的文人将帅则更往往怀猜忌心理,于是,或讥讽,或抨击,或诽谤,以至于陷害武将的事,在这些文臣身上屡见不鲜。这些业已构成了对大宋军事将领的沉重压力,使他们无论是在平时,还是在战场上都有顾虑,遂产生了碌碌无为以避猜忌、议论的普遍反应,像狄青、种世衡以及张亢等有为将帅的下场,更从反面留下了例证。因此,可以说,朝中执政大臣的态度对军队指挥者作用的发挥,有着相当大的影响。

从王韶在西部用兵开始,王安石就给予了极大的支持,每当有人议论、攻击王韶时,他都坚决加以回击,通过有力的辩护打消皇帝的疑虑。王安石曾就王韶受到诽谤的事对天

1　(元)脱脱等:《宋史》卷三二八《王韶传》,第10582页。

子说：现今王韶不过以二三分心力经营边事，却以七八分精神照管防备人沮害。[1] 王韶在用兵过程中，曾先后三次被指控有贪污行为，又都是在王安石的辩驳下洗去了冤屈，王安石甚至不惜以辞职来为王韶担保。[2] 正是在宰相王安石的全力保护下，王韶才能无后顾之忧地投身于战场，神宗也才能长期对王韶无怀疑之心，赋予其全面用兵大权。还有这样一件事情颇能说明问题：熙宁七年（1074年）四月中，在王安石的一再要求下，天子恩准了他的辞职报告。很快，王韶在前线就得知了这一消息，深为自己的前途而忧虑。此时，又有人散布谣言，称朝廷将要废除熙河路，将王韶调回秦州。于是，王韶愈加"忧惑"，即使天子屡降诏书安慰，也不能打消其顾虑。在此情况下，神宗只得请已罢政的王安石给王韶写信，所谓"可特致书安慰之"。[3] 也就是说，只有得到了王安石的书信，王韶才能安下心来。

遗憾的是，王韶进入枢密院后，却未能施展出过人的才华。长期以来，在京城朝堂上体现一位官员价值、才能的主要标志，是议论问题的水平高低和与上下相处的关系优劣，王韶在这些方面显然既缺乏历练，也拙于此道，可以说，他是一名纵横驰骋疆场的杰出战地统帅，而不是一位满腹经纶的老练政治家。如此一来，他在衙门、朝堂待久了，不免感到别扭，心

1　（宋）李焘：《续资治通鉴长编》卷二三三，熙宁五年五月乙巳，第5665页。
2　（宋）李焘：《续资治通鉴长编》卷二三四，熙宁五年六月甲戌，第5688—5689页。
3　（宋）李焘：《续资治通鉴长编》卷二五二，熙宁七年四月丙戌，第6170页。

绪自然欠佳。据说，王安石复相以后，也与王韶在处理某些事情上产生了分歧，两人之间便产生了一些隔膜，[1]这就更使王韶陷入极大的苦恼之中。于是，王韶萌发了离京的想法。为了调和双方的关系，神宗曾劝王安石安慰昔日的英雄，说服王韶放弃辞职的打算。

熙宁九年（1076年）十月，王安石第二次罢相后，王韶又在解决对交趾（今越南）用兵、宦官李宪在西部拓疆等问题上与神宗意见相忤，这便使他难以再留在枢密院了。数月之后，王韶递上辞呈，朝廷遂发布了调任他知洪州（治所在今江西南昌）的任命，不过，天子念及其过去的功勋，特为王韶加上了户部侍郎兼观文殿学士的官职。[2]

王韶赴洪州任所后，由于颇感失意，就在给天子的《谢到任表》中流露出不满和怨言。他的这一举动立即遭到御史的弹劾，并且旧账重提。于是，王韶被削去观文殿学士的职衔，改调鄂州（治所在今湖北武昌）。此后直至元丰四年（1081年）死去，王韶都是在痛苦的心情中度过的。王韶死时不过五十二岁。朝廷获知王韶病死的消息后，赠予他金紫光禄大夫的官衔，谥号则定为"襄敏"。[3]这些当然无法安慰亡故的一代英雄，好在后人并没有忘记他的功业。多年之后，熙河地区修起了"王韶庙"，[4]而有

1　（宋）司马光：《涑水记闻》卷一六，第320页。
2　（宋）李焘：《续资治通鉴长编》卷二七五，熙宁九年五月己巳，卷二八〇，熙宁十年二月己亥，第6730、6865页。
3　（元）脱脱等：《宋史》卷三二八《王韶传》，第10582页。
4　（元）脱脱等：《宋史》卷一八《哲宗纪》，第345页。

关他的记载也流传不绝，包括宗亲后人在修族谱时也没有忘记以浓重的笔墨记述这位先人的事迹。[1]

4. 五路征伐与永乐之役

熙宁后期是宋朝守成以来武功最盛之时。当时，在王韶经营的基础上，西线又不断取得战果，除了以往归顺的木征等吐蕃首领外，以青唐城（今青海西宁）为势力中心的吐蕃领袖董毡及鬼章等首领也先后接受了朝廷的招抚；[2]在南疆，大将郭逵率领的宋朝军队不仅击退了交趾人的侵略，而且深入对方境内，洗马富良江（今越南境内红河），迫使交趾国王投降。[3]在取得了以上一系列成功之后，急于雪耻的神宗皇帝便开始考虑对西夏用兵。

元丰四年（1081年）四月，西夏国内发生政变，国主秉常失位被囚，其母梁太后及外戚控制了政权。[4]当这一消息传至开封后，神宗与大臣们便决定借此机会对西夏发动全面进攻。此时，王安石早已赋闲于江宁，王韶也病死多时。朝中决策大臣乃是宰相王珪及知枢密院事孙固等人，前线的统帅则是天子的亲信宦官李宪，主要参战大将有种谔（种世衡之子）、高遵裕、刘昌

1　德安《王氏重修宗谱》，参见孙家骅《试论王韶出师熙河》，载于《上海师范大学学报》1989年第1期。

2　（宋）李焘：《续资治通鉴长编》卷二八五，熙宁十年十月辛卯，卷二八六，熙宁十年十二月甲申，第6979、6996页。

3　（元）脱脱等：《宋史》卷二九〇《郭逵传》，第9725页；（宋）李焘：《续资治通鉴长编》卷二七九，熙宁九年十二月癸卯，第6843—6844页。

4　（元）脱脱等：《宋史》卷四八六《夏国传》，第14010页；（清）吴广成：《西夏书事》卷二五，续修四库全书本，上海古籍出版社1995年版，第334册，第488页。

祚及宦官王中正等人。七月，李宪督率朝廷三十万兵马分五路大举出击，与此同时，董毡也率吐蕃兵助战。[1]天子在战前下达的诏令中，表达了一举灭亡宿敌的意愿。然而，这场前所未有的大规模主动出征行动，却并没有取得成功。

当西夏得知宋朝大军从东、南及西部分路进攻的战报后，梁太后采纳了老将提出的坚壁清野、诱敌深入及集中兵力反击的建议。于是，西夏在灵州（在今宁夏灵武西南）、夏州（在今陕西横山西北）等战略要地驻守重兵，另外派出许多支精锐的骑兵攻击宋朝远征军的补给线。[2]结果，正如党项人所策划的那样，朝廷五路大军中的四路军队很快就陷入困境。其中刘昌祚所率部队虽一路闯关抵达灵州，但在与随后赶来的高遵裕部合围灵州时，却遇到了顽强的抵抗。不久，西夏军一面决黄河水助战，一面抄断饷道，这两路大军遂遭到沉重打击，死伤大半，只得溃散而归。王中正带领的六万士卒南下到无定河后，沿河西行，一路上颇为艰难。抵达西夏宥州（在今内蒙鄂托克旗南）境内时，粮饷已消耗完毕，王中正只能在损失三分之一多兵员的情况下退师。[3]种谔指挥的人马最初行动颇为顺利，连破对方银州（在今陕西横山东）、石州（在今陕西横山东北）及夏州等地，可是，随之便受到粮草中断的威胁，加上突然遭遇一场大雪，也被迫退回，然而已损失了大

---

1 参阅吴天墀《唃厮罗与河湟吐蕃》，载于《宋史研究论文集》（1982年宋史年会编刊），河南人民出版社1984年版。

2 （元）脱脱等：《宋史》卷四八六《夏国传》，第14011页。

3 （宋）李焘：《续资治通鉴长编》卷三一八，元丰四年十月癸酉，卷三一九，元丰四年十一月丙戌，第7686、7705页；（元）脱脱等：《宋史》卷三四九《刘昌祚传》，第11054页。

部分人马。[1]

在此次征伐行动中，只有李宪亲自率领的西路军大体上没有损失。据记载，李宪率领蕃汉大军先攻克兰州城（今甘肃兰州），随之从兰州进抵天都山（在今宁夏海原东南）下。当得知其余几路军败退的消息后，李宪于十一月撤回熙河地区。[2]至此，声势浩大的对西夏的战争宣告失败。神宗听说高遵裕兵败灵州城下的消息后，极为震惊，精神上颇受打击，以致身染疾病。[3]

在主动征伐活动失败后，朝廷内部就如何解决西夏的问题产生了不同意见。驻守泾州（治所在今甘肃泾川）的种谔主张在宋夏之间的横山一带修筑城堡，先从银州开始，再向西推移到宥州、夏州，然后与西边的兰川等防线逐渐贯通，以形成包围和压迫西夏的态势。[4]李宪则建议在泾原路以北修筑城寨，从而形成威胁西夏中心南缘的局势。[5]另外，还有其他一些不同建议。面对议论纷纷、各执己见的情况，天子乃派出御史中丞徐禧赶赴前线视察，以便做出相应的部署。

出身洪州分宁（今江西修水）的徐禧，是熙宁变法时期以献策而步入政坛的文人，其性情与同乡王韶颇为相近，所谓"少有志度，博览周游"。他在入仕以后，历官监察御史里行、知

1　（元）脱脱等：《宋史》卷四八六《夏国传》、卷三三五《种世衡传附种谔》，第14011、10747页；（清）徐松辑：《宋会要辑稿》兵一四之四，第6994页。

2　（元）脱脱等：《宋史》卷四八六《夏国传》，第14011页；（清）徐松辑：《宋会要辑稿》兵一四之一八、一四之一九，第7001、7002页。

3　（宋）邵博：《邵氏闻见后录》卷二引《曾丞相布手记》，第17页。

4　（元）脱脱等：《宋史》卷三三五《种世衡传附种谔》，第10747页。

5　（清）徐松辑：《宋会要辑稿》兵二八之二五，第7282页。

谏院及知渭州(治所在今甘肃平凉)等职务,于元丰中出任负责监察百官的御史台首脑——御史中丞。徐禧性格粗犷,喜好论兵,常常对人说西北唾手可得。他又深恨将帅怯懦,无法弘扬国威。[1]然则,他与王韶毕竟有着很大的不同,这便是没有深入实地的调查了解和丰富的战场经验。所以,徐禧虽有壮志,却不免于书生性的纸上谈兵,由此而最终导致了一场边防灾难和个人悲剧。

元丰五年(1082年)七月,徐禧与宦官李舜举来到陕北后,很快就接受了知延州沈括的意见,遂向朝廷提出了在银、夏和宥三州相交地带修筑永乐城(在今天陕西米脂西北)的主张。天子很快就批准了这一方案,于是,徐禧与沈括率大批士卒、民夫赶修工程,仅用了不足半个月时间就匆忙建起一座城寨。此城如同一把楔子插在了西夏的银、宥及夏州之间,位置不可谓不重要。但是,它却是一座孤立的桥头堡,两翼完全没有相应的支持,便处于明显的险境之中。种谔来到这里后,眼见形势危险,曾劝徐禧放弃建城计划。但徐禧不仅不听,反而打算以阻挠军务之罪惩罚种谔,种谔不屈地答道:在此修城必败,城陷则死,抗令也是亡,我宁肯死于抗令,也不愿死于异族之手。徐禧对种谔无可奈何,只得奏请朝廷将种谔调往延州。[2]

就在永乐城完工的第二天,时间大约在当年的九月上旬,

---

1 (元)脱脱等:《宋史》卷三三四《徐禧传》,第10724页。

2 (元)脱脱等:《宋史》卷三三四《徐禧传》、卷三三五《种世衡传附种谔》,第10723、10747页。

数千西夏骑兵便前来骚扰。徐禧得知战报后，留沈括守米脂寨（在今陕西米脂），自己则与随行宦官赶往永乐，以便指挥防御。不久，党项人倾全国之兵赶来争夺，据说兵力达二十多万。西夏大军在精锐骑兵"铁鹞子"的开路下，渡过无定河，蜂拥而至。[1]站在新建的城楼上，但见敌军满山遍野，令守城者不能不为之心悸。然而，徐禧却似乎并不在意。据史书记载，徐禧最初听说西夏主力前来进攻，他根本不信，对身边人说：敌军假若真的大举来犯，正为我们"立功取富贵"提供了良机。带兵将官高永亨劝他道：城小人寡，又没有水，不可守。徐禧听罢，认为此人动摇军心，先准备处其死刑，后来宽恕了他的死罪，派几名士兵将其押往延州监狱。

据说，当时另一位武将，也就是高永亨的兄长高永能建议乘敌军尚未列阵之际出击，徐禧却回答道：你懂得什么，"王师不鼓不成列"。如果这一资料属实的话，那么这位文臣统帅便如同春秋时著名的荒唐国君宋襄公一样愚蠢。值得一提的是，徐禧倒是不乏勇气，他亲自提刀督率士兵守城。然而，对方毕竟人多势众，很快就扫平了外围阵地，并占领了至关重要的水寨，断绝了城中供水。此时，城堡刚刚草率落成，尚未打出井来，临时打井又没法找到水源，将士们只能绞牲畜粪汁以及死尸脑液解渴，结果"士卒渴死者太半"，缺水成为威胁守城军民的最大问题。在如此困境之下，单纯依靠勇气和忠心已

---

[1] （元）脱脱等：《宋史》卷四八六《夏国传》，第14012页。

无法抵抗优势敌军。党项士兵如同无数蚂蚁一般不断攀登城垣，所谓"夏人蚁附登城"。而朝廷的几支援军因为受阻，迟迟不能赶来增援。终于在一个大雨之夜，西夏军冲入城内。城陷之日，徐禧以下将士大部分战殁，死里逃生者不足十分之一二。[1]

有关永乐之役损失的情况，有几种不同的记载，有的称战死蕃汉命官230人、士兵12300人，[2]有的说死伤军民20余万，[3]还有的则记录为10余万人。[4]第一种说法见于宋朝典籍，而后两种资料则取自西夏人的记录。这种记载上的分歧，很可能在于宋朝官方只记录死亡的官员与军队的数量，而西夏人则除了清点消灭的对手军人外，同时也大致统计了打死打伤的民夫人数。这样看来，永乐之役是神宗开边以来单次战斗中损失最惨重的一次，因此，此役给神宗的打击也最为沉重。

当西北前线的噩耗送达开封皇宫后，性格刚强的神宗皇帝悲痛异常，连饭也吃不下去。早朝时，他竟当着臣下的面失声痛哭，在场的文武官员都不敢抬起头来。[5]可以说，在经受了此前灵州惨败的打击后，再遭此折磨，神宗的身心遂蒙受巨创，

1　（宋）司马光：《涑水记闻》卷一四，第284页；（元）脱脱等：《宋史》卷三三五《徐禧传》，第10724页。

2　（清）徐松辑：《宋会要辑稿》兵八之二八，第6901页；（宋）李焘：《续资治通鉴长编》卷三三〇，元丰五年十月戊申朔，第7945页。

3　（元）脱脱等：《宋史》卷四八六《夏国传》，第14012页。

4　（清）张鉴：《西夏纪事本末》卷二四，赵铁寒主编《宋史资料萃编》，台湾文海出版社1982年影印本，第342页。

5　（宋）李焘：《续资治通鉴长编》卷三三〇，元丰五年十月戊申，第7945页。

从此重病缠身，无心武备。拖着这样的病体，神宗勉强支撑到第二年的三月，终于抱恨而亡，时年仅三十八岁。史官们称：每当用兵之日，天子常常彻夜难眠，随时阅览边关奏疏，对战场的一举一动都要亲自过问、指示。这位神武天子原指望在剿灭西夏之后再图北伐，不料却出现永乐之役的惨败。由此，他知道用兵艰难，"于是亦息意征伐矣"。[1]而神宗的驾崩，也标志着宋朝大规模重振国防努力的终结。神宗死后一年多，王安石也病故于金陵。

5. 元祐更化

继承神宗之位的嗣君，是年龄不满十岁的儿子赵煦，即哲宗皇帝。依照大行皇帝遗诏和旧规，太皇太后高氏，也就是哲宗的祖母垂帘听政。高太后临朝后，首先做的一件重大决定便是起用昔日反对变法的司马光等老臣。于是，在这位宰臣的主持下，贯彻于先帝时的各项变法措施大都遭到废除，原来对变法持异议的大批官员陆续入主各公署衙门，而主张变法的一派人物则先后遭到贬黜。这一时期正是哲宗亲政前的元祐年间，故史称"元祐更化"。

元祐老臣们对王安石倡导的剧烈的政治与经济改革深恶痛绝，对惊心动魄的振武用兵活动也无好感，他们更欣赏的

1　（宋）李焘：《续资治通鉴长编》卷三五三，元丰八年三月戊戌，第8457页。

是以中庸之道为原则的平缓朝政。于是，在元祐年间，崇文抑武的传统国策被再度高扬起来，刚刚产生的重武风尚遭到强烈的压制。

元祐初，宰臣司马光主张在边防上采取守势，放弃昔日占领的西夏关隘要地，缓和与对方的紧张关系。这些地方的一城一寨，毕竟是将士们用流血换来的，所以在朝堂上会商时，许多人都表示反对。此时，四朝元老、平章军国事文彦博站出来支持司马光。按照决策大臣的意思，原本要将兰州及其以东的安疆（在今甘肃华池东）、浮图（在今陕西绥德西）、塞门（在今陕西安塞西北）和米脂等五座城堡都退给西夏，后在枢密院官员的要求下，保留了本属吐蕃拥有的兰州以及陕北前线要地的米脂寨，其余四寨及周围地区则划归党项人。据记载，当日，西夏派使臣赴开封索要以上土地时，主政大臣都颇有窃取他人财物的羞耻感，恨不得马上还给对方，所谓"如窃人之财，既为所执，犹不少与之可乎"。[1]

既然抱有如此和戎的认识，其他明显包含外向性的举措也就随之加以更改。元祐元年（1086年）六月间，司马光提出废除置将法、恢复更戍法的建议，认为祖宗之法颇佳，而置将法有害无利。朝臣孙觉也上奏附和这一说法，只是因为受到枢密院的反对，才未能全部推翻。[2]由于停止了主动进攻的战略，似乎也就

1　（宋）李焘：《续资治通鉴长编》卷三八〇，元祐元年六月壬寅，卷三八二，元祐元年七月壬戌，第9221—9222、9304—9309页。

2　（宋）李焘：《续资治通鉴长编》卷三七九，元祐元年六月庚子，第9216—9218页。

没有必要继续大练军兵。右司谏苏辙此时上奏反映：各地驻军自实行置将法后，"日夜按习武艺"，各种兵器比以往大为增加。他要求在并无战事的情况下，减少军人的训练量，使他们有余力生产。[1]而主持环庆路防务的范纯粹对部下传达了禁止在边境惹是生非的命令，他告诫将士：朝廷如今全面实行"绥静之意"，因此，既不许擅自进入西夏境内，也不能接受对方逃亡者。[2]

在一派恢复祖宗传统的运动气氛下，名声鹊起的理学家程颐进入朝中，以崇政殿说书的身份给年幼的天子讲授儒家道德学说，希望朝廷能以仁义治理天下。[3]元祐二年（1087年）初，朝廷向全国各地宣布了这样的诏令：自今以后，凡科举考试中考官出题，举子答题，都只许在古今"诸儒之说"范围之内，不得引用申韩、老庄及其他学说。这道诏令是旨在取缔王安石开创的非正统的杂说，[4]以维护文人士大夫思想的统一。在执政大臣眼里，恢复科考中的传统内容固然重要，官制中一度混杂的军功意识也有必要清理。

元祐二年冬，在许多文臣的强烈要求下，朝廷取消了武官改换文臣官资的制度。在神宗皇帝之前，文臣换武职的现象本不很多。每每在边关危机的形势下，天子便鼓励善武懂兵的文官从军，但因为前途都很惨淡，所以主动响应者寥寥无几。至

1　（宋）李焘：《续资治通鉴长编》卷三七六，元祐元年四月戊申，第9113—9114页。

2　（宋）李焘：《续资治通鉴长编》卷三七八，元祐元年五月戊辰，第9174—9175页。

3　（元）脱脱等：《宋史》卷四二七《道学传·程颐》，第12718—12719页；（宋）李焘：《续资治通鉴长编》卷三八一，元祐元年六月乙卯，第9290—9295页。

4　（宋）李焘：《续资治通鉴长编》卷三九四，元祐二年正月戊辰，第9593页。

于武臣转为文官队列的事例，就更为罕见，比较出名的有钱惟演和夏竦两人。

钱惟演乃是五代时吴越王钱俶之子。太平兴国初年，他随父亲归顺宋家天子。因为这一特殊的出身，他被朝廷援引惯例授以武职，但这仅仅是象征性官衔，并无实际职权。生长于西湖岸边的钱惟演，自幼能诗善赋，以文才自矜，眼见大宋崇文之风大盛，当然不甘心于武官地位。真宗在位时，钱惟演遂向天子献上了自己的得意作品，请求恩准自己转为文职。素好文翰的皇帝看了献文，十分欣赏，当即指示有司为钱惟演办理了换职手续。就这样，钱惟演从右神武将军之位转为太仆少卿之职，以后步步高升，官至枢密使加节钺，成为当时名气颇大的文臣。[1]

夏竦虽出身于一个武官家庭，但本人却十分尚文。在父亲为朝廷殉职后，他依照当时的抚恤规定入仕，不过只能是武职。于是，他获得了三班差使的低级军职。志在文臣之途的夏竦自然不愿意混迹于军旅，便携带了生平的诗文佳作拜访宰相李沆。以后，他借助李沆的保荐终于脱去军衣，换取了文官资格，出任某县主簿。与钱王之子一样，夏竦以文臣的身份不断获得发展，最终取得执政大臣高位。[2]

像钱惟演和夏竦这样的情况，在熙宁之前的百余年间是不

---

[1] （元）脱脱等：《宋史》卷三一七《钱惟演传》，第10341页。
[2] （元）脱脱等：《宋史》卷二八三《夏竦传》，第9572页；（宋）魏泰：《东轩笔录》卷二，第20页。

多见的,这自然与当时朝廷的政治倾向直接有关。神宗登基后,为了重振国威,雪多年边防耻辱,开始培养尚武精神,而这种意识观念的初步转变,便在朝政的诸多方面得到了反映,官制当然也不例外。

元丰中,朝廷做出了这样的规定:允许现任武职官员每年申请考核词赋水平,凡能通过测试者,便可以换为文职官衔。神宗的此项措施,显然有打通久已隔阂的文臣武将之间的关系,抬高武官的社会地位,纠正歧视武人偏见的意图。但是,进入元祐之后,国家的方针大政既然又恢复了祖宗旧制,尚武的举措被视为弊政,武臣换文资的制度势必也就遭到抛弃。元祐二年(1087年),朝中文官们便认为,武官以词赋换文职后,"待之至厚",乃产生了请托、侥幸的恶习。于是,在他们的要求下,这一制度被废除。用文臣的话解释便是:"故不得不革,非有他也。"[1]

时隔不足一年,右正言刘安世又向执政大臣反映:祖宗创设儒馆,是意在养育人才,以后其地位日益尊崇,"名卿贤相,多出此途"。但近年以来,朝廷轻视其入选资格,或凭借门第出身,或通过理财聚敛,或以"军功",都可以获得馆职。这位言官要求朝廷恢复旧制,必须用文学出身及才能作为入馆标准,严格限制入选人数。[2] 刘安世在此提到的儒馆,原是宋朝早

---

[1] (宋)李焘:《续资治通鉴长编》卷四〇七,元祐二年十一月乙亥,第9904页。
[2] (宋)李焘:《续资治通鉴长编》卷四一二,元祐三年七月壬戌,第10029页。

期便已实行的一种制度，即所谓史馆、昭文馆和集贤院，统辖于崇文院内，以后又增加了秘阁，合称"馆阁"。馆阁既有为朝廷藏书和整理图籍的意义，也有通过安排文官在其中任职来培养人才的作用。在天子推崇文翰的背景下，馆阁便成为清华之地，而其中的职务如直馆、修撰、校勘以及此后设立的直龙图阁等，都被目为"华选"，在仕途上升迁颇快。正因为如此，朝廷也常常将馆职加授予有文名且受器重的文臣，此称"贴职"。[1]如范仲淹在西北战场指挥作战之时，除了担任知延州等实际官职外，同时兼有龙图阁直学士的贴职。[2]但是，其时贴职并不随意授人，其入选条件颇为苛刻，像以军功起家的官员通常是与其无缘的。元丰五年（1082年），神宗放松了原来对馆阁兼职的限制，对在边关有功的臣下也授以馆职，这又显然与允许武臣换文职的措施一样，含有某些鼓励军功的意义。因此，在"元祐更化"的背景下，文臣们就要收回这一原本属于他们的特权，将兵武色彩清扫出"儒馆"之外。

在举朝排除先帝重武遗风的日子里，还出现了一件小小的插曲，而透过此事又颇能反映出世人观念的转变。元祐四年（1089年）初，正在朝中任翰林学士的著名文坛名士苏轼向朝廷反映：现任左侍禁、武学博士何去非以往曾六次参加过礼部主持的全国科考，都未能通过。元丰中，他遂以特奏名身份直接

1　（元）脱脱等：《宋史》卷一六二《职官志二》，第3818页，参阅倪士毅《北宋馆阁制度述略》，载于《宋史研究论文集》（1982年宋史年会编刊），河南人民出版社1984年版。

2　（元）脱脱等：《宋史》卷三一四《范仲淹传》，第10270页。

进入廷试。当日,神宗对他进行测试,发现其长于论兵,便问他是否愿意任武职,此人"不敢违圣意",只得表示同意。于是,他被授以殿直、武学教授的武职,再经历八年的迁转而至目前的职务。苏轼说,经过自己与何去非的交往,感受到他识度高远,并著有《司马法讲议》《备论》及许多诗文,其学识有补于世。令人同情的是,何去非虽喜好论兵,但本系儒者出身,"不乐为武吏",然而碍于制度限制却只能困顿于武官职位中。因此,苏轼希望天子能考虑何去非的实际情况,给予转换文职的优待,将其调到太学中任文官性的博士,"以率励学者,稍振文律"。[1]

从苏轼谈到的情况来看,何去非是在屡试不第的情况下,通过特奏名的途径参加了殿试,而他当日之所以答应任武职,乃是怕违背天子之意。其实,在元丰年间,君臣颇重武事,何去非又在兵学上有独到见解,也自然有相当的兴趣,所以他做武官未必不很情愿。只是到元祐以后,由于朝廷对武备改持冷淡态度,他才可能对以往的选择感到后悔,并希望转为文官,这倒也在情理之中。

因为得到了苏轼的有力保荐,何去非终于步入文臣之列。不过,令苏轼深感遗憾的是,朝廷虽给何去非转换了文职,却将他调往徐州州学做教授,而这一职务比之于原来的武学博士又低了几级。所以,在第二年下半年,苏轼又为此向天子鸣不

1　(宋)苏轼:《苏轼文集》卷二九《举何去非换文资状》,中华书局1986年版,第836—837页。

平，并将何去非所著《备论》献给朝廷。[1]从何去非这样一位小人物的仕途观念变化，正可以看出哲宗亲政前朝廷恢复"崇文抑武"国策在社会上造成的重大影响。于是，类似何去非者大有人在，其中最著名者莫过于贺铸。

贺铸是神宗时期诗坛怪杰，其相貌、性情颇为威猛，人称"贺鬼头"，其作品更挥洒出强烈的豪放英雄气息，诸如"不请长缨，系取天骄种，剑吼西风"（《六州歌头》）等诗句。然而，正是这位豪杰式的人物，在神宗年间能够安心于武官之职，而到了元祐中，却通过大臣李清臣的关系转换到文官队列。不过，他虽然换了新装，但作风却依旧。因此缘故，贺铸"悒悒不得志"，最终困顿于地方佐贰之位。[2]

朝堂之上政治气候的骤然变化，很快就在边防上得到了反应。神宗时归附的吐蕃首领鬼章，在元祐初"专务安静""握兵将帅相继以罪罢去"的形势下，野心再度萌发，遂带领属下部族反叛，与西夏结为同盟关系，开始在西线发起攻势。一时，归降的其他重要首领如阿里骨等人也纷纷叛乱，连续攻克大宋西陲的许多城寨，并在洮州大败官军，占据了包括洮州在内的大片地区。[3]在西部边防形势极度恶化的情况下，军器监丞游师雄奉命于元祐二年（1087年）六月奔赴前线处理军务。

游师雄来到熙河地区后，积极筹划对叛乱者的反击，他一

1　（宋）苏轼：《苏轼文集》卷三一《进何去非备论状》，第896—897页。
2　（元）脱脱等：《宋史》卷四四三《文苑传·贺铸》，第13104页。
3　（宋）李焘：《续资治通鉴长编》卷四〇〇，元祐二年五月癸丑，第9743页。

方面排除经略使刘舜卿等文官的干扰，另一方面与前线将领种谊（种世衡之子）等武官密切配合，终于在当年的八月间大败敌手。据记载，知岷州（治所在今甘肃岷县）的种谊通过收买鬼章部下的办法掌握了鬼章的动向。当听说鬼章率万人进驻洮州城后，种谊立即给游师雄送信，要求派大军直趋洮州围歼对手。此时，西夏梁太后亲率大军南下，驻于青唐城的阿里骨也发十万大军准备渡黄河围河州，可以说，形势万分危急。在此局势下，经过游师雄一连三天的说服工作，畏惧不敢行动的刘舜卿才勉强同意发兵反击。于是，一部分军队火速开往洮河以西，将黄河上的大桥焚毁，以断绝吐蕃大军增援的通道，种谊率领的另一支部队衔枚出击洮州。当时，种谊利用大雨浓雾为掩护，突然兵临洮州城下，一鼓作气便攻克了城池，全歼万余敌军，并俘虏了老对手鬼章，取得了一次空前大捷。消息传出，西夏军队与阿里骨的援军只得匆忙回撤，危险的局面遂宣告结束。战后，鬼章被押送开封，少年天子在皇宫内举行了隆重的受俘仪式，以告慰九泉之下的先帝。[1]

然而，在取得如此重大的战果之后，朝中的主政大臣对功臣们的奖赏却轻薄得令人吃惊。其中游师雄仅仅在原官阶上迁一级，而这样一级在内地的做官者也可以轻易获取。种谊则迁西上阁门使，仅仅加刺史衔。[2]对于如此的奖赏，就连个别文官

1　（元）脱脱等：《宋史》卷三三二《游师雄传》、卷三三五《种世衡传附种谊》，第10689、10748页；
　　（宋）李焘：《续资治通鉴长编》卷四〇四，元祐二年八月戊申，第9851页。

2　（元）脱脱等：《宋史》卷三三二《游师雄传》、卷三三五《种世衡传附种谊》，第10748页。

也觉得有些过分。[1]而朝廷之所以这样处理，乃在于朝臣们认为游师雄、种谊等人"邀功生事，必开边隙"，甚至还有人要求对他们追究擅自行动之罪。[2]也就是这位游师雄，立志献身西北国防，长期在西陲前线任职，又屡屡向朝廷献计献策，却终究难以施展抱负，最终死于内地知州的职务之上。同时代的不少人都对他的遭遇深表同情，所谓"慷慨豪迈，有志事功，议者以用不尽其材为恨"。[3]而如游师雄、种谊等边臣的不幸，在元祐年间并非偶然，事实上可以说是当时带兵者受到压制的代表。正如当时一位官员所指出的那样：元祐以来，薄军功之赏，"务以息邀功之士"。[4]

元祐八年(1093年)九月，高太后驾崩，哲宗亲政，至此朝政才开始发生转变。哲宗因为对昔日保守大臣们只知太后而无视自己的做法积怨甚深，因此对元祐当政大臣缺乏好感，[5]遂起用了对立一派的官员。

从史书记载来看，这位新天子也颇有个性，他在未成年时已显示出不畏强暴的特点。如他在登基初，宰相蔡确担心幼帝见到契丹使臣恐惧，便事先反复解释外族人是如何一回事，不料小皇帝却问道：这些使臣是不是人？宰臣回答：当然是人，

1　(宋)李焘：《续资治通鉴长编》卷四〇四，元祐二年八月戊申条引常安民奏疏，第9852页。
2　(宋)李焘：《续资治通鉴长编》卷四〇二，元祐二年六月甲申条引张舜民《游师雄墓志》，第9778—9779页。
3　(元)脱脱等：《宋史》卷三三二《游师雄传》，第10690页。
4　(宋)李焘：《续资治通鉴长编》卷四四三，元祐五年六月辛丑，第10657页。
5　(宋)蔡絛：《铁围山丛谈》卷一，第5页。

只是夷狄罢了。他说："既是人，怕他则甚！"[1]于是，在哲宗亲政后出现了"绍圣绍述"的局面。由此武备也逐渐受到重视，特别是章惇任宰相后，要求对西夏采取强硬政策，朝廷又在西北实施了拓疆、筑堡活动，并取得了许多战果，迫使党项人在元符二年（1099年）乞求辽国斡旋议和。[2]在主政大臣的要求下，天子还再度下令实行武官试换文职的制度。[3]然而，此时政坛已深深地被卷入激烈的党派争斗之中，变法派、反变法派、伪变法派以及伪反变法派之间在大宋朝的上上下下展开了不尽的角逐，而西北的战事活动又往往成为两派斗争的口实。正是在剧烈震荡的政局之下，二十四岁的哲宗皇帝于元符三年（1100年）病逝，国家匆忙从事的用兵乃至于振武活动随之陷于更为复杂混乱的状态之中。

6. 乱政与"海上之盟"

当宋朝第七代国君——哲宗突然驾崩之际，因为年轻的大行皇帝没有留下子嗣，使皇位继承问题一时成为牵动内宫、外臣关注的敏感大事。当时，向太后，也就是昔日神宗的皇后因本人无子，遂主张立哲宗异母弟、端王赵佶为帝。可是，宰相章惇提出异议，认为端王品性轻浮，难以为人君，所谓"轻佻

1　（宋）叶梦得：《石林燕语》卷九，第140页。

2　（宋）李焘：《续资治通鉴长编》卷五〇七，元符二年三月丙辰，第12075页。

3　（宋）李焘：《续资治通鉴长编》卷五〇三，元符元年十月乙未，第11981页。

不可以君天下"。章惇提出：以年龄长幼排序的话，应立先皇异母长弟、申王赵佖；若以血缘亲疏之礼而论的话，则应立先皇同母弟、简王赵似。[1]然而，与章惇势如水火的知枢密院事曾布以及参知政事蔡卞、许将等大臣都支持太后。[2]于是，赵佶入居皇宫，成为大宋新一代的君主，其身后的庙号为徽宗。

徽宗在位时间长达二十四年之久，是宋朝在位时间颇长的皇帝之一，仅次于仁宗、真宗而排名第三。不幸的是，正是在这位天子手里，祖宗基业、大宋江山遭受了无比沉重的洗劫和打击。

徽宗实在是一位喜好享乐、情趣广泛而又缺乏责任心的人，宰臣章惇能对他提出"轻佻"的看法，就足以说明他在藩邸时已常有出格行为，名声欠佳。假如他仅仅作为一位皇子，其脾性及喜好不过是一种个人的行为，纵然如后世小说《水浒》中描述的那样放荡无忌，乃至于吃喝嫖赌，其所造成的悲剧只属于单个家庭，与国家并无关系。可是意外的机缘突然将他推到了主宰大宋命运的位置上，他的超乎正常范围内的活动，导致的后果则是天下的不幸。

徽宗登基之初，还对处理朝政有相当大的兴趣，这毕竟能够让他感受到无上的尊严和不尽的权威，与普通的游戏不一样。所以，他也很快参与了有关变法与反变法的争论。不久，

1　（元）脱脱等：《宋史》卷一九《徽宗纪》、卷四七一《奸臣传·章惇》，第357页、13713页。

2　（元）脱脱等：《宋史》卷四七一《奸臣传·曾布》，第13716页；（宋）李焘：《续资治通鉴长编》卷五二〇，元符三年正月己卯，第12357页。

他便倾向于"继承父业"的说法,对司马光以下所谓元祐党人予以打击,而株连的范围又不断扩大,甚至包括章惇与曾布这样一些王安石的追随者。与此同时,他也对元祐时主动放弃前线寨堡的事情加以追究,并支持边臣在西北用兵。辅佐天子从事这些活动的主要人物便是蔡京。

蔡京出生于兴化军仙游（今福建仙游）,熙宁初以科举入仕。蔡京为人善变,多智数,极能迎合政治气候的变化。在神宗朝,他眼见变法成为大势,遂追随参与有关活动。元祐初,他又积极配合宰执大臣废除新法。据记载,司马光当时要求在五天之内恢复旧的差役法,大多数官员都认为时间仓促,只有他在自己管辖的开封府内如期完成。事后,蔡京赶往中书报功,司马光高兴地对他说:假使人人都能像你这样奉法的话,没有什么事办不成。此后,蔡京因几度遭到弹劾,在中央及地方徘徊多年,历知成都府、权户部尚书及翰林学士兼侍读等官职。徽宗称帝初,他在多位御史的交章奏劾下,被打发到杭州赋闲。

就在政治上穷途末路之日,天子派亲信宦官童贯到东南搜寻"书画奇巧",这便为蔡京东山再起提供了契机。极善于奉迎的蔡京抓住这一机会,竭尽浑身解数结交童贯,然后通过内侍的关系,一方面献上自己的书画作品,一方面向天子表达自己的忠心及主张。此外,他还借助道士及宫女为自己说情,于是终于引起了徽宗皇帝的注意。[1]

1　（元）脱脱等:《宋史》卷四七二《奸臣传·蔡京》,第13722页。

崇宁元年(1102年)初,蔡京先从知大名府(治所在今河北大名)的位置上调入京师,出任翰林学士承旨,不久又迁为尚书左丞。当年七月,蔡京终于官拜宰相。因为以往遭受过排挤打击,所以,蔡京主政后非常注意巩固自己的地位,他深知一旦失去人主的垂青,必将受到各方力量的暗算。因此,他以取宠天子作为自己施政的最高目标。从此,蔡京刻意奉承徽宗皇帝,先倡导继承神宗变法的"绍述"活动,当观察到天子因丧失最初的好奇感而懒于政事时,他又以各种娱乐手法取悦花花君王。

蔡京及其长子蔡攸针对徽宗贪图享乐的心理,向天子提出了"丰享豫大"之说,即帝王与朝廷应极尽排场,以宏大壮丽的形象屹立于天下。蔡京父子还曾对徽宗宣扬:人君应以四海为家,"太平为娱",岁月能有几何?岂可以徒自辛劳!帝王应当超越传统观念的拘束,尽享四海九州万物。[1]一时,海内遂出现了骚扰东南多年的"花石纲"征调活动,京城内开始了大修"艮岳"园池的工程,诸如此类劳民伤财的现象,此起彼伏。由此而导致了国家政治秩序的混乱,苛捐杂税层层加码,卖官鬻爵比比皆是,数不清的末世之象充斥天下。当时,社会上便有"三千索,直秘阁。五百贯,擢通判"的民谣。[2]直秘阁是指朝廷馆阁中的职务,通判则是州府机构中第二把手的官职。除了蔡京父子之外,先后得宠者还有宰相王黼、主持苏州和杭州

1　(元)脱脱等:《宋史》卷四七二《奸臣传·蔡京》,第13724—13725页。
2　(宋)朱弁:《曲洧旧闻》卷一〇,中华书局2002年版,第225页。

应奉局及造作局的商人朱勔及宦官梁师成、李彦和童贯等人，这五位政治暴发户连同蔡京被世人目之为"六贼"。在此背景下，国内农民暴动愈演愈烈，不仅出现了无数宋江式的小股绿林豪杰，而且也产生了方腊建立的对立政权。

当出现日益加剧的政治危机时，积弊丛生的国防体系也如同千疮百孔般的一堵土墙耸立在边境线上。此时，西夏内部也面临同样的腐败问题，北部的辽国不仅步入乱政末世，而且受到其东北方新兴的女真人的不断打击。可以说，仅仅由于辽、西夏这两个老对手陷于自顾不暇的困境，大宋的边防危机才没有立即爆发，然则实际的状况却令人惊心动魄。太祖朝遗留下来的"崇文抑武"国策，虽经神宗朝更动，却收效甚微。事实上，这种修改举措既没有触及问题的本质，又很快遭到清算，所以迁延至徽宗之世，国人对军旅武事依旧普遍持轻蔑态度，以至于在兵源紧张的情况下，朝廷不得不采取抓夫的办法为军队输送士卒。

据记载，徽宗朝后期，开封府时常派兵捉人从军，京师内金明池畔举行的民间集会，也为抓夫提供了最佳时机，一时聚会的强壮男子多被用绳索牵走。于是，城郊卖菜的小贩、外地的商旅及富人家的奴仆都不敢进入都城，"皆避藏恐惧"。[1]要说徽宗在位期间完全排除用兵，倒也不符合史实。西北战场的硝烟时常飘荡，特别是童贯主持沿边六路军务后，战争的激烈程

1　（元）脱脱等：《宋史》卷一九三《兵志七》，第4806页。

度并不减于先帝之时。

童贯作为一名宦官，早年曾追随过神宗身边的亲信内侍首领李宪，[1]并随李宪在西北战场上活动过。据与童贯熟悉的蔡京之子蔡绦描述，这位宦侍长得"虤形燕颔"，嘴边还略有几许胡须，双眼看人时更有"炯炯"之光，其相貌不像普通宦官。[2]也许是早年边关经历留下的印象过于深刻，童贯以后便对带兵产生了浓厚的兴趣。

当蔡京借童贯之手入主中书之后，对童贯监领军队的愿望尽可能予以满足。于是，童贯先以监军身份来到西陲，以后逐渐成为对西夏用兵的主帅，拜诸道节钺，晋爵国公。的确，在童贯监临之下，朝廷大军通过不断蚕食的战法，取得了边境线上一些重要的关隘，直到契丹人再度出面调解，宋朝才停止了大规模的用兵活动。在与西夏的交战中，宋朝虽取得了一些胜利，但实际所获得的成果却非常有限，劳民伤财自不用说，被童贯逼死的勇将也不止一人，而败军之将只要大胆行贿，却能安然无事。[3]可以说，此时对西夏战争最大的受益者乃是童贯本人，他不仅屡屡加官晋爵，而且赢得了喜好虚荣的天子的器重，被视作最可靠的典军大帅。就这样，政和六年（1116年），童贯打破了大宋从未有过的先例，竟以宦官的身份出任签书枢密

1　（元）脱脱等:《宋史》卷四六八《宦者传·童贯》，第13658页。

2　（宋）蔡絛:《铁围山丛谈》卷三，第56页。

3　（元）脱脱等:《宋史》卷四六八《宦者传·童贯》，第13659页。

院事一职。不久,他又成为枢密院的正职长官。[1]

宣和二年(1120年)十月,方腊在两浙发动了大规模的农民暴动,一时占据包括杭州在内的数州之地。为了尽快平息这场声势浩大的造反活动,徽宗急调童贯带西北边军前往镇压。在解决了东南地区的暴动问题后,童贯又受命筹划北伐事务,因为此时北疆的形势已发生了巨大的变化。

大约在1114年时,活动于白山黑水之间(即今黑龙江、松花江及长白山地区)的女真族人,开始投入了反抗统治王朝——辽国的武装斗争。在其杰出领袖完颜阿骨打的领导下,被压迫者不断取得胜利,昔日强盛的契丹帝国则不断向南方退缩。1115年初,阿骨打称帝建国,一个新兴强大、国号为"金"的政权遂崛起于辽国的东北方。

早在政和元年(1111年)童贯出使辽国期间,他已从燕(今北京)人马植口中获悉了契丹人与女真人之间的冲突。童贯归朝时,将马植带回京师,便开始考虑联合女真夹击契丹的设想,这位马植因得到徽宗的赏识,还被赐以赵良嗣之名。[2]以后,朝廷与金国通过海道互派使臣协商结盟,并确定了双方的分工任务:宋朝进攻辽国的燕京,女真人攻取辽国的中京(在今辽宁凌源西北)。另外,双方还规定:灭辽之后,宋朝将每年给辽的岁币转给金国,此即所谓"海上之盟"。

1　(元)脱脱等:《宋史》卷二一二《宰辅表三》、卷四六八《宦者传·童贯》,第5523—5524、13658页。
2　(元)脱脱等:《宋史》卷四七二《奸臣传·赵良嗣》,第13733—13734页。

宋廷从事有关联金复燕的计划起自童贯，之后也主要由童贯负责。此方案本身未尝不是一种收复失地的办法，然则以此时宋朝政治之腐朽黑暗，实无操作这一计划的能力。姑且不论天子的荒淫，蔡京、郑居中、王黼、白时中及张邦昌之流宰执大臣的奸邪，即使以当时大宋军队的组织、训练以及士气而言，也存在无数的问题。如童贯以宦官身份主持枢密院多年，四处安置自己亲信带兵；市井无赖出身的高俅，仅仅以善踢蹴鞠而获得徽宗的赏识，遂遍历殿前、侍卫马军及步军三衙大帅，[1]而类似的将官在营伍中不乏其人，从而极大地败坏了军政、军纪，使士卒长期荒于训练。当时人便针对这一现象指出："缓急之际，人不知兵，无一可用。"[2]如果一旦深入军营之中观察的话，情形就更为可怕。有人曾上奏反映军中存在如下问题：其一，各级军官苛剥士卒；其二，将领在兵营内放高利贷；其三，兵营之中聚赌现象比比皆是；其四，军兵承担差使不均；其五，士卒疲于迁徙等等。[3]因此，部队士气低落，逃亡现象普遍存在，加之各级军官通过隐瞒缺额的手法冒领兵饷，致使各地驻军表面员额与实际数量存在相当大的差距。当时人记载，京畿地区军营中的实际缺额至少在三分之一左右。[4]

1　（宋）王明清：《挥麈录·后录》卷七，上海书店出版社2001年版，第138页。

2　（宋）佚名《靖康要录》卷七，赵铁寒主编《宋史资料萃编》，台湾文海出版社1979年影印本，第428页。

3　（元）脱脱等：《宋史》卷一九三《兵志七》，第4813页。

4　（宋）李纲：《梁溪集》卷六一《乞募兵札子》、卷一四八《论兵》，影印文渊阁四库全书本，第1125册，第985页、第1126册，第633页。

由此可见，原本备受轻视的军队力量，至徽宗朝更陷于涣散瓦解的边缘。以这样一支力量从事局部防御战，或对付缺乏装备、训练的农民武装，尚可发挥作用，而一旦投入全面的北伐战争，其成功的可能性便大可令人怀疑。正因为如此，当时就有人对"海上之盟"提出异议，认为新兴的金国更为强大，不如保留契丹势力作为大宋的屏障。[1]遗憾的是，君臣的思维此时已坠入一片混乱之中，他们看到的只是眼前伸手可及的利益，既包括物质享乐，也包括可能带来的虚荣，所有的施政举措无不充满急功近利的短期行为特征。于是，一场毫无把握、如同儿戏般的北伐活动出现于12世纪20年代初，随之而来的便是一场空前惨烈的国难。

宣和四年（1122年）初，在金军的猛烈攻击下，辽国的中京陷落，辽末代皇帝——天祚帝匆忙西逃。不久，留守燕京的辽皇室成员耶律淳自立为帝，进而造成其内部的大分裂。[2]在出现如此惊人巨变的形势下，原本还犹豫不定的徽宗君臣才决定按照在海上之盟中承担的任务，对燕京发起进攻。在宋廷看来，此时的契丹守军必定毫无斗志，只要大军兵临城下，其开关投降是当然的事。于是，童贯、蔡攸统率的由西北边军组成的大军北上，于五月间来到了河北前线。但是，出乎北伐统帅预料的是，兵力有限的契丹人并未望风溃散，而是勇敢地展开了反

1　（元）脱脱等：《宋史》卷三三五《种世衡传附种师道》，第10751页；（宋）徐梦莘《三朝北盟会编》卷八宣和四年六月三日庚寅条，第52—55页。

2　（元）脱脱等：《辽史》卷三八《天祚帝纪》，第352—353页。

击。这样，双方在燕京以南的白沟发生了激烈的战斗，其结果是宋朝军队惨败，并且被对方一路追击到雄州（治所在今河北雄县）境内。消息传入京师，天子深感惊恐，立即下诏班师。[1]北伐的情形如此可笑，竟仍未能促使当政者有所清醒，之后便不能不出现更为荒唐的失败。

同年四月，金军攻陷辽西京城，天祚帝率少数军兵继续西奔。六月间，在燕京称帝的耶律淳病死。面对这一局势，徽宗与决策大臣又认为出现了良机，遂在女真使臣的催促下，朝廷大军于十月发动了第二次北伐。就在大宋军队行动之前，一些辽国的地方官吏与将领眼见大势已去，已陆续投降，其中包括大将郭药师。[2]郭药师以涿州（治所在河北涿州市）、易州（治所在今河北易县）归降后，因急于立功，便主动要求充当先锋。遗憾的是，当郭药师率部下攻入燕京城后，北伐军主将刘延庆却率十万兵马滞留于城外，不敢增援。不久，郭药师受挫，败退出城。当屯驻于卢沟以南的刘延庆看见火光后，以为辽军追来，竟惊恐地烧营南逃。史称宋朝军队匆忙撤军，"相蹂践死者百余里"，神宗以来储积的军器物资丢失殆尽，以至于燕人"作赋及歌诮之"。[3]要知道，守燕京的辽军不过万余兵马。

既然宋朝军队没有能力克复燕京，童贯便只有派人向金国

1　（清）黄以周等辑注：《续资治通鉴长编拾补》卷四四，宣和四年三月丙子，中华书局2004年版，第1360页；《宋史》卷二二《徽宗纪》，第410页。

2　（元）脱脱等：《宋史》卷四七二《奸臣传·郭药师》，第13735—13736页。

3　（元）脱脱等：《宋史》卷三五七《刘延庆传》，第11237页。

求救。同年十二月，女真偏师南下，轻取燕蓟。之后，经过宋朝使臣的一再交涉，才以每年交付一百万贯"代税钱"的代价从金军手里获得了燕京城。然而，宋朝无能、虚弱的本质已为女真人所洞悉无遗。

7. 靖康之难

宣和五年（1123）五月，徽宗皇帝以收复燕京及周围六州的成功，在京师举行了盛大的欢庆活动，同时告慰太庙，为臣下加官晋爵。[1]在天子与大臣们看来，不管使用的方式如何，祖宗以来一百六十多年不能收复的失地毕竟是在自己手中重归的，因此，这一空前功业足以向天下炫耀，也足以慰藉九泉之下的先帝们。此时，更大的危险已逼近大宋，明眼人一看便知。不过，在一派喜庆的气氛之下，当政者不愿意也不敢正视威胁的存在，心存侥幸，以为仍能够通过议和的手段化解一切边患，包括新兴的女真人的欲望。遗憾的是，这一次宋朝君臣却都低估了昔日盟友的野心。

当年六月，重新举起反金旗帜的原辽国武将张觉，在宋廷暗中招抚下以平州（治所在今河北卢龙）归降。不久，在金国的恫吓下，主持燕山府（即辽之燕京）的朝臣王安中只得奏请天子缢杀张觉，然后将其首级献给女真人。这一草率的举止不仅使郭药师

---

[1] （清）黄以周等辑注：《续资治通鉴长编拾补》卷四七，宣和五年五月辛巳，第1449页；（元）脱脱等：《宋史》卷二二《徽宗纪》，第412页。

等大批降将为之心寒，而且终于为金军南攻提供了口实。[1]

在随后的一年多时间里，宋朝君臣陶醉于虚假的太平盛世之中，还举行了隆重的科举考试，录取进士三百零五人，又与金国互相庆贺元旦佳节。[2]当然，官僚之间互相倾轧、尔虞我诈之类的事也少不了，宰相王黼先是主持大政，随后被迫致仕下台，白时中和李邦彦继任首相、次相之位，而权宦童贯则是先赋闲，后又重新掌管枢密院，至于蔡京与蔡攸父子、宦官谭稹之流一批投机者也是几起几伏。当权贵们正热衷于争权夺利之际，来自北方的狼烟已然升腾而起。

宣和七年（1125年）十一月，经过充分准备的女真大军兵分两路南下，粘罕统率西路军从大同府（治所在今山西大同）南攻太原，斡离不带领的东路军进攻燕山府。战火一旦燃起，宋朝脆弱的边防便陷于支离破碎的境地。当时，除了太原守军凭借有利的地形和坚固的城垣挡住对方西路军的攻势外，整个河北地区的防线如同朽木般遭到摧毁，敌军东路军如入无人之境。值得一提的是，当金军兵临燕山城下时，守将郭药师等原辽国武将立即投降。前方失利的战报传入开封后，朝廷顿时一片混乱，徽宗皇帝完全失去了抵抗的信心。他一面下诏取消诸如"花石纲"之类不得人心的弊政，一面匆忙传位给太子赵桓，然后在保留"教主道君太上皇帝"的名义下，率领蔡攸、

1　（元）脱脱等：《宋史》卷四七二《奸臣传·张觉》，第13737页。

2　（元）脱脱等：《宋史》卷二〇二《徽宗四》，第413—414页。

童贯及高俅等一小批亲信于同年岁末逃出大难临头的京师，避祸于江南的京口（今江苏镇江）。[1]

正是在一派"泰山压城城欲摧"的局势之下，二十五岁的赵桓登上了帝位，他就是日后被定为"钦宗"庙号的宋朝第九代皇帝。自小生长于深宫中的新天子，深受父皇倡导的享乐之风的熏染，既无丝毫统御天下的经验，更没有临危不惧的胆魄，眼见太上皇将一副烂摊子扔给自己，他也打算赴襄阳（今湖北襄阳）一带避难。面对如此危险的政局，新任兵部侍郎兼京城留守李纲继承了"天下兴亡，匹夫有责"的光荣传统，他效法昔日寇准不屈抗敌的举动，坚决反对天子南巡。在一次早朝会上，李纲故意对大臣们说：皇上已决定亲征，"敢有异议者斩"。[2]这样才止住了群臣弃城的议论。在随后的几天里，李纲在开封军民的支持下，进行了城防总动员，同时征调各地军队"勤王"。

靖康元年（1126年）正月八日，金东路军抵达开封城郊，开始与守城者发生激战。当城头的战火不断映红皇宫上空时，钦宗与宰臣李邦彦、张邦昌等人万分恐惧，对武力抗敌毫无信心，于是又打算通过议和的办法解决困境，即使每年增加岁币三五百万两白银，再另外一次送给对方同样数额的犒军费，也在所不惜。然而，斡离不提出的条件却高得惊人，不仅如此，

1　（清）黄以周等辑注：《续资治通鉴长编拾补》卷五一，宣和七年十二月己未、卷五二，靖康元年正月己巳，第1583、1609页。

2　（宋）李纲：《靖康传信录》卷一，中华书局1985年版，第5页。

还要割地，令亲王、宰相做人质等。就在这时，种师道等将领率领的二十余万西北军赶来增援。说起来，斡离不指挥的女真军兵不过六万余人，而开封城内外的宋朝正规军超过二十万，加上武装的民兵，其总数远远超过对方。然而遗憾的是，这支庞大的军队，在精神上蒙受了百余年的摧残和凌辱，并不具备打硬仗的能力。二月初，城外的一部分援军对金军发起了夜袭，结果一败涂地，主将姚平仲竟弃军逃跑。为了推卸责任，钦宗君臣解除了李纲的职务。不料，此事激起了城内军民的愤怒，几乎激起民变，天子不得不又恢复了李纲的官位。[1]

二月十日，斡离不眼看暂时难以攻克开封，又担心孤军难以持久，遂在扣留人质、取得议和条款的情况下退军。[2]

金军北撤后，朝廷虽对民怨极大的"六贼"予以惩处，并陆续下诏援救河东及河北前线，但就整体而言，却未能采取有效的防御措施。而如李纲这样的主战大臣因曾有挟迫天子的嫌疑，先被派往北方，不久又被贬往南方。[3]种师道等大将也继续受到猜疑、排挤，无所作为。[4]同年四月初，徽宗返回京师，似乎又可以恢复昔日的生活了。

但是，金东路军的回撤只是一种权宜之计。当年八月间，斡离不二度带兵南下，而围攻太原的金西路军从未停止过战

1　（元）脱脱等：《宋史》卷三五八《李纲传》，第11244—11245页。

2　（元）脱脱等：《金史》卷十四《宗望（斡离不）传》，中华书局2005年版，第1705页。

3　（元）脱脱等：《宋史》卷三五八《李纲传》，第11249—11250页。

4　（元）脱脱等：《宋史》卷三三五《种世衡传附种师道》，第10753页。

斗。九月初，粘罕指挥的金军终于攻陷被围八个多月的太原，随之迅速南下。面对两路敌军的凶猛进攻，朝廷实在是无力应付，只得不断派出使臣向对方乞和，表示愿意满足一切要求。然而，此时议和在女真统帅看来，不过是一种诱饵，一方面可以借此麻痹开封的宋朝君臣，一方面仍马不停蹄南下。

十一月下旬，金东路军先打到开封城下，不久，西路军也赶来会师。面对强敌的围攻，当政者抱残守缺，继续沿用以文御武的手段，以不懂军事的文臣负责城防，从而严重地延误了战事。如面对金军日夜运土木填塞护城河的紧急情况，开封城南壁总指挥李擢竟置若罔闻，"日与僚佐饮酒烹茶，或弹琴燕笑，或曰醒醉"。当宋钦宗登城发现后，虽将李擢贬官，但为时已晚。[1]在一派风声鹤唳的气氛下，城内君臣一筹莫展，以至于还发生了一件荒唐可笑的事情。

有人向朝廷推荐了一名叫郭京的人，称此人法术高超，可以召唤"神兵"退敌。于是，负责城防的大臣请郭京登城作法。郭京登上城楼后，竟下令城头守军退下，然后大开宣化门，以

---

1 参见陈峰《北宋后期文臣与宦官共同统军体制的流弊》，载于《国学研究》第17卷，北京大学出版社2006年版。

便使出"六甲法"败敌。这一"神奇"的法术自然不会应验,金军倒乘机登上城垣,于是,"众皆披靡"。[1]至此,钦宗皇帝只能对议和存有一线希望,他甚至不惜甘冒风险亲自赴敌营谈判,以表示诚意。与此同时,朝廷下令全面停止抵抗。就这样,庞大而文弱的大宋在强悍、武勇的女真军人面前屈服了。

翌年,也就是靖康二年(1127年)的年初,钦宗第二次来到金军大营。这一次,粘罕将宋家皇帝扣下,然后责令城内官吏搜集巨额金银、绢帛等物资,以赎回天子。女真人索要的物品有:一千万匹绢、一百万锭黄金和一千万锭白银。[2]如此庞大的数额,当然不可能在短期内筹集足额。于是,在当年二月六日,金军大帅以占领军的名义废黜徽宗和钦宗二帝。不久,征服者扶立张邦昌为伪楚皇帝,以暂时替自己照料中原的土地和百姓。随之,金军主帅宣告南征任务结束,同时裹挟包括徽宗、钦宗二帝在内的大批俘虏和无数的资财北归。于是,便出现了本书篇首所述的惨痛一幕,也就是中国历史上著名的"靖康之难"。

1　(元)脱脱等:《宋史》卷三五三《孙傅传》,第11137页;卷二三《钦宗纪》,第434页。
2　《三朝北盟会编》卷九七引《宣和录》,第716页。

结语

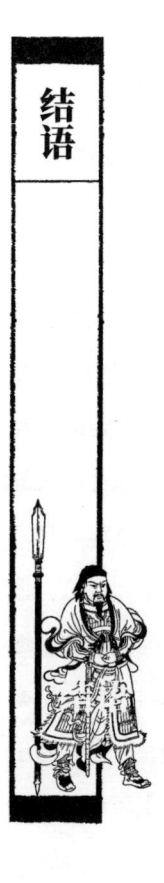

回首北宋历史，其成败得失，可述、可评者多矣，不仅当时人大加感慨，后世史家继之以点评，今日学者亦从不同视角予以研究。若细致梳理一番北宋王朝的演进轨迹，不难发现统治者长期奉行的崇文抑武治国方略，是深刻影响其发展的导向性精神，也是引领社会的核心价值取向，其余波直至南宋依然不绝。

在崇文抑武治国方略的引导下，北宋当政者以内部稳定为施政的重心，在边防上采取消极防御战略，即强调文治建设，军事规划则趋于保守，也就是在对待文治与武功之间的关系上，权重明显倾斜到前者。可以说，这既是对以往教训的矫枉过正，也是极端现实主义逻辑的表现，由此遂与以往统一王朝形成很大不同。兵家鼻祖孙子曾指出："是故百战百胜，非善之善者也。不战而屈人之兵，善之善者也。"[1]这当然是从国家利益出发的最高致胜境界，而宋统治集团长期被动地以和缓战的做法，似乎就此寻找到"不战而屈人之兵"的理论依据。借助"议和"的经济方式处理外患的做法，固然打着"化干戈为玉帛"的旗号，却明显表露出保守退缩的精神状态。[2]西方学者也认为，宋王朝"是以高度的现实主义政治为特征的"，"依靠军事手段不能打败契丹人的国家"，便与辽议和，"宋辽缔结的澶渊之盟成了处理日后冲突的一个样板"。[3]

1　（春秋）孙武：《孙子·谋攻第三》，林伊夫等译注《武经七书新译》，齐鲁书社1999年版，第12页。

2　参见陈峰《宋代统治集团以和缓战思想及其影响》，《中国军事科学》2008年第4期。

3　[德]傅海波、[英]崔瑞德主编：《剑桥中国辽西夏金元史》导言，史卫民等译，中国社会科学出版社1998年版，第21—22页。

对于北宋长期实行的崇文抑武治国思路，需要冷静客观地评价，不能一概而论。凡事着力于一端，必难顾及另一端，此即"双刃剑"效应，北宋崇文抑武治国方略的实践，便带来对外边防的相对失败与对内发展的相对成功的结果。这一消极影响已见上述，在此还要对其正面成效简要说明。由于宋朝长期关注内部建设与发展，主要精力放在追求政治秩序与社会的稳定方面，倡导文治，注意缓和统治集团内部的矛盾，为此制定了各项方针政策，具有明显的怀柔理性成分，因此保持了宋廷长期的控制力，同时也保障了社会有较长时期的稳定局面。大致而言，其正面影响主要表现在以下方面：

其一，北宋王朝除了末年外，在大多数时期内上层的矛盾斗争相对缓和，政治动荡相对较少，既没有产生如汉唐中央的宦官专权、权臣当道、外戚干政的突出问题，也没有出现地方上的豪强大族盘踞或藩镇割据的局面，更没有发生席卷全国的大规模农民起义；其二，宋朝的制度建设虽然不免繁杂，甚至以牺牲效率为代价，但选官、监察、法制等制度相对完备，多数帝王与官员注重程序规矩，[1]从而使得其政治的文明程度超越了前后许多王朝；其三，在实行募兵制的情况下，一般的兵役与劳役由军队承担，明显减轻了民众所受干扰，对保护社会生产具有深远的积极影响；其四，社会经济发展水平极大地超过以往任何时代，特别是商品经济活跃，市场与城市呈现出前所

---

1 参见陈峰《政治选择与宋代文官士大夫的政治角色——以宋朝治国方略及处理文武关系方面探究为中心》，《河南大学学报》2007年第1期。

未有的新格局,《清明上河图》所绘的社会经济状况便是其形象化的反映;其五,文化教育及科技快速发展,成就斐然,社会整体的文化知识水平显著提高;[1]最后,在特权门阀士族消解的背景下,实用主义的文治路线促进了社会的上下流动,普通地主以及部分平民获得上升的机会,从而激发了社会活力,以至于被外国学者称之为"市民社会""近世社会"。[2]因此,南宋学者吕祖谦指出:本朝"文治可观而武绩未振,名胜相望而干略未优";[3]宋人又总结道:"汉唐多内难而无外患,本朝无内患而有外忧。"[4]元代人修宋史时则评价说:"宋恃文教,而略武卫。"[5]即明确地揭示了宋朝国运与以往时代不同的史实。由此,两宋时期经济、文化及科技独领风骚,如现代史学家陈寅恪先生所评价:"华夏民族之文化,历数千载之演进,造极于赵宋之世。"[6]宋史学家邓广铭先生赞誉道:"两宋时期内的物质文明和精神文明所达到的高度,在整个封建社会历史时期之内,可以说是空前绝后的。"[7]也可以说,中国古代经历的唐宋时代变迁转型,就包含了这一重要的方面。

---

1 王曾瑜:《宋代文明的历史地位》,《河北学刊》2006年第5期。

2 有关这一观点,主要见于日本学者内藤湖南、宫崎市定等"唐宋变革"说,参见李华瑞《20世纪中日"唐宋变革"观研究述评》,《史学理论研究》2003年第4期。

3 (元)脱脱等:《宋史》卷四三四《吕祖谦传》,第12874页。

4 (宋)吕中:《宋大事记讲义》卷一《序论·国势论》,影印文渊阁四库全书本,上海古籍出版社1987年版,第686册,第12页。

5 《宋史》卷四九三《蛮夷一·序》,第14171页。

6 陈寅恪:《邓广铭宋史职官志考证序》,《金明馆丛稿二编》,上海古籍出版社1982年版,第245页。

7 邓广铭:《谈谈宋史研究的几个问题》,《社会科学战线》1986年第2期。

话归本书主题，宋朝居于当时世界经济最发达、文明程度最高的地位，并首先发明了火药武器，然而先进的生产和雄厚的经济力量并没有转化为强大的国防实力，火器这种巨大革命性技术的投入，也未能引发军事变革和应有的效用，而长期处于对外被动挨打的境地，北宋和南宋先后亡于边患，终以"积弱"为后世诟病。推究其因，固然有多种解释，但根本还在于宋朝自身的治国方略及其实践的结果。[1]

从今天的角度来看，所有国家都面临处理建设与国防、内政与外交之间关系的重大问题，尤其是大国，其国防与外部环境是否良好，对国内的建设有重要影响；反过来国内建设是否成功，又直接影响到其国防的实力。说到底，就是如何解决战争与和平的关系这一人类社会长久遇到的两难问题。仅满足于和平建设而轻视国防显然属于短见，穷兵黩武而忽视和平发展也同样无益。诚如古人所云："故国虽大，好战必亡。天下虽安，忘战必危。"[2] 现代西方著名军事家利德尔·哈特也认为："战争的目的是要获得一个较好的和平，这当然是从你自己一方的愿望来说的……一个国家，如果它把自己的力量消耗殆尽，那它也就不会有能力继续推行自己的政治，因而必然使其前途不堪设想。"[3] 如果说这一深刻的认识，是在日益理性和多

---

[1] 参见陈峰等《宋代治国理念及其实践研究》，人民出版社2015年版。

[2] （战国）司马穰苴：《司马法》卷上《仁本第一》，中国兵书集成编委会编《中国兵书集成》，解放军出版社、辽沈书社1987年版，第63页。

[3] ［英］利德尔·哈特：《战略论》第22章《大战略》，中国人民解放军军事科学院译，战士出版社1981年版，第494页。

边制约的现代国际关系下,告诫人类要正确处理战争与和平之间的关系,包含着丰富的历史经验和强烈的现实关怀。那么宋朝片面总结了历史的经验教训,实施崇文抑武的治国方略,过早而被动走上了脱离军事的主和道路,可谓过犹不及。因为当时还是一个武力战争不受任何约束的时代,多少先进的文明都在惨烈的战火中毁灭,种族灭绝的悲剧也不会引发征服者心灵的战栗。宋朝不能保持自身的军事强势,对外长期采取守势,其军队和边防也就不足以维持长久的和平局面,一旦内外平衡被打破,就会陷于被动挨打乃至于亡国的境地。

总之,宋代以前诸统一王朝,在治国上注重寻求文武并重,力图保持内外平衡,特别是通过一系列的进取举措压制了塞外军事威胁,从而呈现一个时期的强盛局面。其外部压力固然解决,但随着国力的巨大消耗,内部矛盾却快速上升,造成统治秩序动荡,王朝终因内部危机的爆发而走下坡路,直至覆灭。而听任外部威胁加剧,对统一王朝不仅是耻辱,而且会造成难以容忍的被动挨打结局,从而会影响到内部建设与大一统的局面,这就成为一种悖论与矛盾。战争与和平的冲突,成为古今中外难以万全应对的重大难题,考验着当政者的政治智慧。宋朝崇文抑武的治国方略以及重内轻外的路线,有利于内部长期的稳定发展,却牺牲了外部环境,最终因此亡国,这便是非常惨痛的教训。

研究北宋崇文抑武方略在治国中的实践,探究其相关内容与影响,无疑可为当今提供难得的历史经验和教训。

参考文献

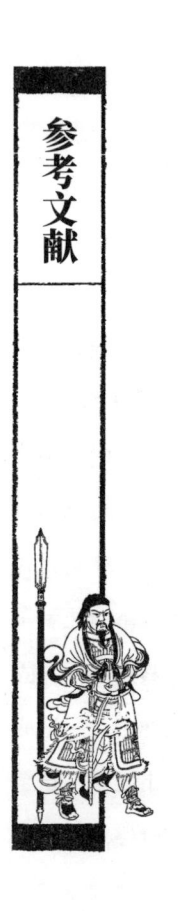

古籍文献

（春秋）孙武：《孙子》，林伊夫等译注《武经七书新译》，齐鲁书社1999年版。

（战国）司马穰苴：《司马法》，中国兵书集成编委会编《中国兵书集成》，解放军出版社、辽沈书社1987年版。

（汉）司马迁：《史记》，中华书局1959年版。

（汉）班固：《汉书》，中华书局1995年版。

（宋）欧阳修、宋祁等：《新唐书》，中华书局1987年版。

（宋）薛居正等：《旧五代史》，中华书局1987年版。

（元）脱脱等：《宋史》，中华书局1977年版。

（元）脱脱等：《辽史》，中华书局1974年版。

（元）脱脱等：《金史》，中华书局2005年版。

（宋）司马光：《资治通鉴》，中华书局1987年版。

（宋）李焘：《续资治通鉴长编》，中华书局2004年版。

（清）黄以周等辑注：《续资治通鉴长编拾补》，中华书局2004年版。

（宋）李心传：《建炎以来系年要录》，上海古籍出版社1992年版。

（宋）佚名：《靖康要录》，赵铁寒主编《宋史资料萃编》，（台湾）文海出版社1979年版。

（清）徐松辑：《宋会要辑稿》，中华书局1957年版。

（元）马端临：《文献通考》，商务印书馆1936年版。

（宋）徐自明著，王瑞来校补：《宋宰辅编年录校补》，中华书局1986年版。

（宋）徐梦莘：《三朝北盟会编》，上海古籍出版社1987年版。

（宋）江少虞：《宋朝事实类苑》，上海古籍出版社1981年版。

（宋）王曾：《王文正笔录》，影印文渊阁四库全书本，上海古籍出版社1987年版。

（宋）杨亿：《杨文公谈苑》，影印文渊阁四库全书本，上海古籍出版社1987年版。

（宋）田况：《儒林公议》，影印文渊阁四库全书本，上海古籍出版社1987年版。

（宋）江休复：《嘉祐杂志》，影印文渊阁四库全书本，上海古籍出版社1987年版。

（宋）江休复：《江邻几杂志》，上海进步书局1911年版。

（宋）范镇：《东斋记事》，中华书局1997年版。

（宋）欧阳修：《归田录》，中华书局1997年版。

（宋）司马光：《涑水记闻》，中华书局1989年版。

（宋）司马光：《稽古录》，影印文渊阁四库全书本，上海古籍出版社1987年版。

（宋）孔平仲：《谈苑》，影印文渊阁四库全书本，上海古籍出版社1987年版。

（宋）释文莹：《玉壶清话》，中华书局1984年版。

（宋）释文莹：《湘山野录》《湘山续录》，中华书局1991年版。

（宋）苏辙：《龙川别志》，中华书局1982年版。

（宋）吕希哲：《吕氏杂记》，影印文渊阁四库全书本，上海古籍出版社1987年版。

（宋）邵伯温：《邵氏闻见录》，中华书局1983年版。

（宋）邵博：《邵氏闻见后录》，中华书局1983年版。

（宋）魏泰：《东轩笔录》，中华书局1983年版。

（宋）王辟之：《渑水燕谈录》，中华书局1997年版。

（宋）王铚：《默记》，中华书局1981年版。
（宋）王明清：《挥麈录》，上海书店出版社2001年版。
（宋）吴处厚：《青箱杂记》，中华书局1985年版。
（宋）叶梦得：《石林燕语》，中华书局1984年版。
（宋）蔡絛：《铁围山丛谈》，中华书局1983年版。
（宋）惠洪：《冷斋夜话》，影印文渊阁四库全书本，上海古籍出版社1987年版。
（宋）李纲：《靖康传信录》，中华书局1985年版。
（宋）彭乘：《墨客挥犀》，中华书局2002年版。
（宋）周辉：《清波杂志》，中华书局1997年版。
（宋）张舜民：《画墁录》，影印文渊阁四库全书本，上海古籍出版社1987年版。
（宋）徐度：《却扫编》，影印文渊阁四库全书本，上海古籍出版社1987年版。
（宋）朱弁：《曲洧旧闻》，中华书局2002年版。
（宋）陆游：《避暑漫抄》，影印文渊阁四库全书本，上海古籍出版社1987年版。
（宋）张世南：《游宦纪闻》，中华书局1981年版。
（宋）柳开：《河东先生集》，四部丛刊初编本，上海书店出版社1989年版。
（宋）王禹偁：《小畜集》，四部丛刊初编本，上海书店出版社1989年版。
（宋）寇准：《忠愍集》，影印文渊阁四库全书本，上海古籍出版社1987年版。
（宋）田锡：《咸平集》，影印文渊阁四库全书本，上海古籍出版社1987年版。
（宋）欧阳修：《欧阳修全集》，中华书局2009年版。
（宋）范仲淹：《范文正集》，影印文渊阁四库全书本，上海古籍出版社1987年版。
（宋）包拯：《包孝肃奏议集》，影印文渊阁四库全书本，上海古籍出版社1987年版。
（宋）杨亿：《武夷新集》，影印文渊阁四库全书本，上海古籍出版社1987年版。
（宋）苏洵：《嘉祐集》，影印文渊阁四库全书本，上海古籍出版社1987年版。
（宋）李觏：《旴江集》，影印文渊阁四库全书本，上海古籍出版社1987年版。
（宋）王安石：《王文公文集》，上海人民出版社1974年版。
（宋）司马光：《传家集》，影印文渊阁四库全书本，上海古籍出版社1987年版。
（宋）蔡襄：《蔡忠惠集》，影印文渊阁四库全书本，上海古籍出版社1987年版。
（宋）苏轼著，孔繁礼点校：《苏轼文集》，中华书局1986年版。
（宋）苏辙著，陈宏天、高秀芳点校：《苏辙集》，中华书局1999年版。
（宋）李纲：《梁谿集》，影印文渊阁四库全书本，上海古籍出版社1987年版。
（宋）叶适著，刘公纯、王孝鱼、李哲夫点校：《叶适集》，中华书局1961年版。
（宋）章如愚：《群书考索》，影印文渊阁四库全书本，上海古籍出版社1987年版。
（宋）孟元老：《东京梦华录》，中华书局1982年版。
（宋）梁克家：《淳熙三山志》，影印文渊阁四库全书本，上海古籍出版社1987年版。
（宋）黎靖德编：《朱子语类》，中华书局1986年版。
（清）吴广成：《西夏书事》，续修四库全书本，上海古籍出版社1995年版。
（清）张鉴：《西夏纪事本末》，赵铁寒主编《宋史资料萃编》，台湾文海出版社1982年影印本。
（清）厉鹗：《宋诗纪事》，上海古籍出版社2008年版。
（清）王夫之：《宋论》，中华书局1964年版。

（清）吴之振、吕留良、吴自牧选：《宋诗钞》，中华书局1986年版。
（清）赵翼：《廿二史札记》，中华书局1984年版。
（清）吴之振、吕留良、吴自牧选：《宋诗钞》，中华书局1986年版。
丁传靖辑：《宋人轶事汇编》，中华书局1981年版。
何竹淇编：《两宋农民战争史料汇编》，中华书局1976年版。

今人论著

漆侠：《王安石变法》，上海人民出版社1979年版。
王曾瑜：《宋朝兵制初探》，中华书局1983年版。
汪圣铎：《两宋财政史》（上、下），中华书局1995年版。
吴天墀：《西夏史稿》，四川人民出版社1980年版。
陈寅恪：《邓广铭宋史职官志考证序》，《金明馆丛稿二编》，上海古籍出版社1982年版。
邓广铭：《谈谈宋史研究的几个问题》，《社会科学战线》1986年第2期。
邓广铭：《宋太祖宋太宗皇位授受问题辨析》，《邓广铭治史丛稿》，北京大学出版社1997年版。
吴天墀：《烛影斧声传疑》，《史学季刊》1卷2期（1941年3月）。
吴天墀：《唃厮啰与河湟吐蕃》，邓广铭主编《宋史研究论文集》，河南人民出版社1984年版。
漆侠：《宋太宗雍熙北伐》，《河北学刊》1992年第2期。
王曾瑜：《宋代文明的历史地位》，《河北学刊》2006年第5期。
陈峰等：《宋代治国理念及其实践研究》，人民出版社2015年版。
陈峰：《宋初名将郭进事迹述评》，《西北大学学报》2002年第1期。
陈峰：《平戎万全阵与宋太宗》，《历史研究》2006年第6期。
陈峰：《从定都开封说北宋国防政策的演变及失败》，《陕西师范大学学报》1991年第2期。
陈峰：《从呼延赞事迹看宋初朝政路线的演变》，《人文杂志》2009年第1期。
陈峰、刘缙：《北宋讲武礼初探》，《清华大学学报》（哲学社会科学版）2007年第5期。
陈峰：《宋朝儒将的角色与归宿——以北宋张亢事迹为中心考察》，北京大学中国古代史研究中心编《邓广铭教授百年诞辰纪念文集》，中华书局2008年版。
陈峰：《北宋后期文臣与宦官共同统军体制的流弊》，《国学研究》第17卷，北京大学出版社2006年版。
陈峰：《政治选择与宋代文官士大夫的政治角色——以朝治国方略及处理文武关系方面探究为中心》，《河南大学学报》2007年第1期。
陈峰：《宋代统治集团以和缓战思想及其影响》，《中国军事科学》2008年第4期。
魏志江：《宋代"走马承受"设置时间考》，《中国史研究》1990年第4期。
李启明：《宋真宗"劝学诗"新论》，《广西师范大学学报》1990年第2期。
廖寅：《宋真宗劝学诗形成过程与作伪原因考述》，《中国高校社会科学》2018年第3期。
张全明：《也论宋代官员的俸禄》，《历史研究》1997年第2期。
孙家骅：《试论王韶出师熙河》，《上海师范大学学报》1989年第1期。
倪士毅：《北宋馆阁制度述略》，邓广铭主编《宋史研究论文集》，河南人民出版社1984年版。
李华瑞：《20世纪中日"唐宋变革"观研究述评》，《史学理论研究》2003年第4期。
［德］傅海波、［英］崔瑞德主编：《剑桥中国辽西夏金元史》，史卫民等译，中国社会科学出版社1998年版。
［英］利德尔·哈特：《战略论》，中国人民解放军军事科学院译，战士出版社1981年版。

后记

三十多年前，我在师从著名史学家漆侠先生读研究生时，就对宋代的"积弱"问题产生了浓厚的兴趣。因为两宋的气象与汉、唐等昔日帝国有着明显的不同，它平添了不少内向、细腻乃至于文弱的气息，而丧失了更多的外向、粗犷以及雄浑的性格，在当时国家政治生活中追求文治成就，却不免轻视军功价值，由此折射出明显的保守求稳色彩，进而影响到社会的精神风貌。缘此想法，我在读书期间便注意搜集相关资料。像最初阅读苏轼文集时，便对其中两道奏折感到有些奇怪：名动天下的苏东坡为何会接连向皇帝举荐小官何去非由武官转换文职？及至进一步翻检史籍，竟发现类似何去非者在宋代历史上大有人在，如欧阳修笔下著名的射士陈尧咨等人也是如此。这些现象无疑反映了当时士人抛弃了"投笔从戎"的意识，其身心已挥发出强烈的歧视兵伍的观念。至于诸如将相曹彬在街市中回避文臣，猛将狄青备受朝官诽谤，以及儒将张亢从文改武后的尴尬结局之类的记载，更是不胜枚举，这又说明武将受到异常的排挤和压制。事实上，北宋政坛上还远不止于此，当文官士大夫集团长期主政后，大多数帝王都深受文翰熏染，君臣遂共同推动了朝政的"崇文抑武"导向，其影响可谓波及至方方面面。于是，边防上被动挨打，终成"积弱"之势，也就不难理解。说实在的，这些史实都深深地吸引着我。不过由于当年诸种原因，我最终没能选择这一问题作为学位论文方向，因此，有关宋朝"积弱"的话题只能暂时搁置起来。

20世纪80年代后期，我来到西北大学历史系工作后，由于惯性使然的缘故，一时研究仍围绕在古代漕运专题上，所发表的论作亦多与此有关。尽管如此，我并未放弃以往的兴趣，一直注意搜集有关方面的资料，并写出几篇论文。随着时间的推移，到90年代后期，我逐渐明确了自己新的研究方向，重拾昔日的兴趣。此后，我便在过往的基础上系统整理文献史料，并开始着手写作。

说起来，当年我面临的不仅仅是思索书稿和教学工作的双重压力，还遇到了其他许多的问题。在此期间，我年迈的父亲做了肿瘤切除手术，需要照顾；我爱人在大学里也负责繁重的科研项目，又有诸多社会兼职，工作原本就很忙。但为了支持我，家人都主动承担了本应由我做的许多事，尽可能让我专注于写作。特别是我的父亲，总是将我从病床前"支走"，希望我能安心完成书稿。正是在此状况下，我挤出所有的时间埋头书案，除了授课之外，几乎不问身边生活之事，每天工作都在十四小时左右。回首集中写作那大半年的日子，一幕幕情景至今令我难忘。记得是历经了从春日到初冬的时光，考虑到女儿下午放学回家后的打扰，我爱人就帮忙找了处实验加工间。晚间我伏案于偌大房屋内的一角，背景是隆起的机床阴影，纸、笔、书加上烟灰缸，蚊虫叮咬，寒暑轮替。每每深夜走到回家的路上，常有一种欣喜油然而起，无非因为当天笔端触摸过的人与事，以及文笔起伏上的收获。于是，终于有了这本小书的问世。

我自知这部拙著还存在许多的不足，在某些方面也不够成熟，但它却是我苦心思索的结果，也是第一部全面探讨宋代"崇文抑武"问题的专著。我期待着专家、读者提出宝贵的意见!

在此,我要首先感谢先师漆侠先生的教诲,没有先生的引导与指教,我不可能在学术上走到今天的地步。在初稿完成之际,先生又不顾酷暑和疾病为之作序,并提出许多很有价值的修改意见,这实在令我非常感动。已故著名宋史大家邓广铭先生和不少学者的研究成果,使我受到了极大的启发,这都是我需要加以感谢的。我还要特别感谢中国社会科学院历史研究所的王曾瑜研究员,王先生不仅在我读书期间曾给予过指点,而且他的《宋代兵制初探》一书,也使我在写作本书的过程中获益匪浅。

二十多年前,我凭着满脑子的想法和热忱一气呵成此书,自感做了件苦中作乐的事。随后在此基础上继续深入探究,发表了系列论著,"崇文抑武"的观点也得到了同仁的认同,在学界产生了一定的影响。十年前,我又在《美文》杂志上连载历史散文"宋朝士林将坛说",并结集出版了《生逢宋代——北宋士林将坛说》(北京三联书店2013年初版、2016年再版),其中许多人物及事迹的线索也得益于本书。因此能有机会再版,也算是对这段工作的一种纪念。

本书这次出版,增补、修订了部分内容,主要包括增补以往没有的结语、文献史料、今人研究成果,以及对少量文字表述的修改,特此说明。

陈峰

2020年8月于西北大学